GÜLCAN KAMPS

mit Nina Schnackenbeck

Never Give Up –

vertraue dir selbst

MEINE ERFOLGSFORMEL
GILT AUCH FÜR DICH

Besuchen Sie uns im Internet:
www.knaur.de

Aus Verantwortung für die Umwelt hat sich die Verlagsgruppe
Droemer Knaur zu einer nachhaltigen Buchproduktion verpflichtet.
Der bewusste Umgang mit unseren Ressourcen, der Schutz unseres
Klimas und der Natur gehören zu unseren obersten Unternehmenszielen.
Gemeinsam mit unseren Partnern und Lieferanten setzen wir uns
für eine klimaneutrale Buchproduktion ein, die den Erwerb von
Klimazertifikaten zur Kompensation des CO_2-Ausstoßes einschließt.
Weitere Informationen finden Sie unter: www.klimaneutralerverlag.de

Originalausgabe Oktober 2022
Knaur Verlag
Ein Imprint der Verlagsgruppe
Droemer Knaur GmbH & Co. KG, München
Covergestaltung: ZERO Werbeagentur, München
Coverabbildung: Nicole Gehring
Illustrationen im Innenteil von
die KLEINERT.de/Christian Sommer außer
Icon der Breze von Nsit/Shutterstock.com
Foto: Nicole Gehring
Satz: Sandra Hacke, Dachau
Druck und Bindung: CPI books GmbH, Leck
ISBN 978-3-426-79166-0

2 4 5 3 1

INHALT

EINLEITUNG

Liebe Leserinnen, liebe Leser,
danke, dass ihr euch für dieses, mein Buch entschieden habt! Bitte erzählt euren Freunden und Freundinnen, eurer Familie davon, falls es euch begeistert. Andernfalls bitte ich um Diskretion ☺. Mein Name ist Gülcan Kamps, und ich glaube daran, dass jede und jeder glücklich und erfolgreich sein kann. Denn das können wir lernen. Dabei geht es vor allem darum, unser Denken und Handeln nachhaltig positiv und kraftvoll zu verändern. Dieses Buch ist euer Handwerkszeug dafür.

Genau wie der Musiksender VIVA und meine ganze unglaubliche Reise durch die Fernsehwelt zu meiner Vergangenheit dazugehören, beleuchtet dieses Buch viele Erlebnisse von damals, die ein Teil meines Lebens sind. Denn das wahre Leben ist immer noch der beste Ratgeber, und so ist dieses Buch in Teilen auch autobiografisch geprägt. Dabei läutet es gleichzeitig einen ganz neuen Abschnitt meines Lebens ein, in den ich voller Kraft starten will, der aber selbstverständlich stark durch die Vergangenheit geprägt ist.

Meine Tipps und Lifehacks der nächsten fast 240 Seiten schöpfe ich also aus meinem eigenen Leben, erzähle sehr ehrlich von meinen teils überraschenden Erfahrungen und gewähre höchst private Einblicke, über die ich so vorher noch nie gesprochen habe. Ich möchte euch mit meinem Buch und dem, was ich euch darin verrate, unnötige Schleifen im Leben ersparen und Zeit schenken – sozusagen Hilfe zur Selbsthilfe bieten.

Und auch wenn ihr jetzt sagt: »Aber wir sind doch sooo unterschiedlich!«, stimmt natürlich, aber eines eint uns doch alle: das Leben als Frau mit einer Million Überschneidungen.

Ihr wisst es sicherlich: Einst Teenie-Idol bei VIVA, bin ich über die Jahre zur Geschäftsfrau herangereift und mittlerweile Mutter geworden. Auf diesem Weg habe ich viele hohe Berge überwunden und auch mal kleinere Gesteinsbrocken weggekickt. Was ich dabei immer im Blick behalten habe: meine Ziele. Das, was mir im Leben wichtig ist. Denn das ist es, was mich glücklich und gleichzeitig – um nicht zu sagen fast automatisch – erfolgreich macht. Diese Formel ist auf jede und jeden übertragbar, davon bin ich absolut überzeugt. Und wie das geht, davon erzähle ich euch in diesem Buch.

An dieser Stelle sei schon einmal verraten: Eines meiner höchsten Ziele ist seit vielen Jahren, andere Frauen zu supporten und mit meinen Erfahrungen im Leben weiterzubringen. Ja, das macht mich glücklich. Wie ich kleine und große Steine auf dem Weg dahin aus dem Weg geräumt habe und wie ich das heute tagtäglich umsetze, darum wird es im Weiteren auch gehen. Es ist sozusagen ein sehr persönlicher Ratgeber zum Glück. Denn Female Empowerment oder, wie ich es gern nenne, die »weiblichen Superkräfte« sind ein ganz wichtiges Puzzleteil meiner Lebenseinstellung »*Never Give Up!*«.

Let's start!

PS. Eine Sache noch, weil sie mir sehr wichtig ist: Dieses Buch richtet sich vor allem an Frauen. Dennoch freue ich mich natürlich sehr, wenn auch Männer es lesen, denn sie können es selbstverständlich genauso für ihr Leben nutzen. Darum möchte ich im Buch immer alle Geschlechter ansprechen und gebe mir große Mühe, das zu tun. Sollte mir doch einmal etwas durchrutschen oder eine Formulierung ausschließlicher klingen, als sie gemeint ist, verzeiht mir bitte. Ihr seid immer alle angesprochen.

KAPITEL 1

Female Empowerment –
wir Frauen sind stark

Ich habe es einleitend bereits gesagt: Es macht mich ganz besonders glücklich, andere Frauen auf ihrem Weg zu unterstützen, selbstbewusst und selbstbestimmt, glücklich und erfolgreich zu sein. Dieses Buch ist ein weiterer Baustein meiner Mit-Lieblings-Lebensaufgabe. Dazu hat es in meinem Leben einen Initialmoment gegeben, von dem ich euch im nächsten Kapitel erzähle.

Dem Ganzen zugrunde liegt dabei der Begriff »Female Empowerment«. Damit wir diese bedeutungsschweren Wörter aber nicht benutzen, ohne sie wirklich zu verstehen – und der Begriff so womöglich verpufft –, klären wir erst einmal, worum es bei dieser Bewegung genau geht. Was sind ihre Säulen – kurzum, was in Herrgotts-Fremdwort-englischer-Schlagbegriff-Wikipedia-Eintrag-Namen ist eigentlich mit »Female Empowerment« gemeint? Denn nur, wenn wir es wissen, können wir es auch leben, erleben, vorleben und damit weitergeben (wichtig, wichtig: an unsere Töchter nämlich).

»Empowerment« bedeutet erst einmal »Ermächtigung« oder »Handlungsfähigkeit«. In Zusammenhang mit »Female« (»weiblich«) oder auch »Woman« (»Frau«) konzentriert sich dieses Erreichen der Handlungsfähigkeit auf das weibliche Geschlecht, auf uns Frauen. Der Bewegung »Female Empowerment«, die zum Glück immer stärker wird und immer mehr in den Köpfen und Lebenswelten aller (zumindest in Deutschland) ankommt, geht es zum einen gezielt darum, zum Beispiel die Einkommensschere zwischen Männern und Frauen im Beruf zu schließen und gegen die Chancenungleichheit auf dem Arbeitsmarkt anzugehen, sie wendet sich aber auch **gegen offene und versteckte Diskriminie-rung von Frauen in allen Bereichen des gesellschaftlichen Lebens.** Das übergeordnete Ziel der Bewegung ist, das **Selbstbewusstsein von Frauen generell zu stärken,** damit sie sich zutrauen, Grenzen zu überschreiten. Grenzen, die sich viele Frauen übrigens selbst setzen, aus der Sorge heraus, bestimmte Erwartungen und gesell-schaftliche Normen nicht zu erfüllen und auf Widerstand oder so-gar Ablehnung zu stoßen.

»Falsche« Regeln über Jahrhunderte

Kein Wunder: Über Jahrhunderte sind Frauen in eine Rolle ge-drängt worden, die sie als (zu) schwach, (zu) emotional, (zu) sen-sibel definiert, als »bloße« Mütter, Hausfrauen, Köchinnen, die nicht selten allein für das physische und psychische Wohlergehen der Familie (und das erfüllte Sexualleben des Mannes) verant-wortlich sind. Diese Verhaltensweisen und Vorstellungen sind uns Frauen über viele, viele Generationen eingetrichtert worden und dabei offenbar schon in unseren Genpool übergegangen. Wir sind daran »gewöhnt«, kennen es nicht anders, halten es für selbstverständlich und »normal«. Und im Umkehrschluss für falsch, unnormal oder gar gefährlich, etwas anders zu machen, den gängigen Strukturen zu widersprechen. Außerdem erleben wir es auch täglich: Wir werden nicht ernst genommen, werden belächelt, sogar provokant ausgelacht und angegriffen für Denk- und Handlungsweisen, die »anders« sind. Die Frau arbeitet voll, der Mann bleibt mit dem Kind zu Hause, die Frau verdient mehr als der Mann, die Frau möchte Karriere machen und keine Kin-der bekommen, die Frau hat keine Zeit und/oder keine Lust, ein-zukaufen und zu kochen, für die Familie zu »sorgen« – oder die Frau möchte den Sprachgebrauch verändern, möchte »Bäckerin« und »Ärztin« sagen, gilt dann aber gleich als »anstrengend«, »nervig« und übertreibt sowieso maßlos. Außerdem klinge das nicht gut, wird dann gesagt, und der Lesefluss würde zudem massiv gestört. Dass jedoch vor grauer Vorzeit entschieden worden ist, dass die männliche Form (fast) immer und (fast) ausschließlich unsere Sprache dominiert, haben wir Frauen sicher nicht mitbestimmt; uns aber auch nicht so vehement gegen diesen Sprachgebrauch gewehrt, wie das heute vor allem der männliche Teil der Gesellschaft tut. Und, was ich fast noch schlimmer finde, leider auch viele weibliche Vertreterinnen.

Ich kenne das von mir: **Als Frau will man immer alles unter einen Hut bekommen,** alles selbst schaffen, am besten niemanden um Hilfe bitten, um Gottes willen niemandem zur Last fallen. Nein sagen ist ebenso ein Riesenthema bei uns Frauen. Und unser Unterbewusstsein oder irgendein Instinkt bringt uns dazu, ob Mutter oder nicht, zu beschützen, zu helfen, zu »bemuttern«. Ob aus dem Nest gefallenes Vögelchen, Kind, Freunde und Freundinnen oder nicht selten auch den eigenen Mann.

Und dann werden **Frauen eben auch ganz anders behandelt als Männer.** Das ist auch mir so ergangen. Oft. Sehr oft. Ich habe wirklich, nun, sagen wir »ungewöhnliche« Dinge mit Herren erlebt, gern mit sehr extravaganten Chefs mit äußerst speziellen Charakteren – und schon damals entschieden, dass ich später meine eigene Chefin sein möchte. Dennoch habe ich meist bei mir im stillen Kämmerlein gedacht: »Ach, der meint das nicht so. Vielleicht hast du dich auch wirklich ein kleines bisschen zu aufreizend angezogen …«

Heute kann ich mit Bestimmtheit sagen: Gedanken, die mein eigenes Gefühl korrigieren, sind ein ganz falscher Ansatz. Mein Gehirn hat sich da fälschlicherweise eingemischt, aufgrund von Moralvorstellungen, die ich wahrscheinlich vorgelebt bekommen habe. Männer würden nicht so denken. Die hätten die Chefin längst wegen sexueller Belästigung angezeigt. Mal ehrlich! Und genauso sollten wir Frauen auch denken und handeln. Gerade heute.

Wir können alles sein und tun

Denn diesen Gedanken liegen reine Stereotype und Vorurteile zugrunde. **In Wirklichkeit können wir alles sein und alles tun.** Wir müssen nur lernen, uns das auch zu trauen und zuzutrauen. Wir dürfen und können unser Leben selbst in die Hand nehmen und anderen Frauen dabei helfen, das Gleiche zu tun. **Wir können und sollten unsere weibliche Macht und Kraft zeigen, sie einsetzen und andere Frauen unterstützen.**

Ich habe selbst über Jahre immer wieder diese beiden Schlagworte gehört: »Female Empowerment« oder »Woman Empowerment«. Und dabei gedacht: »Yey!! Genau so, Mädels! Meine Rede! Ich bin voll dafür und dabei! Ich lasse mir nichts vorschreiben und mich nicht unterdrücken!« Nur ist mir lange gar nicht aufgefallen, wie tief ich selbst tatsächlich in genau solchen Mustern und Rollenbildern drinsteckte. Das tut im Übrigen wahrscheinlich fast jede, die dies hier gerade liest. Ich habe also gerufen: »Ich bin frei und selbstbestimmt als Frau!«, aber gewesen bin ich es nur in der schönen Theorie. Nicht in meinem tatsächlichen Alltag.

Und ich frage mich, wer von uns das wirklich ist. Dabei ist es egal, ob es sich um den Beruf oder das Private handelt. Es ist egal, mit welchen Menschen du arbeitest und welchen Job du machst und wo du lebst. Wenn wir uns nur einmal die Chefetagen großer Wirtschaftsunternehmen angucken (und auch kleinerer), ist es immer noch so, dass sie nur extrem spärlich mit Frauen besetzt sind. Auch das sind nämlich über Jahrhunderte gewachsene Strukturen: **Die Männer dominieren die Wirtschaft** und schustern sich die Jobs gegenseitig zu. Macht zu Macht. Und das wird auch in der Zukunft noch so sein. Trotzdem glaube ich fest daran, dass **Frauen sich anders positionieren können und wahrnehmen müssen.**

Ich hole hier absichtlich so weit aus, weil ich eben fürchte, dass ganz viele junge Mädchen, aber auch erwachsene Frauen jeden

Alters Dinge hinnehmen, akzeptieren, damit weiterleben, nicht den Mund aufmachen, nichts sagen und nichts verändern, weil sie denken, als Frau sei das eben so. Einige meinen sicherlich sogar, dass sie Stärke zeigen, *indem* sie alles aushalten. Aber so sollte keine von uns versuchen zu zeigen, dass sie stark ist. Das ist kein guter Weg. Weder für die Einzelne noch für die Allgemeinheit. Denn so verändert sich nichts, und wir dürfen uns nicht so entfalten, wie wir es verdient haben.

DENK- UND HANDLUNGSANSTÖSSE FÜR MEHR FEMALE EMPOWERMENT

Ich möchte euch nun liebend gern ein paar Gedanken und Impulse mit auf den Weg geben. Vielleicht mögt ihr das eine oder andere davon beherzigen, um euch selbst zu stärken und so zu positionieren, wie ihr im Leben dastehen wollt: selbstbewusst, selbstbestimmt, erfolgreich und glücklich. Am besten mit der Hilfe von anderen Frauen.

🥨 Prüft eure Gedanken

Was denkt ihr über andere Frauen, und wie verhaltet ihr euch ihnen gegenüber?

Vor 15 Jahren war ich gedanklich ganz anders positioniert als heute, das gebe ich offen zu. Und es muss auch niemand in seinen Gedanken gleich perfekt sein. Das wäre gar nicht menschlich. Es geht erst einmal darum, seine Gedanken zu hinterfragen, wiederkehrende Denkmuster und darin enthaltene »Denkfehler« zu erkennen, die nicht gut für einen selbst und die weibliche Bevölkerung im Allgemeinen sind. Und diese dann zu verändern, hin zu etwas Positivem, eher zu einem Zusammenhaltsgefühl und weg von Konkurrenzdenken und Neid.

Ich mache das heute noch, ich überlege mir immer wieder,

aber ganz leise und nur für mich: »Gülcan, was denkst du gerade über diese Frau? Und warum?«, denn natürlich passieren auch mir gedankliche Ausrutscher, egal, wie geübt ich darin bin, meine Gedanken positiv zu lenken. Ich frage mich dann weiter: Wie nehme ich diese Frau wahr? Wie nimmt sie mich wohl gerade wahr? Und wie ist mein aktuelles Gesamtbild über die Frauen, die mir tagtäglich begegnen (ob »live« oder medial)?

Ich kann auch euch nur empfehlen, ab und zu ernsthaft zu hinterfragen und zu prüfen, wie ihr über andere Frauen denkt – und dabei ist es egal, ob es sich um eine gute oder entfernte Freundin handelt, um eure Mutter oder Schwester, eine Kollegin, jemanden aus der Öffentlichkeit oder um die Verkäuferin im Supermarkt an der Kasse. Hört in euch hinein, ob ihr grundsätzlich eine gute oder eher eine schlechte Meinung von Frauen habt. Ob ihr eine bessere oder schlechtere Meinung »starken«, erfolgreichen Frauen gegenüber habt. Ob ihr eine ganz bestimmte Frau nicht mögt, und warum das wohl so ist.

✿ Andere Frauen unterstützen

Wann immer sich die Möglichkeit ergibt, eine andere Frau an Bord zu holen – ergreift sie! Unbedingt. Das machen Männer seit Jahrhunderten, und damit fahren sie offenkundig sehr, sehr gut. Wir nennen das oft abfällig »Vitamin B«. Aber ganz ehrlich: Was gibt es Besseres, Wertvolleres, als mit jemandem zusammenzuarbeiten oder jemanden weiterzuempfehlen für einen tollen Job, den man als Mensch und in seiner Arbeitsweise kennt und schätzt? Wenn wir es so sehen, wird ein Schuh daraus. Leider haben wir Frauen das untereinander noch nicht verinnerlicht. Darum noch einmal kurz und bündig: Als Frau solltest du immer eine andere Frau mit ins Boot holen!

Ich kenne die Variante, mit Frauen zu arbeiten, ob zu zweit oder in einer größeren Gruppe, und die Variante, mit Männern zu arbeiten. Ich werde hier garantiert keine Namen nennen. Ich

sage nur so viel: Immer, wenn es Probleme gibt, ob bei der Schauspielerei, der Moderation, bei der Arbeit am Podcast, bei einem
Werbedreh, (fast) immer dann, wenn es kompliziert oder unangenehm wird, hat ein Mann mit einem großen Ego damit zu tun.

Darum kann ich voller Überzeugung und aus Erfahrung sagen, dass **Frauen in der Arbeitswelt viel entspannter agieren**, als
ihr Ruf ihnen vorauseilt. Sie arbeiten auch viel zielorientierter.
Und sie sind »sinnlicher«, damit meine ich, dass sie eine Situation
meist in Sekundenschnelle erfassen und dann adäquat und schnell
handeln. Ich arbeite einfach unglaublich gern mit Frauen zusammen und finde, das sollte jede und JEDER machen.

Lasst uns das Boot gemeinsam rudern, in dem wir sitzen

Dieser Punkt knüpft an den vorangehenden an, geht aber noch
einen Schritt weiter. Wir Frauen, wir Mütter, insbesondere wir
arbeitenden Mütter sitzen alle im selben Boot. Eigentlich spüren
wir das auch, aber das Bewusstsein dafür ist oft nicht sehr stark
ausgeprägt, und wir machen nichts daraus. Ich wünsche mir aber,
dass wir den Gedanken verinnerlichen und daraus Taten folgen
lassen. Wie ich das meine? Ich versuche es an einem altbekannten
Beispiel deutlich zu machen: Im Unternehmen gibt es eine neue,
verantwortungsvolle Stelle zu besetzen. Meistens landet dort ein
guter Kumpel des Chefs. Ein Bekannter. Ein Verwandter. (Ich
erwähnte bereits: »Vitamin B«.) Auf jeden Fall stets ein Männ-
chen. Ich will dem Chef nicht in Abrede stellen, dass er sich für
die Qualifikationen des neuen Mitarbeiters interessiert hat. Ich
möchte nur zeigen: Er hat keine hoch qualifizierte Frau für diese
Stelle ausgewählt, sondern einen sicherlich gut qualifizierten
Mann. Bedauerlicherweise verhalten sich insbesondere erfolgreiche und einflussreiche Frauen genauso: Sie besetzen verantwortungsvolle Posten eher mit Männern als mit ihren Geschlechtsge-
nossinnen. Angeblich gebe es nicht in allen Bereichen genug hoch
qualifizierte Frauen, wird das dann oft begründet. Das kann sein.

Aber dass es die eine oder andere *doch* gibt, beweisen Statistiken und Studien. Es möchte bestimmt auch nicht jede Frau in einem Aufsichtsrat sitzen oder eine Vorstandsposition einnehmen.

Mir geht es hier darum, festzustellen, dass wir selten überhaupt die Möglichkeit erhalten, diese Dinge selbst zu entscheiden. Und so lange sitzen an den Unternehmensspitzen mächtige Männer, und in der Etage darunter tummeln sich die fleißigen Bienchen-Frauen. Und das ist übrigens fast branchenunabhängig überall so.

Warum agieren (erfolgreiche) Frauen so? Wollen sie vielleicht lieber keine anderen Frauen um sich? Mögen sie die Position als einziges Huhn im Korb? Sind wir alle am Ende doch stutenbissiger und missgünstiger, als wir zugeben wollen? Oder trauen wir uns schlicht nicht? Aber wovor haben wir Angst? Fürchten wir um unsere Position, sind wir in Sorge wegen einer weiblichen Konkurrentin, die vielleicht doch besser und noch fleißiger ist als wir? (Geht das überhaupt?) Gibt es einen triftigen Grund, oder ist es am Ende bloß ein Automatismus, der auf Gewohnheit beruht?

Hier lohnt es sich, den Bogen zurück zu Punkt eins zu schlagen: Prüfe deine Gedanken!

Ich kann mit einer gewissen Prise an Stolz behaupten: Ich glaube fest daran, dass ich nicht weg vom Fenster bin, nur weil eine andere Frau ebenso gut in meinem Bereich arbeitet wie ich. Konkurrenz belebt das Geschäft. Ist das nicht ein weiterer Grundsatz, den wir alle verinnerlicht haben? Wenn ihr gut seid, und jemand anderes ist genauso gut, freut euch also darüber. Höchstwahrscheinlich wird es euch beide beruflich beflügeln.

🥨 Lob für unsere Taten

»Ja, klar, ich mache noch deine Steuererklärung, hole die Geburtstagstorte für deine Großtante Elfriede ab, und dann baue ich dir noch schnell ein Haus. Natürlich kann ich dabei auf deine Kinder aufpassen. Du hast Hunger? Ich koche dir rasch etwas!«

Stopp! Es ist NICHT selbstverständlich, was wir Frauen in der Regel tagtäglich (und zwar jeden Tag, auch am Wochenende) abarbeiten. Im Kopf und mit den Händen. Wie wir hin und her switchen zwischen verschiedenen Bereichen, emotional auf unser Kind eingehen, dabei die Zeit im Blick und Nacken haben, im Job voll konzentriert bei der Sache sind und noch schnell einen Brand löschen, im Kopf dann schon den Einkaufszettel durchrattern, um ja nichts zu vergessen, um am Abend um 22 Uhr völlig erschlagen zu merken: Jetzt muss ich »nur« noch die Küche aufräumen. Und feiern wir uns dafür? Nein.

Männer feiern sich hingegen für die kleinsten Erfolge. Die johlen in der Büroküche, wenn sie mit einem eigentlich zu kleinen Dosenöffner eine Dose geöffnet bekommen.

Frauen müssen **die eigene Leistung dringend höher einschätzen und auch feiern.** Und wie. Meist bemerken Frauen aber gar nicht, was sie alles leisten.

Ich sage euch gleich: Grundsätzlich bin ich genauso gestrickt. Ich lade mir zu viel auf. Das ist sicherlich Typsache und auch in Ordnung, solange wir damit glücklich sind. Es ist nur unbedingt wichtig zu wissen: Das ist alles nicht selbstverständlich. Es sind alles kleine und große Leistungen, die wir den ganzen Tag über, die ganze Woche, das ganze Jahr hindurch abliefern.

Und dabei sollten wir immer im Blick behalten, wo unsere Grenzen sind. Diese zu finden und einzuhalten, zu respektieren, sollte bei allem, was wir tun, mitschwingen. Auch bei diesem Thema können wir uns eine gehörige Scheibe bei den Männern abschneiden, denke ich. Lasst uns versuchen, uns in Zukunft für unsere täglichen Leistungen ausgiebig zu zelebrieren. Die Jungs machen es uns wunderbar vor.

Darum rufe ich euch dazu auf: Sagt einfach mal Danke zu euch selbst, aber auch zu einer Kollegin, mit der die Zusammenarbeit gut gelaufen ist. Macht ein nettes, ernst gemeintes Kompliment, ob im beruflichen oder privaten Kontext. Gebt einer anderen Frau ein gutes Gefühl. Ich sage euch, das macht beide Seiten glücklich.

🥨 Du bist eine Frau? Glückwunsch!

Weil wir gerade beim Anerkennen sind: Ich möchte dir zuallererst gratulieren. Herzlichen Glückwunsch! Einfach dafür, dass du eine Frau bist. Lasst uns auch ganz überzeugt und selbstbewusst und offen über Frauenthemen sprechen: über Frauengesundheit, über »Frauenprobleme«, über alles, was unser Leben als Frauen betrifft. Und insbesondere auch darüber, wie es ist, ein Kind bekommen zu wollen, schwanger zu sein, dann Mutter zu werden, über die Zeit direkt nach der Geburt. Allein über mein letztes Jahr und die ersten Monate mit Baby könnte ich drei Bücher schreiben. Es sind so viele Dinge, die auf einen zukommen, die ich schlicht nicht erwartet hatte und nicht habe kommen sehen. Weil wir Frauen merkwürdigerweise über so viele Dinge nicht offen miteinander sprechen, die uns alle betreffen. Wir trauen uns nicht, uns mitzuteilen, weil wir möglicherweise glauben, wir seien nicht »normal«, bei allen anderen laufe es besser; oder vielleicht auch, weil wir nach außen immer das Bild vermitteln wollen: Ich schaffe das schon, hier läuft alles rund.

Ich bin überzeugt davon, dass Männer über die Themen, die *ihnen* wichtig sind, sprechen. Und das sollten wir Frauen auch tun, gerade in besonders intimen, weiblichen Momenten, bei Fragen, Herausforderungen, aber auch in großen Glücksmomenten. **Lasst uns unsere Zusammengehörigkeit leben!** Lasst uns zusammenarbeiten, uns unterstützen, an einem Strang ziehen. Das Beste, was wir im Leben machen können, ist sowieso immer: kommunizieren, kommunizieren, kommunizieren. Und miteinander sprechen. Nur so eröffnen sich manchmal neue Wege, lösen wir Probleme, bei denen wir allein ohne Austausch und ohne andere Perspektive einfach feststecken.

Und nun beschließe ich diesen Punkt, wie ich ihn begonnen

habe, mit einer Gratulation: **Herzlichen Glückwunsch zu deinem Körper! Genauso wie er ist.** Feiere dich und deinen Körper. Und wünsche das auch jeder anderen Frau, der du begegnest. Auch das schafft ein Gefühl der Zusammengehörigkeit.

🥨 Unseren Töchtern zeigen, dass alles möglich ist

Das, was wir sagen, ist lange nicht so wichtig wie das, was wir tun. Was wir wirklich leben und erleben, zeigt unser wahres Gedankengut und unsere Einstellung dem Leben und unseren Mitmenschen gegenüber. Das hat sehr häufig mit unserer (früh-) kindlichen Prägung zu tun und hängt also stark von den Eltern, oft insbesondere den Müttern ab: Wie hat unsere Mutter ihren Alltag mit uns gelebt, was hat sie uns tagtäglich vorgemacht, was haben wir von ihr gelernt und ganz automatisch übernommen? Und vor allem, wahrscheinlich (zumindest sehr lange Zeit) nicht hinterfragt? Oft wirkt die Tochter-Mutter-Beziehung weit ins Erwachsenenleben der Töchter hinein, in dem sie immer noch stark ihren Müttern nacheifern, von ihnen anerkannt und geliebt werden wollen, oftmals unbewusst. Und das ist ganz natürlich und normal.

Ich erwähne das hier, weil ich euch klarmachen will, wie viel Einfluss jede von uns, die eine Mutter ist oder wird, auf ihre Kinder hat. Insbesondere auf ihre Töchter. Wenn ihr wollt, dass eure Mädchen später fest und selbstbewusst im Leben stehen, glücklich und selbstbestimmt sind, dann solltet ihr ihnen jetzt schon die bestmögliche Version von euch vorleben. Denn sie werden es genauso machen. Ganz bewusst, aber auch unbewusst werden sie uns nachahmen.

Darum empfehle ich jeder Mama (und also auch mir selbst): Lasst uns vorher **lieber zwei-, drei- oder sogar fünfmal darüber nachdenken, wie wir unseren Alltag leben wollen, wie wir bestimmte Dinge angehen** und uns speziell in herausfordernden Situationen (bei Streitereien, in der Schlange an der Supermarktkasse, im Stau, wenn uns etwas im Ofen verbrennt oder das Kinderzimmer aussieht, als wäre der Blitz eingeschlagen ...) verhalten wollen, bevor wir agieren oder reagieren.

Dazu müssen wir vermutlich erst einmal unsere Gewohnheiten und Gedanken, die ja die Grundlage unseres Handelns sind, genau anschauen und hinterfragen: Warum gehe ich Dinge im Leben so an, wie ich sie angehe, warum handele ich auf diese Art und Weise? Finde ich das gut, oder war es einfach schon immer so? Will ich es in Zukunft weiter genauso machen, oder möchte ich etwas verändern? Wie kann ich es verändern?

Veränderungen »eingeübter« Verhaltensmuster geschehen aber nicht von heute auf morgen. Das braucht Zeit, in der wir uns immer wieder selbst dabei ertappen werden, Dinge wie früher zu machen. Aber auch hier, wie sooft im Leben, hilft: üben, üben, üben. An dieser Stelle ein bisschen Wissen fürs gute Gefühl: **Neue Routinen haben sich in der Regel nach 21 Tagen, also drei Wochen, etabliert** (wenn man sie denn wirklich gewissenhaft, diszipliniert und täglich verfolgt). Sei es die Veränderung des Essverhaltens, die abendliche Einschlaf- und/oder morgendliche Aufstehzeit, einen Weg mit dem Fahrrad, statt mit dem Auto zurückzulegen, bei Stress nicht so schnell aus der Haut zu fahren, sondern erst einmal durchzuatmen etc.

In jedem Fall aber, und damit können wir sofort beginnen, sollten wir unseren Kindern zeigen, was wir wirklich denken, wie wir *wirklich* fühlen – und ihnen damit ein gutes Vorbild sein. Allein schon deshalb, damit sie verstehen: Meine Gefühle sind wichtig, und ich darf sie ernst nehmen und zeigen. Das dürfen auch unbedingt »negative« Gefühle sein wie Wut, Frustration, Trauer, Angst. Wichtig ist am Ende, wie wir damit umgehen, wie wir uns selbst auch wieder regulieren und uns vielleicht bei einem Mitmenschen entschuldigen, dem wir Unrecht getan haben.

Wahrscheinlich kommen wir von ganz allein recht schnell auf die Idee, unsere Gedanken und meist schon automatisch ablaufenden Gefühle zu hinterfragen und gegebenenfalls hier und da zu »korrigieren«, weil wir merken: »*Das* wollte ich meinem Kind eigentlich gar nicht so gern weitergeben. Wieso mache ich es überhaupt so, wenn es mir gar nicht gefällt, mir (und anderen) nicht guttut, es mich nicht glücklich macht und nicht voranbringt?«

Hinter diesem emotionalen und auch etwas psychologischen Gerede, ich gebe es zu, steckt mein tiefer Wunsch: Lasst uns unseren Kindern, vor allem den Töchtern, zeigen, dass *alles möglich ist,* dass sie alles sein und werden können, was sie wollen. Bitte. Sie können zum Fasching als Lillifee und Minni Maus gehen, klar. Aber sie können sich auch als Superman oder Scheich verkleiden. Wenn sie wollen, können sie davon träumen, später Schreinerin zu werden. Und wenn das ihr Herzenswunsch bleibt, dann dürfen und können sie ihren Weg dahin gehen. Lasst uns ihnen klarmachen: Ihr müsst nicht Hausfrau und Mutter werden, ihr müsst keinen sozialen Beruf ausüben oder irgendeinen anderen vermeintlich »frauenkompatiblen« Job. Könnt ihr natürlich, wenn ihr wollt! Dann ist das ebenso wunderbar! Aber ihr müsst nicht das werden, was man von euch erwartet. Ihr müsst das werden, was *ihr von euch* erwartet, eure eigenen Erwartungen an euch erfüllen, den eigenen Weg finden, ihr müsst euch selbst glücklich machen!

❀ Missgunst und Stutenbissigkeit ade

Ganz ehrlich: Fühlt ihr euch bei der Überschrift ertappt? Das war gar nicht meine Absicht. Wichtig ist mir, euch zu zeigen: Missgünstig zu sein und stutenbissig anderen Frauen gegenüber, bringt uns überhaupt nicht voran. Und zwar nicht nur uns selbst nicht, sondern auch keine andere Frau. Wir stehen damit der Female-Empowerment-Bewegung entgegen, und das macht mich traurig. Dabei ist ein Konkurrenzdenken überhaupt nicht notwendig. Ich kann euch dazu einmal von mir berichten: Meine Freundinnen sind extrem erfolgreich und allesamt unglaublich lieb und nett und sympathisch. Untereinander missgönnen wir uns nichts. Warum auch? Wir stehen uns bei unseren Erfolgen nicht im Weg – im Gegenteil, wir beflügeln, pushen, unterstützen uns gegenseitig dabei.

Lange Rede, kurzer Sinn, solltet ihr euch bei der Überschrift tatsächlich ertappt gefühlt haben, möchte ich euch sagen: Es ist nicht schlimm, auch einmal stutenbissig zu denken oder einer anderen Frau etwas zu neiden. Das ist einfach so. Es sind eure Gedanken, die sich sicherlich nicht selten auch ein bisschen automatisch drehen. Aber schön wäre, sich auch hier zu fragen: »Möchte ich wirklich so denken?« Oder: »Warum denke ich so? Wo liegt *mein* Problem, weshalb muss ich einer anderen ihren Erfolg und ihr Glück neiden?« In den allermeisten Fällen steckt ein eigenes unerfülltes Bedürfnis, ein unerfüllter Wunsch dahinter. Und ich empfehle wirklich ganz dringend: Wir sollten uns lieber mit aller Kraft und positiver Energie darum kümmern, uns unsere Wünsche und Bedürfnisse zu erfüllen, als unsere kostbare Energie zu verschwenden, indem wir negative Gedanken und Gefühle zulassen! Denn in Neid und Missgunst steckt keine Bewegung, kein Female Empowerment, es steckt nur Energieverlust darin.

Ich möchte dieses Kapitel abschließen mit einem immens wichtigen Gedankenausflug. Meiner Meinung nach ist es das Fundament dafür, dass wir glücklich und erfolgreich sind im Leben:

DAS GESETZ DER ANZIEHUNG

Das Gesetz der Anziehung bedeutet, dass wir mit dem, wie wir in die Welt hinausgehen, auch dort draußen konfrontiert werden. Wir ziehen sozusagen das an, was wir ausstrahlen. Heruntergebrochen auf die einfachste Ebene bedeutet das zum Beispiel: Ein Lächeln von uns führt zu einem Lächeln bei unserem Gegenüber.

Ein griesgrämiges Auftreten führt zu einer ähnlich gearteten Reaktion bei unseren Mitmenschen. Die Theorie hinter dem Gesetz der Anziehung führt sogar so weit, dass wir auch dann, wenn wir uns etwas ganz, ganz fest und konkret wünschen und die entsprechenden Schritte zu unserem Ziel einleiten, im Außen »zufällig« auf immer mehr stoßen werden, was uns in die richtige Richtung führt – ohne dass wir damit gerechnet und es konkret eingeplant hätten.

Und so führt uns das Gesetz der Anziehung zu dem extrem wichtigen Satz: **Der Schlüssel zum Nichterfolg und zum Unglücklichsein steckt immer in uns selbst.** Aber wir wollen ja positiv sein, also besser formuliert: **Der Schlüssel zu *Erfolg* und *Glück* steckt immer in uns selbst!** Nur müssen wir ihn manchmal aufwendig und mühevoll suchen, weil er unglaublich gut versteckt sein kann. Lasst uns zu Schatzsucherinnen unseres eigenen Glücks und Erfolgs werden!

Gerade in den letzten Jahren habe ich mich in sehr vielen verschiedenen Bereichen ausprobiert, von denen ganz vieles gar nicht in der Öffentlichkeit stattfand, habe etliches einfach gelebt und *er*lebt (ich führe hier ein paar der Stationen auf, einige habt ihr natürlich mitbekommen: #Moderatorin, #Sängerin, #Comedy-Schauspielerin, #Ökotrophologie-Studentin, #Podcasterin, #Influencerin, #Motivationschoach, #Autorin, #MAMA). Und so kann ich aus eigener Erfahrung und voller Überzeugung berichten: **Ganz gleich, was ihr vorhabt, der Erfolg klopft nur an eure Tür, wenn ihr euch darum bemüht.** Bei mir hat noch niemand an die Tür geklopft und gesagt: »Poch, poch, hallo, möchtest du heute einen Podcast machen?« oder »Möchtest du vielleicht eine Sendung moderieren?«. Das ist definitiv nicht passiert und wird auch nicht passieren. **Wir müssen uns selbst um das bemühen, was uns wichtig ist.** Ein paar Impulse dazu stecken bereits in den Punkten, die ich eben aufgezählt habe. Um weitere wird es im Buch immer wieder gehen.

KAPITEL 2

Bevor es richtig losgeht

Fangen wir an mit … mir. Aber für dieses Buch und mein Erfolgsrezept, um das es gehen wird, braucht es das nun mal. Denn es ist ja aus meinem Leben gewachsen.

Apropos »gewachsen«: Aufgewachsen bin ich in einem ganz kleinen Dörfchen an der Ostsee, wo jeder jeden kannte. So sagte man das damals, heute würde ich sagen: wo jede und jeder jede und jeden kannte. Weniger sagten sich Fuchs und Hase, aber doch Hund, Katze und Maus »Gute Nacht«. Wir Kinder grüßten jeden Erwachsenen, dem wir auf der Straße beim Spielen begegneten. Das machte man so. Jede und jeder machte das so. Als ich dann nach der Schule nach Köln umgezogen bin, habe ich das übrigens genauso übernommen: Ich habe jeden Nachbarn und jede Fußgängerin auf der Straße freundlich gegrüßt. Es war doch mein Kiez, mein neues Dorf. Da habe ich mir vielleicht Blicke eingefangen – ich sage es euch! Von wegen »Warum grüßt du mich, wir kennen uns doch gar nicht?!«. Darum habe ich es dann auch ganz schnell wieder sein lassen, ich wollte schließlich nicht, dass irgendwann jemand die Polizei ruft (immerhin wohnte ich zu der Zeit direkt neben einer Polizeiwache, also wäre die Hemmschwelle nicht so hoch und der Weg nicht sehr weit gewesen). Kleiner Spoiler für das Kapitel »Geschichten aus meinem Berufsleben – von gruselig bis großartig«: Es wird noch einmal um genau diese Polizeiwache gehen …

Gut. Aber noch bin ich chronologisch in meinem Dorf. Ich habe dort ganz klassisch auch meine Teenagerzeit verbracht, wie Teenager das eben so machen: mich ausgelebt, alles erlebt, was möglich war. Worum ging es damals? Um Schule, Freunde,

Freundinnen, Kino, Schwimmengehen … Ich habe mich wohlgefühlt mit meinen Freundinnen und bei meiner Familie, ich war
dort einfach zu Hause. Es war mein Nest. Und doch habe ich in
der Zeit schon das Gefühl gehabt, dass mir alles zu klein und zu
eng war, dass ich schon jetzt alles erlebt, gesehen und gegessen
hatte, was dieses Dörfchen zu bieten hatte. Was also sollte hier
noch passieren, an dem ich wachsen, was ich Neues erfahren
konnte? Ich spürte, wenn ich hierbleibe, so wie ich bin, mit meinem Charakter und mit mir als Person, werde ich verkümmern.
Wohin sollte ich also meinen nächsten Schritt setzen? Wie sollte
mein Weg weitergehen?

Wohin will ich schwimmen?

Ich musste mir als Mensch, als Frau überlegen, wie ich glücklich
und selbstbestimmt und frei werden konnte. Denn das waren
meine Lebensziele – die kannte ich schon sehr früh. Wie es dazu
kam, erzähle ich euch gleich. Ich habe also als junges Mädchen
schon gespürt: Ich muss hier erst einmal weg, hinausschwimmen
wie ein Fisch im Meer, weit wegschwimmen. Um dann später
vielleicht wieder zurückzukommen (an dem Punkt bin ich übrigens noch nicht angekommen). Denn eins muss ich ganz laut
sagen: ICH LIEBE DEN NORDEN. ICH LIEBE DIE OST-
SEE. Wenn ich die Wahl habe zwischen einer Reise nach Austra-
lien oder Travemünde – ratet mal, wo ich lande? Es hört sich
vielleicht verrückt an, aber es ist die Wahrheit: Dann findet ihr
mich in Travemünde, mit windzerzaustem Haar am Strand spazieren gehend.

Nur wohin ich schwimmen wollte, das wusste ich noch nicht.

Ein unmoralisches Angebot

Ich möchte an dieser Stelle die Geschichte erzählen, die ich im
vorangegangenen Kapitel bereits angekündigt habe, der Aha-Moment, der mich zum »Female Empowerment« gebracht hat, so-

zusagen. Sie ist mir tatsächlich passiert und hat es in sich. Es fällt mir nicht leicht, darüber zu sprechen, aber weil sie so immanent wichtig ist für die Offenbarung meiner Lebensziele und das Erkennen meines Weges, muss sie einfach raus. Und sie gehört genau hierher. Damit habe ich mehr oder weniger schon das »Happy End« gespoilert, tut mir leid. Denn aus einer schlechten Situation etwas Gutes zu lernen für die Zukunft ist wohl das Mindeste, was Frau erwarten darf.

Festgehalten also, liebe Leserinnen und Leser, es geht los: Als ich noch zur Schule ging, es muss zwischen der 11. und 13. Klasse gewesen sein, da jobbte ich in verschiedenen Luxusboutiquen in Travemünde. Klar, die eine oder andere der Hautevolee treibt sich dort herum. Und in einem dieser kleinen, schicken Läden gab es diesen einen Chef, der mich eingestellt hatte. Anfangs wirkte er fast schüchtern, was mich in gewisser Weise schon gleich irritierte, ohne dass ich hätte sagen können, warum. Er hatte einfach eine merkwürdige Art an sich, seine Anwesenheit war mir immer eher unangenehm. Und das wurde über die Zeit nicht besser, im Gegenteil. Nach einigen Wochen, die ich dort arbeitete, fing er nämlich an, mich bei Gesprächen sehr lange und intensiv regelrecht anzustarren, egal, ob wir unter vier Augen sprachen oder mit Kundinnen. Er blickte mir dabei richtig tief in die Augen. Mir war das höchst unangenehm. So ein intensiver Augenkontakt über eine zu lange Zeitspanne berührt nämlich eine Saite in uns, die mit unseren Urinstinkten zu tun hat: Es ist wissenschaftlich erwiesen, dass ein Augenkontakt, der fünf Sekunden und länger ununterbrochen und fixierend gehalten wird, als unhöflich oder sogar unangenehm empfunden wird, mitunter sogar als dominant und herausfordernd. Das nennt sich auch »Drohstarren« und kann aggressivem Verhalten zugerechnet werden. Im Tierreich passiert dieser Moment oft vor einem Kampf, zum Beispiel unter Löwen. Und dieses Verhalten von einem Mann gegenüber einer jungen Frau – ich sage nur: Vorsicht! Das alles wusste ich damals aber noch nicht und hätte auch nicht mit Bestimmtheit benennen können, was mich so verunsichert hat. Dass ich mich aber nicht wohlfühlte, war mir sonnenklar.

Dieser Chef hat sich auch stets eingemischt, wenn es um die Wahl des Outfits ging, das wir Mädchen während der Arbeit trugen – und es waren ausschließlich junge Frauen, die der Chef einstellte, und zwar ein »bunter Strauß« an jungen, knackigen Teenie-Mädels, aus uns hätte man eine Girlband zusammenstellen können. Es musste etwas aus der Boutique sein, das war die Regel. Die Wahl der konkreten Outfits haben wir aber eigentlich immer gern und auch sehr stilsicher unter uns ausgemacht. Aber weil er der Chef war, haben wir seine Ratschläge scheinbar dankbar nickend und lächelnd angenommen – ihm gegenüber; hinter seinem Rücken dann eher grinsend und mit hochgezogener Augenbraue.

Weiter ging es damit, dass er anfing, mir Komplimente zu meinem Outfit zu machen, die unpassend waren. Einmal sagte er zum Beispiel: »Die Hose passt total gut zu deinen Augen!« An sich ist das doch ein nettes Kompliment und zum Glück gar nicht anzüglich, denkt ihr vielleicht. Allerdings handelte es sich um eine rote Hose. Meine Augenfarbe ist braun. Wie bitte?! – dachte ich damals. Er sagte einfach etwas, um etwas zu sagen. Um mit mir in Kontakt zu kommen.

Die Komplimente »steigerten« sich mit der Zeit, sodass er irgendwann den »knackigen« Sitz meiner Hose lobte oder mir im Vorbeigehen zuraunte, ich hätte so schöne Haare.

Und ich? Ich habe mich weiterhin extrem unwohl gefühlt, nur potenziert mit hundert, und – nichts gesagt. Ich habe gespürt: Ich muss hier weg. Der Typ ist absolut merkwürdig. Und auf der anderen Seite flüsterte eine »brave« und devote Jungmädchenstimme in mir: »Ach, Gülcan, du übertreibst! Du interpretierst viel zu viel hinein, wahrscheinlich bekommt er dich gar nicht richtig mit. Nicht alle Männer fliegen auf dich.« Ich war ja im besten Alter für Selbstüberschätzung.

Irgendwann habe ich einer Kollegin von meinem schlechten Gefühl erzählt und den »Annäherungen« unseres Chefs – da hat sie nur gelacht und zu mir gesagt: »Der ist so, klar! Hast du das noch nicht gemerkt?« Ich gebe hier ganz offen zu: Ich habe wirklich eine sehr lange Leitung, weil ich mir alles immer schön- und positiv rede. Aber in dem Moment war es auf einmal glasklar: Wir Frauen wurden allesamt an unserem Arbeitsplatz von unserem Chef belästigt!

Eines schönen Tages kam DER Moment: Es war nach Ladenschluss, eine Kollegin zog sich gerade im Keller um, um nach Hause zu gehen, mein Chef und ich standen allein oben an der Kasse. Er zählte Geld, ich sortierte die Scheine, um sie dann hübsch geordnet in die Geldkassette zu betten. Und das war wirklich viel Geld, das da herumlag, denn die Boutique war ein richtiger Edelladen. Und da fragte er mich allen Ernstes, ob ich damit einverstanden wäre, das ganze Geld zu nehmen und … – er machte mir sozusagen ein höchst »unmoralisches Angebot«. Ich muss ihn angeguckt haben wie einen Außerirdischen, und mir ist nichts weiter eingefallen außer: »Spinnst du?!« Ich konnte es gar nicht fassen, war gleichzeitig richtig doll erschrocken und auch verängstigt. Immerhin waren wir ganz allein, und auch in den Läden um uns herum war nichts mehr los. Zum Glück hat ihn meine Reaktion offenbar so sehr abgeschreckt, dass er keine weiteren Avancen mehr gewagt und einfach das Geld zu Ende gezählt hat.

Nach diesem Vorfall habe ich sogar noch einige Wochen dort weitergearbeitet. Wahrscheinlich stand ich unter Schock, anders kann ich mir das nicht erklären. Eines Tages nahm ich dann aber all meinen Mut zusammen und bin einfach gegangen, habe fristlos gekündigt. Das schlug hohe Wellen im Team, denn wir Mädels verstanden uns alle wirklich sehr gut, arbeiteten ausgezeichnet zusammen, machten richtig viel Umsatz und verdienten auch supergut. Keine Kollegin hat es mir gleichgetan, alle anderen sind geblieben.

Ich aber hatte mit dem Laden abgeschlossen und habe darüber hinaus zu mir gesagt: »**So etwas passiert mir nie wieder!**« Nie wieder in meinem Leben wollte ich so ein Verhalten erdulden, schon gar nicht über Monate. Das hat mich wirklich nachhaltig geprägt und auf eine besondere Art von jetzt auf gleich erwachsen gemacht.

Von dem Moment an wusste ich plötzlich, was ich für mein Leben wollte: **Ich wollte selbstbestimmt sein, auf eigenen Beinen stehen und nie von einem Mann abhängig oder ihm ausgeliefert sein** – schon gar nicht auf diese höchst unangenehme Art, wie ich es von meinem Ex-Chef erlebt hatte, aber auch sonst in keiner Art und Weise. Dessen war ich mir also bewusst, noch bevor ich mein Abitur in der Tasche hatte. **Ich wollte lernen, als Frau Stärke zu zeigen,** mich dabei nicht zu verbiegen, aber doch richtig zu positionieren, damit ich von Anfang an ernst genommen werde und gewisse Situationen mit Männern nicht »schiefgehen«.

Und so hat sich die Female-Empowerment-Philosophie schon Anfang der 2000er-Jahre, das war ungefähr ein Jahr vor VIVA, in mein Leben geschlichen. Nur gab es in meiner Vorstellung damals den Begriff »Female Empowerment« eben noch nicht.

KAPITEL 3

Glück! – Was ist Glück?

Ich finde es sehr schwierig, Glück zu definieren, und habe hier darum auch gar keine endgültige Definition für euch parat. Was ich aber vielleicht sagen kann, ist, **dass das Gefühl, Glück zu empfinden, ein unglaublich schönes und darum erstrebenswertes ist.** Für jeden und jede von uns. Und jeder und jede von uns weiß auch, wann er oder sie glücklich ist und was dann mit uns geschieht: dass uns zum Beispiel heiß und kalt wird, wir anders atmen, das Herz klopft, es auf der ganzen Haut kribbelt, auch im Bauch, als hätten wir tatsächlich Schmetterlinge darin, dass wir laut schreien wollen oder unvermittelt die Arme hochreißen, irgendjemanden umarmen … **Wenn ich glücklich bin, fühle ich mich immer so, als würde ich fliegen.** Besser kann ich es nicht beschreiben.

Aber das Glücksempfinden ist so wahnsinnig individuell. Jeder empfindet Glück ein bisschen anders und ist auch über andere Dinge glücklich. Frage tausend Menschen danach, was sie glücklich macht, und du bekommst wahrscheinlich zweitausend Antworten. Für den einen ist es das größte Glück, zurückgezogen als Mönch zu leben, für die andere, ein Partyleben auf Ibiza zu rocken. Und zwischen diesen Extremen liegen **Millionen anderer Versionen von Glück.**

Bewusst Glück entdeckt, meinen Moment des Fliegens gespürt, habe ich zum ersten Mal als Kind. Ich war fünf oder sechs Jahre alt, in der ersten Klasse. Wir fuhren damals immer zum Schlittschuhlaufen nach Timmendorf, ich bekam dort Unterricht – und habe es so geliebt! Schon auf dem Weg dorthin habe ich mich tierisch gefreut, bin stets vor meiner Mutter aus dem

Auto ausgestiegen, vom Parkplatz vorgelaufen zur Halle. Ich war jedes Mal von Neuem wieder so freudig-aufgeregt und spürte das bis tief in meinen Bauch hinein.

»Mama, ich hab irgendwas im Bauch!«, wollte ich meine Mutter unbedingt daran teilhaben lassen, versuchen, es ihr zu erklären.

»Hast du etwas Falsches gegessen?«, war ihre sorgenvolle Antwort. Wir wussten beide nicht, was die andere meinte. Ich hatte ihr einfach Glück erklären wollen.

Und ich hatte den Luxus, verlässlich jede Woche während des Eislauftrainings meinen großen Glücksmoment erleben zu dürfen. Ich empfand dabei stets eine Riesenfreude, habe mich über die Menschen gefreut, die ich jede Woche wiedergetroffen habe, mit jedem einen Schnack gehalten (wie wir in Norddeutschland sagen) – ja, so war ich wohl schon immer. Während ich das hier aufschreibe, fällt mir plötzlich ein besonderer Moment ein, den ich damals als kleine »Eiskunstläuferin« erlebt habe. Etwas, das meine unwissenden Ohren aufschnappten, ohne es einordnen oder überhaupt verstehen zu können. Es gab da eine Dame an der Kasse, sie hatte ganz raspelkurzes Haar und wirkte wie eine rustikale Kioskbesitzerin. Mit der unterhielt sich meine Mutter immer, wenn wir dort waren. Und eines Tages, als sie wieder einmal miteinander klönten, kam ich dazu. Und wie ich so von unten mit meinen großen Augen in den Kassenglaskasten hochsah und sicherlich irgendetwas Lustiges in einen viel zu langen Satz einbaute, da beugte sich die Dame ein Stück zu mir herunter, sah dabei meine Mutter an und sagte: »Ich sage dir, dieses Kind wird mal ein Star.« Ich habe meine Mutter danach gefragt, was ein Star ist. Sie hat es mir anhand eines bekannten Sängers versucht zu erklären, aber so richtig begriffen habe ich es nicht. Und mein Kindergehirn hat es anschließend auch rasch ad acta gelegt. Offenbar aber nie vergessen. Jetzt gerade muss ich wieder daran denken und frage mich: Hätte ich damals schon gewusst, was ein

Star ist, was hätte ich mit meinen fünf, sechs Jahren in diesem Moment für ein Glücksgefühl empfunden?! Da sieht man mal, wie unterschiedlich Glück empfunden und was überhaupt als Glück angesehen wird, und manchmal wird es eben auch gar nicht erkannt oder erst viel später.

Wir sind uns trotz der Verschiedenheit unserer Empfindungen aber sicherlich einig: Glück ist ein wunderschönes Gefühl.

Die Definition von Glück – ein Versuch

Schon sehr früh beschäftigten sich die Menschen mit der Frage, was Glück ist, und sie haben es sogar aufgeschrieben. Das zeigt schon, wie immanent wichtig dieses Thema für uns ist und wie lange wir schon auf der Suche sind, herauszufinden, was Glück eigentlich ausmacht und wie wir es erlangen können. Am besten natürlich dauerhaft. Aristoteles, der 384 bis 322 v. Chr. lebte, und seine Zeitgenossen stimmten darin überein, dass Glück (sie nannten es griechisch »Eudaimonie«) sich durch Wohlergehen, Tüchtigkeit und Autarkie auszeichne sowie durch ein genussvolles Leben in Sicherheit und das Gedeihen des Besitzes und des Körpers. Diese verschiedenen Teile des Glücks konnten unterteilt werden in innere Güter des Körpers, wie Gesundheit, Schönheit und Körperkraft; innere Güter der Seele, wie Gerechtigkeit, Tapferkeit, Besonnenheit und Großherzigkeit, und äußere Güter, wie Wohlgeborensein, Freunde, Geld und Ehre. Wenn man all diese Güter erlangt hatte, führte man ein autarkes, also selbstständiges und selbstbestimmtes Leben, was als höchste Glückseligkeit galt. Aristoteles fügte dem aber noch ein Sahnehäubchen hinzu: die Fähigkeit der Vernunft und die Möglichkeit, diese »auszuüben«. Ein solches Leben gewährte dem Menschen die höchste Art von Befriedigung, war Aristoteles sich sicher, und somit war es auch das höchste Ziel des Menschen, diesen Zustand zu erreichen.

Ihr seht: Glück stand schon immer ganz oben auf dem Wunschzettel der Menschheit. Und im Grunde genommen ging es schon immer darum, **bestimmte Dinge in sich und im Leben ins Gleich-gewicht zu bringen und das Bestmögliche aus ihnen herauszu-holen.**

Heute versuchen wir das etwas moderner zu formulieren, aber genau genommen ist es dasselbe in Grün wie das, was schon die weisen Philosophen der Antike behaupteten. Als wesentliche Glücksfaktoren gelten heute: umfassende Gesundheit (Körper-kraft), glückliche Beziehungen (Freunde), persönliche Freiheit (Autarkie) und ein erfüllender Job (Geld, Ehre). Aber ist das schon Glück? Und gilt das universell?

Apropos: Ich wurde gerade im Schreiben von *meinem* größten Glück unterbrochen – meinem Baby. Wenn ich mit meinem Mäuschen zusammen bin, fühle ich mich immer ein bisschen wie Elmyra von den *Looney Tunes*. Kennt die überhaupt heute noch jemand? Elmyra hat ihre Kuscheltiere immer übertrieben fest ge-knuddelt und geküsst. Und dabei wollte ich nie so eine Mama sein, die übertrieben nervig (auch noch vor anderen) ihr Kind vergöttert und an ihm dranklebt, als wäre sie wie weich gewor-denes Wachs mit ihm verklebt. Was soll ich sagen? Ich glaube, heute würde ich in dieser Disziplin die Ehrenmedaille absahnen, wenn es eine zu vergeben gäbe.

Ja, dieses große Lebensglück ist tatsächlich erst im letzten Jahr zu mir gekommen. Bis dahin hatte ich das Gefühl, alles in mei-nem Leben liefe bereits gut und fein, ich sei glücklich, hätte mich mental gut aufgestellt, wüsste, wie das Leben funktioniert. Zum Teil stimmte das auch. Aber jetzt weiß ich: Mit einem Kind ist das noch einmal etwas ganz anderes. Alles ist noch einmal ganz anders. Weil man eine neue Perspektive einnimmt als Mutter, als Eltern. Auf das Leben generell, aber im Besonderen auch auf sich selbst. Weil man diese enorme Verantwortung für ein Leben trägt, das nicht das eigene ist. Und diese enorme Liebe in sich. Und man kann es nicht einmal beschreiben. Dieses intensive Ge-fühl, das tief aus dem Bauch kommt, das ganze Leben infrage stellt und alle Emotionen, die man jemals gehabt hat, um alles noch viel, viel besser und richtiger zu machen, das Gefühl des absoluten Glücks und der absoluten Ruhe, wenn das Baby in deinen Armen liegt und dich anlächelt, weil es dich als seinen Herzensmenschen erkennt, oder selig und voller Zutrauen schläft, wünsche ich jedem Menschen, der es sich auch wünscht. Alle, die damit nichts am Hut haben wollen, können aber genauso glücklich sein, da bin ich mir ganz sicher.

Vielleicht ist Glück heute so viel schwerer zu greifen als früher, weil wir so viel haben, so viele Möglichkeiten, wir können alles machen, essen, bereisen, uns im Internet anschauen, wir können im Prinzip leben, wie wir wollen. Klar, es muss zu unserem Geldbeutel passen. Wobei, Menschen, die mit viel Geld und Vermögen und Luxus zu tun haben, berichten, dass das am Ende gar nicht so viel mit Glück zu tun hat. Geld mache nur insofern »glücklich«, als dass man weniger Geld- und Existenzsorgen habe und flexibler sei. Das schenkt einem natürlich eine gewisse Art von Freiheit, und das macht dann eben auch wieder glücklich. Viele Menschen verbinden Glück jedoch ausschließlich mit Finanziellem und Materiellem, mit Anschaffungen und Reichtum, wenn man sie fragt. **Du bist aber, wer du bist.** Es heißt sogar, ein gewisser Luxus verstärke nur deinen Charakter. Das bedeutet, dass du, wenn du ein glückliches Kind warst, auch ein glücklicher (wohlhabender) Erwachsener sein wirst oder eben leider auch umgekehrt (wir haben doch gute Beispiele in der Literatur wie Ebenezer Scrooge aus Charles Dickens' *Weihnachtsgeschichte* oder Dagobert Duck – die waren bestimmt schon als Kinder unglücklich und missgünstig, da hilft aller Reichtum nichts, im Gegenteil).

Ich fürchte, ein bisschen sind wir in unseren Breiten vom Überfluss und von all den Möglichkeiten reizüberflutet und finden nicht mehr die richtigen Kanäle und Worte dafür (und oft auch nicht die Zeit, verrückterweise), um festzustellen und auszudrücken, was uns *wirklich* glücklich macht.

Und doch bin ich davon überzeugt, dass am Ende des Tages Glück gerade mit all den **vielen normalen Kleinigkeiten** zu tun hat.

Darum rufe ich jede und jeden dazu auf, Glück nach dem Motto »Back to the basics« zu definieren. Versucht es einmal. So, wie die alten Griechen es schon taten, oder zumindest die Leute vor fünfzig oder hundert Jahren. Tatsächlich sind es viel eher **Emotionen und Ereignisse (und Erinnerungen an diese Ereignisse), die uns glücklich machen, als Materielles.** Es sind viel öfter die kleinen, schönen, emotionalen Momente, das, was im Zwischenmenschlichen geschieht, als das große Glitzern und Bling-Bling.

Klar, man kann sich an einem großen Haus mit Designeinrichtung erfreuen. Aber macht uns das wirklich glücklich? Ich denke, das hängt noch von vielen anderen Faktoren ab. Ein Abendessen mit der Familie und mehreren Generationen an einem Tisch, mit Menschen, die sich lieben, unterhalten und gemeinsam lachen, *in* diesem Haus, beschert uns aber garantiert Glück. Das könnte jedoch genauso gut in einer gemieteten Zweizimmerwohnung stattfinden; mit genauso großem Glücksgefühl.

Ich jedenfalls – das kann ich im Moment des Schreibens dieses Kapitels sagen – weiß erst seit zwei Monaten, dass ich mich noch nie glücklicher gefühlt habe, als wenn so eine kleine, süße Maus mich anguckt und anlacht.

TOP-3-MOMENTE, DIE MICH GLÜCKLICH MACHEN

Mein Baby. Aber das ist eine übergeordnete Ebene, danach kommt erst einmal lange nichts. Darum setze ich es bewusst davor und starte erst jetzt mit meinen Top 3.

🔵 **Mein Partner.** Ja, der macht mich glücklich. Darum kann ich allen nur empfehlen, wenn sie das nicht so empfinden mit dem Menschen an ihrer Seite, ihre Partnerschaft, ihre Beziehung, ihre Ehe zu hinterfragen: Läuft alles so, wie ich es mir vorgestellt habe? Bin ich glücklich? Ergänzt mich meine Partnerschaft in dem, wie ich bin, oder hemmt sie mich in meiner Entwicklung und Entfaltung?

Wir haben nur ein Leben. Und weil das so ist, finde ich es ungeheuer wichtig, dass wir uns zum einen mit dem Menschen an unserer Seite wirklich wohlfühlen, bestätigt und unterstützt, damit wir zur besten Version unserer selbst werden können. Zum anderen möchte ich aber auch betonen, dass wir **unseren Lebensinhalt nicht von einem anderen Menschen abhängig machen sollten.** Viele Frauen suchen ihre Erfüllung, ihre ganze Freude und ihr Lebensglück (einzig) in ihrem Partner. Das ist meiner Meinung und Erfahrung nach aber nicht richtig und sogar gefährlich. Denn dann sind sie abhängig, sowohl finanziell als auch emotional, von einem anderen Menschen. Wenn dein Glück damit steht und fällt, wie es deinem Partner geht, bist du nicht selbstständig und selbstbestimmt. An dieser Stelle möchte ich doch noch einmal an die weisen alten Griechen erinnern: **Im selbstbestimmten Leben ist das höchste Gut, die Glückseligkeit, verwirklicht.** Darum ist mein allerwichtigster Tipp an alle Frauen: Findet einen Partner, den ihr richtig toll findet, absolut, keine Frage. **Aber habt selbst auch euer Leben, habt ein *schönes* Leben.** Lebt das, was euch glücklich macht! Und gebt euer Leben niemals für einen anderen Mensch auf. Wenn ihr den »Richtigen« gefunden habt, wird er das auch nicht von euch erwarten.

🔵 **Momente an der frischen Luft.** Ich weiß, es klingt recht trivial, aber ich meine es ganz ernst: Wenn ich hinausgehe und die schöne, frische Luft einatme, egal, ob kalt, warm, feucht oder nicht, spüre ich, wie mir das durch Mark und Bein geht, wie es mich belebt und befreit. Und es ist auch durch zahlreiche Studien bewiesen, wie wohltuend und gesund es ist, sich an der Luft zu bewegen, und dass wir auf diese Art Glückshormone ausschütten. Wenn dazu noch die Sonne scheint, ist es das Allerbeste, was wir unserem Körper und Geist geben können, denn dann bekommen wir auch noch eine Portion Vitamin D mit auf den Weg. Ich gehe am liebsten ans Wasser, ans Meer. Das liegt daran, dass ich ein Ostseekind bin. Wenn ich Wasser um mich herum habe, bin ich einfach glücklich.

- **Essen.** Das bringt mir wirklich Entspannung und Glück. Mit allem, was dazugehört, also auch der konzentrierten Vorbereitung. Am liebsten esse ich mit der Familie. Das erfüllt mich, gibt mir Kraft und Stabilität, wenn wir uns austauschen über neue und vor allem alte Geschichten, über die Verwandtschaft und alte Freunde. Natürlich ist die Voraussetzung dafür, dass man sich gut versteht innerhalb der Familie. Das kann ich euch allen nur von Herzen wünschen. Ich weiß aber, dass diese Geborgenheit und die Schönheit des Augenblicks auch durch ein Essen mit guten Freunden und Freundinnen hervorgerufen werden kann.

Reine Einstellungssache

Glücklich zu sein oder glücklich sein zu wollen, ist Einstellungssache. Und das wiederum ist ein Prozess. Trägt man es nicht von vornherein in sich, Glück zu sehen und zu empfinden, kann es durchaus harte Arbeit sein, dorthin zu gelangen. Aber die gute Nachricht ist: **Wir können üben, glücklich zu sein.** Es gibt dazu ein paar wirklich gute Tipps, um im ganz normalen Alltag Glück zu empfinden. Voraussetzung ist, dass wir mental gesund sind. Ist das nicht der Fall, so sollte erst einmal *daran* gearbeitet werden, um im nächsten Schritt und mit viel Geduld mit sich selbst im Alltag Glück zu empfinden. Einen Ausflug zur mentalen Gesundheit unternehmen wir an etwas späterer Stelle.

EINE KLEINE GLÜCKSÜBUNG

Ich möchte euch jetzt und in diesem Moment bitten: Setzt euch ganz entspannt hin, lehnt euch zurück, legt vielleicht die Beine hoch, schließt die Augen (also, natürlich erst, wenn ihr die Übungs-anleitung zu Ende gelesen habt) – und denkt an euren letzten Ur-laub. Stellt euch alles ganz konkret und detailliert vor eurem inne-ren Auge vor: die Reise, das Ankommen, das Einchecken, das Auspacken, wie ihr vielleicht das erste Mal an den Strand/Pool/in den Wald gegangen seid oder auf einen Berg gestiegen.

Beobachtet dann einmal ganz genau, wie es euch dabei geht. Verrückt, oder? Denn schon jetzt, nur bei der Vorstellung und dem Gedanken an den Urlaub, sind Glückshormone im Körper unterwegs. Weil schon diese rein emotionale Reise unser Beloh-nungszentrum im Gehirn triggert, in dem das Glückshormon Dopamin ausgeschüttet wird. Und zack empfinden wir Glück. Ist das nicht toll? Und dieses Wissen können wir uns tagtäglich zunutze machen, **wir können uns den kleinen Gratis-Glücks-moment mitten im Alltag gönnen.** Je mehr Glückshormone wir ausschütten, umso glücklicher sind wir natürlich insgesamt.

Selbstverständlich empfinden wir auch Glück, wenn uns wirk-lich etwas Schönes, Lustiges, Wunscherfüllendes passiert. Aber es geht eben auch, wenn der Alltag einmal nicht so glänzend ist, wenn (mal wieder) alles anders gelaufen ist als geplant, wenn der Regen an die Scheiben prasselt, statt dass wir im Sonnenschein spazieren gehen können, wenn wir krank im Bett liegen und so weiter und so fort. Negative Momente fallen uns sicherlich zu-hauf ein. Dann träumt euch einfach auf eure positive Gedanken-reise und schenkt euch ein bisschen Glück!

Emotionen, Ereignisse, Erlebnisse und die Erinnerungen da-ran sind das, was uns glücklich macht. Nicht umsonst lesen wir auf Instagram ständig: »Making Memories«. Und das ist ein State-ment in den sozialen Medien, dem ich voll und ganz zustimme.

DIE WICHTIGSTEN BAUSTEINE FÜR GLÜCK

Es gibt ein paar Grundbausteine, auf denen ein glückliches Dasein aufbaut.

- **Gute Gesundheit.** Die steht, so klar wie Kloßbrühe, tatsächlich an erster Stelle. Um die können wir uns glücklicherweise größtenteils selbst kümmern und gesundheitsschädliche oder belastende Dinge vermeiden.
- **Gute Beziehungen,** gute Freunde und Freundinnen, eine tolle Familie, emotionale Bindungen zu Menschen, die uns wohlgesinnt sind und die wir gern um uns haben.
- **Unabhängigkeit.** Das gilt sowohl für Frauen als natürlich auch für Männer. Selbstbestimmt, eigenständig leben können, unabhängig von anderen Menschen, ist ein ganz wichtiger Baustein, um Glück zu empfinden.
- **Der richtige Job.** Da dürft ihr herumprobieren, experimentieren und schauen, in welche Richtung das Leben euch führt. Da dürfen Zufälle hineinspielen, Vitamin B, egal, was. Am Ende ist nur wichtig, dass ihr wisst: Was möchte ich machen, in welchem Bereich möchte ich arbeiten? Im Umkehrschluss sollte es natürlich auch etwas sein, was euch liegt und was euch wirklich erfüllt. Vergesst nie, dass ihr vielleicht vierzig Stunden oder mehr mit eurer Arbeit verbringt. Das ist unglaublich viel Zeit. Und dazu kommt noch die Zeit, die ihr für den Hin- und Rückweg braucht und für all die Gedanken, die sich vielleicht noch um euren Job drehen, wenn ihr eigentlich längst Feierabend habt. Das ist so viel von eurem eigenen Leben, dass ihr euch dringend so positionieren solltet, dass euch eure Arbeit Freude bereitet.

WIE FINDEN WIR DAS GLÜCK?

Wenn jetzt eine oder einer von euch das Buch in der Hand hält und immer noch sagt: »Ich habe keine Ahnung, was Glück ist!«, es also einfach noch nicht gefunden hat, dann habe ich zum Schluss noch ein paar Tipps und Tricks, die dabei helfen können, Glück zu empfinden.

- **Dankbarkeit.** Seid dankbar dem Leben, euch und auch anderen Menschen gegenüber. Bedankt euch einfach mal bei jemandem, vielleicht bei der Frau an der Supermarktkasse, dem Postboten, der Busfahrerin, der Erzieherin im Kindergarten ... Ich kann außerdem nur empfehlen, euch am Ende des Tages hinzusetzen und in ein kleines Büchlein *eine* Sache zu schreiben, für die ihr am heutigen Tag dankbar seid. Das kann eine Kleinigkeit sein, wie, dass die Sonne euch geweckt hat oder der Bus pünktlich kam. Macht das jeden Abend. Nach einer gewissen Zeit dürfen es dann auch zwei oder drei Dinge sein. Und so können wir unser Dankbarkeitsempfinden immer weiter steigern. Was dadurch geschieht, ist Folgendes: Wir lenken ganz bewusst unsere Aufmerksamkeit auf **die schönen Dinge in unserem Alltag,** die uns sonst viel zu oft wegrutschen, weil wir den nicht so schönen hinterherjagen und uns darüber ärgern und sorgen. Auch das ist reine Übungssache und hilft ungemein dabei, im Leben glücklich zu sein.
- **Einfach mal Nein sagen.** Das musste auch ich erst lernen. Ich habe immer viel und gern gearbeitet, und das merken natürlich auch alle anderen um einen herum. »Gülcan, du bist doch noch länger da, willst du nicht das und das noch mit erledigen?« oder »Gülcan, es wäre total toll, wenn du morgen eine Stunde früher kommen könntest, dann kann ich eine Stunde länger schlafen«. Ich habe da Sachen erlebt ... Ich empfand es

schon immer als einigermaßen unverschämt, aber die Menschen sind so, wenn du ihnen die Vorlage bietest, da darf man gar nicht beleidigt sein. **Wir müssen uns um uns selbst kümmern, denn die anderen können wir nicht verändern.** Und das ist auch gar nicht unsere Aufgabe. Also müssen wir lernen, ganz natürlich und offen und im besten Falle noch sympathisch Nein zu sagen. »Hey, das mit der Stunde früher kommen, damit du länger schlafen kannst, ist eine fantastische Idee. Für dich. Aber leider kann ich das nicht machen.« Fertig. Unser Nein müssen wir nicht einmal begründen.

- **Sich Ziele im Leben überlegen.** Wie genau wir zu unseren Lebenszielen kommen, darum wird es in diesem Buch noch sehr ausführlich gehen. Hier sage ich schon einmal so viel: Setzt jeden Tag *drei Dinge* um, die euch eurem Ziel näherbringen. Es können auch nur zwei Sachen sein. Oder nur eine Sache. Aber niemals weniger. Diese kleinen **Minierfolge im Alltag stärken unser Selbstwertgefühl** ungemein.
- **Anderen Menschen eine Freude machen.** Das ist so toll! Werdet einfach mal aktiv und probiert es aus. Schenkt jemandem, den ihr mögt, eine Kleinigkeit, macht ihm eine Freude, ladet ihn ein. Und beobachtet, wie dieser Mensch reagiert. Spoiler-Alarm: Es wird ihn und euch glücklich machen.
- Damit wir überhaupt andere erfreuen und diese Energie weitergeben können, **Müssen wir uns zuallererst einmal selbst lieben** (das M ist wirklich großgeschrieben, denn sonst hat alles keinen Zweck).
- **Freiräume zum Relaxen.** Die sollten wir uns im Alltag unbedingt einräumen. Das ist einer der Punkte, bei denen ich kein gutes Vorbild bin und selbst noch lerne. Aber ich merke es sofort, wenn ich ein bisschen Sport treibe oder mich dazu zwinge, herunterzufahren, mich zu entspannen, zu relaxen und nichts zu tun – das gibt mir jedes Mal so viel neue Energie, Konzentriertheit und Kraft.

- Jeder Tag sollte so schön wie möglich gestaltet werden. Was ist der Lieblingswochentag der Menschen? Der Samstag. Jeder Tag sollte also ein Samstagsfeeling haben. Denke nicht fünf Tage lang: »Wann ist endlich wieder Wochenende?« Es ist wichtig, dass wir aus jedem Tag einen guten Tag machen und ihn auch so anfangen. Das kann mit positiven und dankbaren Gedanken sein wie: »Ich bin wach. Ich bin gesund. Alles funktioniert. Danke schon einmal dafür.« Damit sind doch 70 bis 80 Prozent des Tages schon richtig gut gelaufen. Und den Rest bekommen wir auch noch hin.
- Du bist für dein Glück verantwortlich. Und kein anderer Mensch auf dieser Welt.
- Am Ende des Tages ist es dein Leben. Und es sind deine Regeln. Da habe ich ein schönes Beispiel, für das ich immer wieder gern im Freundeskreis ausgelacht werde: Ich esse wahnsinnig gern am Abend zuerst mein Dessert. Ich habe einfach solchen Appetit darauf, weil es mir so gut schmeckt. Gerade, wenn es etwas mit Schokolade ist. Danach esse ich dann trotzdem das Hauptgericht. Das mache ich schon mein ganzes Leben so. Das ist meine Regel. Wir dürfen alles machen, was uns glücklich macht. Und andere Menschen nicht verletzt. Aber ich bin mir ziemlich sicher, dass sich noch niemand verletzt gefühlt hat, weil ich das Schokotörtchen vor der Gemüselasagne gegessen habe. Ich weiß, das ist nicht üblich, und alles, was anders ist als das »Normale«, sorgt für Gesprächsstoff (und durchaus Kritik), aber noch mal: mein Leben, meine Regeln.

Apropos für sein Glück selbst verantwortlich sein und Top 1 meiner Top 3 zum Glücklichsein: Ich werde jetzt endlich mal etwas essen. Ich muss sagen, dass ist das Einzige, was mich im Moment manchmal etwas traurig macht – dass ich am Abend nicht in Ruhe essen kann. Mit allem, was für mich dazugehört, also auch das Zubereiten etc. Das dauert dann schon an die zwei Stunden. Aber ich weiß auch, dass es wiederkommt. Und darauf freue ich mich schon jetzt. Bis dahin spiele ich es einfach immer wieder in Gedanken durch – und schwupps bin ich auch schon wieder glücklich!

KAPITEL 4

Du bist einzigartig:
Wir finden deinen USP

Fangen wir also endlich an, uns den Weg zu ebnen, das Gesetz der Anziehung zu nutzen, um den Schlüssel zu Glück und Erfolg in unserem Leben zu finden. Dazu starten wir bei UNS.

Man hört es an jeder Ecke: »Was ist der USP von diesem und jenem?« Wirklich wichtig ist aber, den USP nicht nur von diesem und jenem, sondern vor allem von sich selbst genau zu kennen!

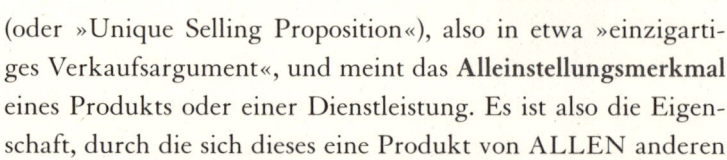

Fangen wir von vorn an:
Der Begriff stammt eigentlich aus dem Marketing und ist eine Abkürzung des englischen Begriffs »Unique Selling Point«

(oder »Unique Selling Proposition«), also in etwa »einzigartiges Verkaufsargument«, und meint das **Alleinstellungsmerkmal** eines Produkts oder einer Dienstleistung. Es ist also die Eigenschaft, durch die sich dieses eine Produkt von ALLEN anderen

Produkten unterscheidet, sein entscheidender, herausragender Wettbewerbsvorteil gegenüber der Konkurrenz. Es ist das einzigartige Nutzenversprechen eines Produktes, das einen **hohen Wiedererkennungswert** schafft.

Klingt gut, oder? Und gleichzeitig denken wir: Sooo viele Produkte mit USP kann es aber doch gar nicht geben, denn originelle und einzigartige Eigenschaften sind doch nur begrenzt vorhanden. Und dennoch wirbt jedes Produkt da draußen mit seinem ganz besonderen und eigenen USP.

Wenn aber wirklich etwas höchst individuell ist, dann sind das doch wir Menschen! Jede und jeder Einzelne von uns. Schließlich gleicht keine Eizelle der anderen, das haben wir bereits in der Schule in Biologie gelernt. Wenn also jede neue Klamotte, jede Aufbewahrungsbox und jedes Auto, das frisch auf den Markt geworfen wird, einen USP haben darf – dann doch zuallererst *wir*, bitte schön!

Denn streng genommen braucht auch jede und jeder von uns, egal, was sie oder er macht, »Kundschaft«. Ob es nun darum geht, dass wir schlicht wahr- und ernst genommen werden oder wir etwas (oder uns selbst als Marke) verkaufen wollen. Denn nur dann können wir auch erfolgreich sein mit unserer »Marke«.

Und deshalb kümmern wir uns in diesem Kapitel um folgende Frage: **Was ist *dein* Alleinstellungsmerkmal?**

Wir beginnen damit, erst einmal alles in den Topf zu werfen, was uns zu uns einfällt, was wir gern tun, was wir besonders gut können, was uns einzigartig an uns vorkommt oder was wir zumindest gern an uns mögen. Ich finde es übrigens gar nicht so einfach, das bei sich selbst herauszufinden, denn was einem liegt, erkennt man selbst in der Regel gar nicht als ein Talent oder eine Fähigkeit. Einfach, weil es so selbstverständlich ist, dass es einem gar nicht als etwas Besonderes auffällt. Mehr noch: Wir nehmen diese Dinge nicht selten wie »gottgegeben« hin, sie waren einfach immer schon da, und wir haben nicht das Gefühl, dass wir sie uns erarbeitet haben und nun damit »prahlen« dürfen. Außerdem können das alle anderen Menschen garantiert genauso gut wie wir. Mindestens. (Nur warum machen sie es dann nicht? Habt ihr euch das schon einmal gefragt?)

Bei mir war es dieses ungesehene und lange vor allem von mir selbst unbeachtete Talent, vor Leuten sprechen zu können, gern im Mittelpunkt zu stehen, zu entertainen und zu moderieren. Bis zu einem ganz bestimmten Tag. Die Geschichte dazu aus meinem Leben erzähle ich euch jetzt, denn sie ist sehr wichtig für alles, was danach kommt (sowohl für meinen Lebensweg als auch für dieses Buch).

Lange (Abi-)Rede, kurzer (Lebens-)Sinn

Ich hatte gerade mein Abitur in der Tasche. Wir planten die Abschlussfeierlichkeiten mit Rede auf der Bühne und allem Drum und Dran. Ich war mit in dem Team, das hinter den Kulissen die Veranstaltung organisierte, wir hatten auch zusammen die Abirede geschrieben. Hinter den Kulissen arbeiten, das konnte ich schon immer gut. Dafür hätten mich damals keine zehn Pferde freiwillig ins Rampenlicht gebracht. Halten sollte die Rede darum eine Schulkameradin. Ich hätte mir nie im Leben vorstellen können, auf der Bühne vor so vielen Menschen sprechen und performen zu müssen. Bloß nicht! Davon war ich ganz fest überzeugt.

Bis zu dem Tag der Abifeier. Die Freundin wurde nämlich leider krank. Die Zeugnisse wollten aber auf jeden Fall übergeben werden, und das Ganze sollte bitte schön feierlich vonstattengehen, inklusive Festrede. Wir haben also Streichhölzer gezogen und ich eben das kürzeste, was bedeutete: Ich musste auf die Bühne. Ich habe das Blatt mit der vorgeschriebenen Rede in die Hand gedrückt bekommen – zum Auswendiglernen war natürlich keine Zeit mehr. »Mach das Beste draus!« Ja, danke auch. Ich war so aufgeregt wie in meinem ganzen Leben noch nicht und habe in Endlosschleife gedacht: »Ich kann das nicht, ich kann das nicht!«

Ich weiß noch, dass ich kurz vorher wirklich abgewägt habe: Entweder ich kneife und überrede augenklimpernd einen Schulkameraden oder ich akzeptiere mein Schicksal und ziehe die Sache durch, gehe voran.

Und dann habe ich tatsächlich diese Rede gehalten – und was soll ich sagen (euch wird es heute nicht mehr verblüffen): Ich konnte es sehr wohl. Ihr wisst bestimmt, wie diese Reden aufgebaut sind: Da werden alle Schulfreunde und -freundinnen, Lehrer und Lehrerinnen einmal durch den Kakao gezogen, aber ganz respekt- bis hin zu liebevoll und vor allem auf eine witzige Art und Weise. Es geht nicht darum, jemanden bloßzustellen und zu blamieren, sondern darum, das Publikum zum Lachen zu bringen. Und ich habe geredet und geredet. Und geredet. Und geredet. Das Blatt in meiner Hand spielte irgendwann gar keine Rolle mehr, ich habe eigene Ideen eingebaut, war voll im Flow, und es wurde eine unglaublich witzige Rede. Das war sie ja sowieso schon, aber es hat mir auch viel Spaß gemacht, sie entsprechend zu präsentieren.

An dieser Stelle ein winziger Exkurs: Ich bin unglaublich schlecht darin, Witze zu erzählen. Ich kann es einfach nicht. Ich mache immer, immer die Pointe kaputt. Aber ich habe einen Riesenspaß dabei. Und ich lasse nicht locker. Ich erzähle einfach weiter die Witze, die mir spontan einfallen, und manchmal vergesse ich auf halber Strecke das Ende. Dazu bin ich Norddeutsche, und die haben bekanntlich ohnehin einen recht eigenen, trockenen Humor. Keine gute Mischung – aber hey, ich gebe nicht auf, und wer weiß, ob ich nicht eines Tages auch das kann: Witze erzählen, über die die Leute ehrlich lachen.

Ich habe also in diesem Moment auf der Bühne sehr wohl gemerkt, dass das, was ich da mache, etwas Besonderes ist. **Dieser Auftritt hat dann auch einen Wendepunkt in meinem Leben bedeutet.** Denn zum einen habe ich an diesem Tag meine Scheu verloren, vor vielen und fremden Menschen zu sprechen. Und zum anderen wusste ich plötzlich, was ich gut kann und machen wollte: Menschen unterhalten, vor ihnen performen – die Bühne rocken, im weitesten Sinne. Zumindest für eine bestimmte Zeit in meinem Leben.

Bis zu dieser legendären Abirede habe ich mich im Alltag absolut sicher in meiner kleinen Komfortzone bewegt, wenn ich eine Runde aus guten Freundinnen oder den engsten Familienkreis unterhalten habe mit meinem Witz und vielen Lachern. Ganz ohne Scham, ganz natürlich, ohne mich zu verstellen oder besonders anzustrengen. So war ich einfach schon immer und bin es bis heute. Das ist einer meiner grundlegenden Charakterzüge, würde ich sagen. Aber ich habe mich eben auch nicht aus dieser Komfortzone herausbewegt, um etwas mit meinem »Talent« anzufangen. Wie ich schon sagte: Es ist mir auch lange gar nicht als besondere Fähigkeit, als *mein USP* aufgefallen.

Dabei ist es doch so wichtig, ganz genau zu schauen: Was kann ich, wer bin ich, was zeichnet mich aus, und bis wohin kann ich damit kommen? Denn nur dann können wir **zu uns passende Ziele formulieren,** die uns auch glücklich machen. Und erfolgreich sein lassen. Ihr werdet sehen …

SO FINDET IHR EUREN USP

Auf der Suche nach eurem USP werden uns ein paar Fragen weiterhelfen, die ihr versuchen solltet, so ehrlich und ausführlich wie möglich zu beantworten. Ich gehe gleich auf jeden Punkt noch einmal ausführlich ein.

- Worin bin ich besonders gut? Was fällt mir leicht?
- Was liegt mir gar nicht, was mache ich nicht gern?
- Welche Aufgaben bringen mir Spaß?
- Welche Talente sagen mir andere nach?

Ich habe hier ein wenig Platz für euch gelassen für eure eigenen Notizen. Vielleicht nehmt ihr euch für die Beantwortung der Fragen aber auch ein kleines Notizbuch und einen Stift zur Hand und schreibt alles hinein, was euch einfällt und wichtig erscheint.

✆ Worin bist du besonders gut?

Um eure besondere Fähigkeit herauszukitzeln, könnt ihr zuallererst überlegen, worin ihr wirklich gut seid. In welchem Bereich fühlt ihr euch wie ein Fisch im Wasser und bewegt euch darin, ohne darüber nachzudenken? Ist es beim Singen unter der Dusche, beim Dartspielen, beim Zeichnen, beim Backen, wenn ihr mit Holz arbeitet und etwas zusammenbaut, wenn ihr die Wohnung blitzblank aufräumt, einen Umzug plant oder die Geburtstagsfeier eurer besten Freundin, oder kommt ihr so richtig in Fahrt, wenn jemand Hilfe braucht?

Ihr denkt jetzt vielleicht: »Aber wie, bitte schön, führt mich das Singen unter der Dusche zum Erfolg?« Nun ja, wenn wir wissen, was wir besonders gut können und auch noch gern tun, poliert das zum einen unser Selbstwertgefühl auf, und das stärkt uns und macht uns zufrieden, wenn nicht sogar glücklich. Zum anderen können wir versuchen herauszufinden, ob dieses Talent vielleicht sogar als unsere Berufung taugt: Können wir einen Job daraus machen? Das geht natürlich nicht immer, muss aber auch nicht sein. Wenn du zum Beispiel in einer Bank arbeitest und wahnsinnig gern Fußball spielst, dann bist du vielleicht die, die einen Fußball-Cup der Bank organisiert, bei dem ihr Geld sammelt, das ihr wiederum einer sozialen Organisation spendet. So bekommt dein Arbeitgeber positive Publicity, und du stärkst deine Position im Unternehmen und machst dich ein Stück weit unersetzbar, vernetzt dich auf einer anderen Ebene mit deinen Kolleginnen und Kollegen, und außerdem kannst du deine Leidenschaft erfolgreich ausleben und perfektionieren. Das macht dich garantiert glücklich.

Das ist natürlich nur *ein* Beispiel von einer Milliarde. Aber das Buch hat nun mal nur 240 Seiten. Ich möchte euch damit verdeutlichen, was ich meine, und bitte euch, dieses Beispiel auf euer eigenes Leben, euer eigenes Talent, eure Leidenschaft zu übertragen und anzuwenden.

Ihr wisst es jetzt: Mein Grundstein fürs Erwachsenenleben mit all seinen Zielen und Erfolgen war damals die gelungene Abirede. Was schlummert in euch? Vielleicht auch eine Fähigkeit, die ihr vorher nie aktiv benutzt habt, und auf einmal wird euch klar: Sie war die ganze Zeit über da, und ihr habt sie gar nicht richtig gewürdigt und ausgebaut. Und das kann alles sein. Aber es sollte so individuell und speziell wie möglich sein, damit es auch wirklich *euer* Alleinstellungsmerkmal ist. Ihr müsst schon danach suchen und graben. Und manchmal müsst ihr dafür ganz schön tief gehen.

Zum erfolgreichen Graben habe ich einen ganz tollen Tipp: Beobachtet euch ungefähr eine Woche lang selbst und schreibt ein **Wochentagebuch** (nehmt dazu das Notizbuch, das ihr euch vielleicht für die Beantwortung der Fragen weiter vorn zur Hand genommen habt).

Notiert darin:

- Wie sind meine alltäglichen Abläufe?
- Was mache ich von morgens, wenn ich aufstehe, bis abends, wenn ich ins Bett gehe?

Schreibt alles auf und bewertet es dann mit ein bis drei Sternen, von * = **Das kann ich nicht so gut, geht mir nicht so leicht von der Hand** über ** = **Hierin bin ich mittelmäßig** bis zu *** = **Das kann ich wirklich gut, ich liebe es, das zu tun.**

Am Ende hat sich bestimmt herauskristallisiert, was ihr wie selbstverständlich vielleicht schon jeden Tag oder mehrmals die Woche und auch besonders gut und gern macht (und natürlich auch, was nicht), ohne dem je wirklich Bedeutung zugemessen zu haben.

Freut euch darüber! Denn wenn wir unserem eigenen USP erst einmal auf der Spur sind oder ihn sogar gefunden haben, ist das ein unglaublich erleichterndes und auch erhebendes Gefühl. Das

Wissen hilft uns, uns auf das zu konzentrieren, was wir wirklich gut können und gern mögen, und dem Rest nicht mehr so viel Aufmerksamkeit zu schenken. So zentrieren wir unsere Energie und können sie darauf verwenden, das eigene Talent weiter auszubauen und zu perfektionieren. Denn darum wird es als Nächstes gehen.

⊗ Was liegt dir gar nicht?

Wenn euch einfach nichts einfallen will, worin nun ausgerechnet ihr so besonders gut seid, könnt ihr auch erst einmal die Dinge aufzählen, die euch definitiv nicht liegen, in denen ihr nicht besonders talentiert seid. Durch das Ausschließen wird einem manchmal klar, was einem auf der anderen Seite eben doch ganz gut gelingt.

⊗ Welche Aufgaben bringen dir Spaß?

Was macht euch happy, welche Aufgaben machen euch richtig Spaß, zu jeder Tages- und sogar Nachtzeit? Das muss übrigens gar nichts mit eurem aktuellen Job zu tun haben. Wenn ihr merkt, dass die Dinge, die euch wirklich Freude bereiten, außerhalb eures Berufsfelds liegen, ist auch das eine wichtige Antwort.

Wenn ihr etwas tut, was euch Spaß bringt, werdet ihr es mit aller Wahrscheinlichkeit auch gut machen. Denn wenn ihr eine Sache mit Freude tut, macht sie euch glücklich, und dann habt ihr die Kraft, alles in diese Leidenschaft hineinzugeben und richtig, richtig gut darin zu werden.

Ich hatte diesen großen Spaß am Moderieren – ohne Ende! Obwohl ich nie gezielt gesagt hätte: »Ich möchte Moderatorin werden!« Aber ich spürte einfach, dass ich etwas mit Menschen zu tun haben wollte, was sie und mich mitreißt. Und weil es tausend verschiedene Dinge da draußen gibt, die man tun kann, bin ich mir sicher, dass auch jede und jeder von euch etwas findet, was sie und ihn mit Freude erfüllt.

Ich schlage allerdings vor, es so schnell wie möglich herauszufinden, denn dann werdet ihr es von jetzt an viel leichter haben, glücklich zu sein und erfolgreich zu werden. Wenn ihr wirklich mit Liebe und Leidenschaft und Freude bei einer Sache seid, kann euch nämlich nichts und niemand mehr stoppen.

✆ Welche Talente sagen dir andere nach?

Um sich dem eigenen USP anzunähern, hilft es ungemein, die engsten Freundinnen und die Familie zu befragen. Die können uns manchmal die Augen öffnen für Talente, die wir nie als solche erkannt und gewürdigt hätten, weil sie uns so selbstverständlich und dadurch nur wenig besonders vorkommen.

Ich bin damals auch nicht aus eigenem Antrieb zum VIVA-Casting gegangen, weil ich so überzeugt davon war, dass ich ein Talent zum Moderieren hätte. Es war meine Schwester, die mich dazu gebracht hat. Genauer gesagt: mein Wetteinsatz. VIVA hatte zum größten Casting seiner Geschichte gebeten, ein Casting-Team war dazu durch ganz Deutschland gereist. Als ich davon erfuhr, saß ich mit meiner Schwester zusammen auf dem Sofa und sie: »Wetten, dass du dieses Casting gewinnst?« Und ich: »Wetten, nicht?«

Da ich es als Ehrensache ansehe, eine Wette einzuhalten, fuhr ich also zu diesem Casting. Und war davon sehr genervt. Im Nachhinein muss ich aber zugeben, dass meine Schwester den richtigen Riecher gehabt hatte. Sie wusste einfach schon weit vor mir, dass mir das Moderieren liegt und ich bei diesem Casting also wirklich eine reelle Chance hatte.

Und so geht es wahrscheinlich den meisten von uns – wir rühren und rattern und knattern und kommen zu keinem Ergebnis. Und dann kommt der eigene Bruder daher und sagt: »Du liebe nervige kleine Schwester, du kannst doch richtig gut Geige spielen!« Und es stimmt. Obwohl wir vielleicht Autodidaktin sind und nie eine Note gelernt haben. Möglicherweise bist du die weibliche Version von David Garrett, ohne es zu wissen. Aber jetzt versuchst du, beflügelt durch das Kopfwaschen deines Bruders, dein Glück auf Instagram und hast am nächsten Tag eine halbe Million Follower. Alles ist möglich!

Vielleicht kannst du auch besonders gut mit Wörtern umgehen, hast eine blühende Fantasie und könntest packende Geschichten schreiben, oder du hast ein ausgeklügeltes Verständnis für alles, was mit Autos zu tun hat, ein besonderes Talent und Freude daran, mit Kindern umzugehen, ein gutes Gefühl für Farben und Einrichtung, ein extrem umfangreiches Allgemeinwissen, weil du dich in alles einlesen willst, eine handwerkliche Begabung, bist besonders sportlich oder, oder, oder …

Bittet euren Freundeskreis, euren engsten Familienkreis, bittet euren Partner, eure Partnerin darum, sich Gedanken zu machen und euch zu erzählen, was IHR (besonders) gut könnt.

Probiert Neues aus!

Wenn euch die Fragen alle nicht weiterhelfen, um euren USP zu finden, dann rate ich euch: **Traut euch und seid mutig! Fordert euch selbst heraus!** Prüft, ob es andere, unbekannte Wege für euch gibt, um euch auszuprobieren und alle Facetten zu entdecken, die vielleicht in euch stecken. Das geschieht natürlich nicht in den immer gleichen Abläufen, wenn ihr wie ein Hamster in seinem Rad feststeckt. Es kann nur neue Einflüsse, Impulse und Ideen geben, wenn ihr Neues erlebt und ausprobiert, wenn ihr nach rechts und links schaut. Versucht also, Situationen, denen ihr normalerweise aus dem Weg geht oder die sich in eurem Leben schlicht noch nie ergeben haben, anzunehmen oder zu schaffen. Und beobachtet dann, wie ihr mit ihnen umgeht. Vielleicht entdeckt ihr auf diese Weise ganz ungeahnte Seiten an euch.

Werdet die beste Version von euch selbst

Ihr solltet beim Beantworten der Fragen nichts überstürzen und euch nicht mit halb wahren Antworten zufriedengeben. Nehmt euch Zeit, herauszufinden, was euer Talent, eure Besonderheit, euer USP ist. Was ist es, was ihr wirklich gut könnt, was euch glücklich macht, was euer Herz höherschlagen lässt? Moderieren, Schreinern, Eishockey? Egal! Ich bin davon überzeugt, dass es möglich ist, mit allem, was es auf der Welt gibt, erfolgreich zu sein. Hauptsache, **wir bleiben uns selbst treu** und wissen, was es ist, und legen dann all unsere Energie, Disziplin und Zielstrebigkeit hinein, um so gut darin zu werden, wie wir es eben schaffen. Das bedeutet ganz konkret: üben, üben, üben. Stellt euch einfach vor, ihr würdet zu einer Art sympathischem Roboter mutieren, der rein theoretisch nachts um 3.23 Uhr geweckt werden könnte mit dem Auftrag: »Geh jetzt auf die Bühne und moderiere drei Stunden lang live die *Gala Night* einer großen Versicherung – der Chef hat übrigens auch noch Geburtstag! Und los!« Vorausgesetzt, euer Wunschberuf ist Moderatorin … (Diese Geschichte ist mir übrigens einmal genauso passiert. Nur nicht nachts um 3.23 Uhr. Aber ich hätte wohl auch das geschafft.)

Denn auch wenn wir ein Talent für etwas haben, müssen **wir stetig und hart daran arbeiten, damit wir so gut wie möglich darin sind.** Und wenn wir geschafft haben, das Beste aus uns herauszuholen, dann werden die Menschen auf uns aufmerksam, sie werden unsere Mühe und Arbeit zu schätzen wissen, und so kommt der Erfolg fast von selbst.

WIE ICH MEINEN USP
WEITERENTWICKELT HABE

Wie ich meinen USP entdeckt habe, wisst ihr bereits. Jetzt will ich euch erzählen, wie ich ihn ausgebaut habe und wann ich überhaupt darauf gekommen bin, das zu tun.

Es war nach den ersten aufregenden und neuen Wochen und Monaten bei VIVA, als ich auf einmal dachte: »Wow, hier sind ganz schön viele Jungs und Mädels für so einen kleinen Sender!« Und mir wurde klar und klarer, dass ich nicht einfach mehr »in den Wald hinein« moderieren wollte. Ich wollte mich gezielt und zu mir passend positionieren. Ich wollte mich abgrenzen und wissen, was mich im Besonderen ausmacht. Ich wollte mein Talent Stück für Stück weiter herausarbeiten. Ich wollte ganz genau zeigen, was mein USP ist.

Das hatte gar nichts mit Ellenbogen oder Konkurrenzdenken oder gar Stutenbissigkeit zu tun. Denn ich habe mich bei VIVA generell und speziell in dem Team wirklich sehr wohlgefühlt. Wir haben uns sehr gut verstanden, sind gut miteinander umgegangen (bis auf ganz wenige Ausnahmen, aber dazu komme ich am Ende des Buches noch einmal), haben uns gegenseitig unterstützt und respektiert. Wir mochten uns und hatten eine gute Zeit zusammen. Nichtsdestotrotz war es mir ab einem bestimmten Punkt wichtig, mich in Hinblick auf meine berufliche Zukunft im Sender ganz klar zu positionieren. Und so habe ich nach und nach mein **persönliches Erfolgskonzept** herausgearbeitet. Es ist bis heute mein Leitfaden durchs Leben.

Unabhängig, uneitel und effektiv

Bei VIVA hat es also begonnen, das Feilen an meinem USP, was letztlich zu meiner eigenen »Marke« führte (was die konkret beinhaltet, darum wird es im nächsten Kapitel gehen). Es war zum Beispiel gang und gäbe, und ich habe es einige Male selbst erlebt, dass die Kolleginnen und Kollegen nervös wurden bis hin zu reizbar, wenn der Teleprompter einmal zu langsam lief oder sie eines ihrer Moderationskärtchen nicht zur Hand, ihren Text also nicht parat hatten. Ich habe damals ganz bewusst entschieden: Das möchte ich nicht, ich möchte nicht auf etwas oder jemanden angewiesen sein, um meinen Job gut zu machen. Ich wollte frei vom Teleprompter arbeiten und von jeglichen Aufzeichnungen. Außerdem war es mir wichtig, so natürlich und authentisch wie möglich zu sein während des Moderierens. Eben so, wie ich nun mal bin. Das ging ohne Aufzeichnungen ohnehin viel besser.

Und so habe ich mit viel Fleiß und Ehrgeiz und auch einer Menge Kreativität meine ganz eigene witzige, lockere und immer authentische Stilrichtung des freien Moderierens entwickelt mit dem Ziel, die Menschen bestmöglich zu unterhalten. Ganz im Gülcan-Stil.

Und offenbar hatte ich den richtigen Riecher zur richtigen Zeit, denn es gab sonst niemanden bei Viva, der so gearbeitet hat. Was dieser USP mit sich brachte, war nämlich, dass ich sehr uneitel und dadurch auch flexibel, zeitsparend und effektiv arbeitete. Das hat der Sender bemerkt und mich viel drehen lassen, gern auch die längeren Aufzeichnungen am Abend. Ein Kollege, der hinter der Kamera oft mit von der Partie war, öffnete mir irgendwann einmal die Augen: »Du bist eben die Schnellste.« So einfach war das: Ich war die Schnellste, weil ich nie eine Neuaufnahme forderte, auch wenn einmal etwas danebenging. Darum wurde ich im Sender auch »Mrs Onetake« genannt. Kleine Ausrutscher, Versprecher, Fehlerchen gehörten für mich einfach dazu, das konnte doch jedem einmal passieren. Für mich musste ich selbst nicht perfekt sein. Mir war es wichtiger, dass die Leute vor dem Bildschirm wussten: Das ist unsere Gülcan, so ist sie nun einmal.

Offen sein für neue Impulse

Das war nur ein Beispiel, wie ich meine Arbeitsweise immer weiter spezifiziert und verfeinert habe, stets im Einklang mit meinem Charakter, mit meinen Talenten. Ich habe außerdem stets die Augen und Ohren offen gehalten: Was gibt es bereits, welche Position ist noch nicht besetzt, in welchen Bereich könnte ich mich weiter hineinarbeiten? Meine Impulse habe ich auch direkt vom Studiopublikum bekommen. Dazu habe ich vor der Aufzeichnung immer bewusst das offene Gespräch mit meinen Gästen gesucht. Einmal, um sie aufzulockern, sie zu entspannen für die Aufnahme, damit wir alle eine richtig gute Zeit miteinander haben würden, aber auch, um zu erfahren, was die Menschen gern sehen würden, welche Themen wir ansprechen, welche Gäste wir einladen, welche Fragen wir ihnen stellen sollten. Ich habe gemerkt, dass dieser Meinungsaustausch sehr wichtig ist, weil es ein kleiner Querschnitt war von den Meinungen der Menschen, die zu Hause vor den Bildschirmen saßen. Das waren die, die uns die Quoten brachten. Und die hingen letztendlich doch recht unmittelbar mit meinem persönlichen Erfolg zusammen.

Auch für die Beantwortung der Fanpost habe ich mir immer viel Zeit genommen, nach jedem Tag beim Sender ein bis zwei Stunden. Und zum Teil haben wir die Antwortbriefe damals noch mit der Hand geschrieben! Denn so konnte ich erfahren, was die Menschen wollten, brauchten, sich wünschten, auch, was ihnen vielleicht einmal nicht gefallen hatte. Dieses Feedback von außen hat mir dabei geholfen, mich stetig zu verbessern.

Der einzigartige Wiedererkennungswert

Neben meinem Humor, meiner Lockerheit und dem Gefühl, das ich vermitteln wollte, immer authentisch und echt zu sein, auch Fehler zuzulassen und dazu zu stehen, ja, sogar selbst darüber lachen zu können, habe ich auch äußerlich versucht, meine Einzigartigkeit herauszuarbeiten. Ich habe zum Beispiel zwar immer ein anderes Make-up gehabt, aber immer, immer, immer denselben Lippenstift dazu getragen. Auch bei meinem Styling habe ich mir große Mühe gegeben. Ich habe auf besondere und auffällige Muster geachtet. So speziell das auf den ersten Blick auch wirkte, so bot es doch eine gewisse Art der Wiedererkennung: Wiederkehrende Muster und Farben waren mein Erkennungszeichen (fast wie eine Art Arbeitsuniform).

Sich unersetzbar machen

Und so darf ich hoffentlich ganz unarrogant sagen: Zu meiner Zeit bei VIVA war ich eines der wichtigsten Gesichter des Senders, er und ich, wir lebten in so einer Art Symbiose. »Gülcan« und »VIVA«, das gehörte in der Öffentlichkeit auf jeden Fall zusammen. Das ist aber nicht zufällig passiert, während ich verträumt und fröhlich durch die Gegend und von Show zu Show gehüpft bin, sondern weil ich mich gekümmert habe, ganz besonders besonders in dem Bereich zu sein, in dem ich vorankommen wollte.

Bis heute ist mein Anspruch, morgen, übermorgen, in einer Woche, in zwei Monaten, in einem Jahr besser zu sein als die Version, die ich heute bin. Gleich am nächsten Tag sage ich mir: Versuche es noch einmal besser, spannender, witziger, anders zu machen! Immer weiter und weiter. Das hat bei mir bis heute ganz erfolgreich funktioniert.

Und das ist wirklich das Wichtigste, was ich jeder und jedem von euch an dieser Stelle mit auf den Weg geben möchte: **Mache dich zu etwas Besonderem!** (Das bist du ohnehin, aber du musst es auch den Menschen da draußen ganz klar zeigen.) **Man darf dich nicht ersetzen können.** Grundsätzlich ist nämlich jeder Mensch ersetzbar, vor allem im Job. Darum ist es immens wichtig, sich so zu positionieren, dass man eben nicht mehr so einfach austauschbar ist. Und damit widerspreche ich nicht meinem Wunsch, dass wir Frauen gemeinsam das Boot, in dem wir alle sitzen, steuern sollten. Mitnichten. Wir können auch mit Rücksicht aufeinander und Respekt für die Talente der anderen unseren persönlichen Einzigartigkeitsfaktor herausfinden, herausfiltern und auf ihm aufbauen.

Wir haben nun also euren USP herausgearbeitet oder sind zumindest auf gutem Weg dahin. Im nächsten Kapitel wird es darum gehen, darauf aufbauend eure Ziele im Leben zu formulieren. Denn wenn ihr euer Talent immer weiter in eine konkrete Richtung ausbaut, folgt der Erfolg auf dem Fuße.

BIG-6-CHECKLISTE ZU DEINEM USP

- Was ist dein Talent, vielleicht gibt es auch mehrere? (Manchmal hilft es, dir vor Augen zu führen, worin du *nicht* besonders talentiert bist.)
- Was macht dich glücklich, woran glaubst du, was sind die Herz-hüpf-Momente deines Lebens?
- Wovon bekommst du nicht genug, beziehungsweise welche Branche wird dich immer fasziniert antreiben?
- Was sagt deine Familie, was sagen deine besten Freundinnen über dich, was zeichnet dich ihrer Meinung nach aus?
- Was für eine Rolle hattest du in deiner Schulzeit inne (Klassenclown, Streberin, Mauerblümchen, Hilfsbereite ... – etwas zugespitzt ausgedrückt)?
- Wenn du noch nicht genau weißt, was dein USP ist – *Never Give Up!* Grabe weiter. Keine Sorge, du kommst bestimmt darauf.

KAPITEL 5

Der Weg zur Erfolgsformel: Stellschrauben für ein glückliches und erfolgreiches Leben

Ich sage es geradeheraus und fange mit der Formulierung unseres grundsätzlichen Ziels an: **Wir wollen glücklich und erfolgreich sein.** Und ich sage auch gleich hier am Anfang dieses Kapitels: Wir haben es selbst in der Hand, glücklich zu sein und Erfolg zu haben. Wir können es beeinflussen, verändern und formen. Das ist meine feste Überzeugung und auch Erfahrung. Fundamental wichtig ist dafür, und darum fangen wir genau damit an, unsere **innere und äußere Gesundheit.** Denn nur, wenn wir körperlich und geistig auf der Höhe sind, können wir sowohl (selbst-)bewusst als auch kraftvoll für uns und unsere Bedürfnisse und Ziele einstehen. Für diese gute Gesundheit müssen die meisten von uns jedoch vorher an ein paar Schrauben drehen. Tatsächlich setzt sich **unser allgemeines Wohlbefinden** nämlich daraus zusammen, dass wir verschiedene Themen in unserem Leben angehen – oder nennen wir es, verschiedene *Faktoren* optimieren. Darauf bin ich übrigens nicht allein gekommen, sondern diese Erkenntnis beruht auf wissenschaftlichen Daten und Fakten.

Mit welcher Dringlichkeit welcher Punkt angegangen werden sollte, kann individuell ganz unterschiedlich sein. Die eine braucht mehr Bewegung im Alltag, der anderen schlägt die (falsche) Ernährung auf den Magen, wieder eine andere fühlt sich dem Alltagsstress nicht mehr gewachsen, geht niedergeschlagen durchs Leben oder leidet an einem schlechten Standing im Job …

Zudem gibt es bei den Stellschrauben keine Rangfolge von »am wichtigsten« zu »nicht so wichtig«. Sie sind alle gleichzeitig gleich wichtig. Aber natürlich müsst ihr nicht von heute auf morgen alles »richtig« und vielleicht anders machen. Wir fangen am besten Stück für Stück an und ändern nach und nach unsere Tage hin zu einem gesunden Alltag voller Wohlbefinden. Das ist viel motivierender, als von jetzt auf gleich all seine Gewohnheiten zu ändern.

Das, was ich euch gleich verrate, können wir uns also als eine Art **Baukastensystem** vorstellen. Jede und jeder von euch kann sich die Themen herausfiltern, bei denen sie oder er sich »ertappt« fühlt, die sie oder er angehen und in Zukunft zum Besseren verändern möchte; immer mit dem Ziel im Hinterkopf: **Ich möchte glücklich und erfolgreich sein.** Das klingt doch dann fast schon nach Spaß, oder nicht?

Auch ich habe auf diese Weise meine ganz persönliche Erfolgsformel entwickelt. Die verrate ich euch aber erst, nachdem wir uns einmal durch die Basics geschlaumeiert haben.

UNSERE »ÄUSSERE« GESUNDHEIT

Die Grundpfeiler einer guten körperlichen und in Teilen auch geistigen Gesundheit sind gesunde Ernährung, ausreichend Bewegung und erholsamer Schlaf. Und noch ein vierter Punkt: Wiederholung. Also jeden Tag aufs Neue: gesunde Ernährung, ausreichend Bewegung, erholsamer Schlaf.

Starten wir mit dem ersten Pfeiler einer guten Gesundheit: der gesunden Ernährung.

GESUNDE ERNÄHRUNG IST
UNSER GRUNDSTEIN

Ich hatte schon immer großen Spaß daran, mich fit und gesund zu halten und dabei genau Bescheid zu wissen, wie gesunde Ernährung funktioniert. Die Basis dafür wurde bereits in dem ernährungswissenschaftlichen Gymnasium geschaffen, in das ich gegangen bin. Lustigerweise habe ich bis heute beruflich nichts damit angefangen und es auch gar nicht vor. Theoretisch. Aber bei mir weiß ich ja nie ... Ich habe Ökotrophologie studiert, vielleicht sollte ich also ein Kochbuch schreiben – bleibt gespannt ...

In diesem Kapitel soll es aber nicht um naturwissenschaftliche Fachbegriffe gehen, sondern darum, das Thema »gesunde Ernährung« so greifbar wie möglich darzustellen. Und gleich Handlungsschritte daraus abzuleiten, damit auch ihr am besten morgen schon in einen gesünderen Alltag starten könnt.

Keine Sorge, keine von euch muss ab jetzt nur noch wie ein Kaninchen am Salatblatt oder der rohen Möhre knabbern und auf alles verzichten, was wirklich Spaß bringt (wobei ganz klar Ansichtssache ist, ob das unbedingt Koffein, Zucker und Alkohol sein müssen oder es nicht auch ganz anders geht ... aber dahin kommen wir schon noch ganz automatisch).

Unser Hauptziel ist, unser Wohlbefinden zu verbessern, ein gutes Körpergefühl zu haben und klare Gedanken. Das schaffen wir dadurch, dass wir mit allen wichtigen Vitaminen und Mineralstoffen versorgt sind, mit gesunden Fetten und Eiweißen für die nötigen Mikro- und Makronährstoffe, mit den richtigen und guten Kohlenhydraten, die unser Gehirn antreiben. Die sind dann wiederum auch für die Ausschüttung von Glückshormonen verantwortlich. Und wer will die nicht? Nicht umsonst gibt es Unmengen an Büchern über das Thema »Iss dich glücklich«. Sich gesund futtern?! Funktioniert! Allein durch eure Ernährung könnt ihr euch gesund aufstellen und dadurch ein Glücksempfinden in euch auslösen und ein Hoch erleben. Gepaart mit den anderen beiden Grundpfeilern für ein perfektes Wohlbefinden: Bewegung und Entspannung. Dazu kommen wir im Anschluss.

Welche Ernährungsform ist die beste?

Omnivor, Vegetarier, Veganer, Flexitarier, Pescetarier, Frutarier ... Es gibt so viele verschiedene Formen der Ernährung, da kann man schon mal unsicher werden. Welche ist denn nun die beste? Wichtiger ist die Frage: Welche ist die richtige für *dich?* Das könnt ihr herausfinden, indem ihr verschiedene Ernährungsformen über eine gewisse Zeit ausprobiert. Ich finde dabei wichtig, nicht von null auf hundert zu streng mit sich zu sein, sondern eher spielerisch eine Woche lang (überwiegend) vegetarisch zu essen, dann ein paarmal die Woche vegane Tage (oder auch nur Gerichte) einzubauen, mal über eine Zeit Milchersatzprodukte auszuprobieren ... Wichtiger als eine neue Ernährungsform auf Biegen und Brechen durchzuziehen, ist, dass wir uns damit wohlfühlen. Das beinhaltet auch, dass es uns damit körperlich gut geht und wir uns ausreichend darüber informieren – damit wir auch mit einer neuen, vielleicht stark eingeschränkten und veränderten Ernährungsform alle wichtigen Nährstoffe zu uns nehmen – und last, but not least, die neue gesunde Ernährung uns schmeckt.

Ich bin zum Beispiel ein Omnivor, also eine »Allesfresserin«. Das gebe ich ganz offen zu. Ich habe aber auch schon alles Mögliche ausprobiert, unter anderem, weil ich unter einigen Allergien leide. Ich habe mich bei jeder Ernährungsumstellung medizinisch begleiten lassen. Und vieles hat mir auch wirklich geholfen, sodass ich meine Allergien heute viel besser im Griff habe.

Wer erfolgreich sein will, muss etwas anders machen

Kennt ihr Henry Ford? Den Pionier der Automobilindustrie? Den Erfinder der Automarke Ford? Kurzum: den höchst genialen und erfolgreichen Geschäftsmann? Er war eine Zitatmaschine, und ich würde heute, 2022, fast alles von dem, was er gesagt hat, unterschreiben. So hat er auch sinngemäß den Satz geformt, dass erfolgreiche Menschen deswegen erfolgreich sind, weil sie Dinge anders machen als alle anderen. Übertragen auf unser Kapitel bedeutet das: Wollt ihr im Bereich »gesunde Ernährung« erfolgreich sein, macht es anders als die meisten anderen. Bevor ihr also zur Chipstüte oder Zimtschnecke greift, wascht euch eine Möhre ab oder schneidet eine Gurke in Scheiben. Bevor ihr die Tiefkühlpizza in den Ofen schiebt, bereitet euch einen frischen Tomaten-Gurken-Salat zu. Unser Körper erledigt erstaunlich viel von ganz allein, aber er kann auch nicht alles schaffen. Und wenn wir uns ungesund ernähren, muss er viel Zeit und Kraft darauf verwenden, gegen die schlechten Stoffe anzukämpfen, die zum Beispiel das *eine* Zigarettchen oder das *eine* Bierchen oder die *eine* halbe Tafel Schokolade in ihn pumpen. Und so fehlt ihm die Kraft, um seine Zellen zu erneuern, auf lange Sicht gesund und fit zu bleiben und Reserven anzusparen für den Fall, dass wir uns einen Infekt einfangen und dieser rasch bekämpft werden muss.

Es ist leider so: Ein Großteil der Menschheit ernährt sich sehr, sehr ungesund mit zu vielen schlechten Kohlenhydraten, Fetten und Zucker. Diese Art von ungesunder Ernährung führt zu einer Vielzahl an sogenannten Zivilisationskrankheiten: Herz-Kreislauf- und Stoffwechselerkrankungen, Diabetes, Osteoporose und Übergewicht bis hin zu Fettleibigkeit (Adipositas). Und starkes Übergewicht verkürzt erwiesenermaßen die Lebenserwartung.

Auch in Deutschland ist ein großer Teil der Bevölkerung übergewichtig – haltet euch fest: fast jede zweite Frau und rund 64 Prozent der Männer. Und das Schlimme ist, dass auch junge Erwachsene immer dicker werden. So sind schon heute mindestens fünf Prozent der Kinder und Jugendlichen fettleibig, und der Trend geht nach oben. Die Krankheiten aufgrund von starkem Übergewicht nehmen zu, die Ausgaben der Krankenkassen ebenfalls. Man hört und liest es immer wieder, und irgendwie geht es doch ein Stück weit an einem vorbei, oder? Aber was hängen bleibt ist: Wenn ihr entscheiden könntet, ob ihr 70 oder 90 werdet, und zwar heute und jetzt, wofür würdet ihr euch entscheiden? Eben. Darum lasst uns auf unsere gute Ernährung achten, denn dann bleiben wir noch viele, viele Jahre gesund – das sind wir doch allein unseren Kindern (und hoffentlich noch Enkelkindern) schuldig.

Ernährung ist individuell

Sich gesund und gut zu ernähren, funktioniert nur dann und ist nur dann auch nachhaltig, wenn die Ernährung individuell auf das eigene (Familien- und Berufs-)Leben und die eigenen Bedürfnisse abgestimmt ist. Da gibt es keine hundertprozentige Formel, die auf jede und jeden von uns passt. Aber wenn man seine richtige Ernährungsform einmal gefunden hat, sollte man sie unbedingt beibehalten. Ihr fragt jetzt vielleicht entrüstet: »Sollen wir uns dann wie Roboter verhalten und alles immer gleich machen?« Ehrlich gesagt, wenn es um unsere Gesundheit geht, ganz klar, *ja*. Wahrscheinlich habt ihr aber bis jetzt auch wie ein Roboter gelebt, nur mit nicht ganz so gesunden Verhaltensweisen. Schließlich hat jeder von uns seine Routinen, den ganzen Tag über, ich bin mir sicher, auch beim Essen. Programmiert euren eher ungesund gepolten Roboter also um in einen, der gesund lebt und gute Lebensmittel zu schätzen weiß und schmecken kann. Ich wette, die meisten von euch essen zu salzig, zu süß und sind an den einen oder anderen Geschmacksverstärker gewöhnt (die vor allem in Fertiggerichten und verarbeiteten Produkten stecken). Probiert eine Zeit lang eure selbst gemachten Gerichte mit ganz wenig Salz. Die schmecken erst einmal fad und langweilig? Grund dafür ist nur, dass euer Geschmackssinn anderes gewöhnt ist. Die gute Nachricht ist: Der Geschmackssinn kann recht schnell umtrainiert werden. Und im Nu schmeckt ihr den wahren Geschmack von Paprika, Tomaten, Kürbis und Co. Nehmt euch für jeden Bissen Zeit, versucht herauszuschmecken, was das Besondere an den Lebensmitteln ist, wie sie sich unterscheiden. So entsteht eine ganz neue Form des Geschmackserlebnisses, ich verspreche es euch.

Wichtig ist dabei, auch die gesunde Ernährung immer zu wiederholen, jeden Tag aufs Neue, mehrmals. Dann wird es zu einer Routine, und ihr agiert darin automatisch, wie ein Roboter eben.

Das beste Beispiel ist doch das Zähneputzen: Wir lernen von klein auf, dass das jeden Tag zweimal sein muss. Einmal am Morgen nach dem Aufstehen, einmal am Abend vorm Insbettgehen. Da gibt es gar keine Diskussion, oder? Nicht mit deinem Kind und mit dir selbst auch nicht. Es gibt einfach Gewohnheiten im Leben, die man immer beibehält. Und seien wir mal ehrlich: Zähneputzen geht uns doch fast im Schlaf von der Hand.

Die wichtigsten Punkte für eine gesunde Ernährung

Jetzt will ich euch zu eurer Beruhigung einmal schnell sagen: Gesunde Ernährung ist kein Hexenwerk. Ein Grundpfeiler ist, dass wir die Lebensmittel **frisch, möglichst regional und saisonal einkaufen.** Bei biologisch angebauten Produkten sind außerdem viel weniger Schadstoffe enthalten, die den Körper belasten. **Und vor allem sollten wir das Essen selbst zubereiten,** denn dann sind keine Zusatzstoffe darin enthalten, und die Menge reguliert sich in der Regel auch von ganz allein.

Es ist doch so: Eine Pizza mit labberigem, fettigem Boden von einem beliebigen Pizzaservice (der auch noch Burger und Sushi und Pfannkuchen anbietet) oder aus dem Tiefkühler ist in drei Minuten verputzt. Wenn ihr sie aber selbst macht, dann sieht die Sache anders aus. Und es geht so einfach! Dazu braucht ihr nur 400 Gramm hochwertiges Mehl (ich empfehle Dinkelmehl, das ist besser bekömmlich für die meisten Menschen, am besten sogar Vollkorn, oder ihr mischt helles Mehl mit Vollkornmehl), 180 Milliliter lauwarmes Wasser, eine Packung Trockenhefe, einen Teelöffel Salz und zwei Esslöffel Olivenöl. Wenn ihr bei den Zutaten zu hochwertigen Produkten greift, könnt ihr fast schon sicher sein, dass das Gericht wunderbar schmecken und euch so richtig guttun wird.

Ihr mischt alle Zutaten in einer Schüssel zusammen und knetet sie gut durch. Dann muss der Teig abgedeckt mit einem Küchenhandtuch ein bis zwei Stunden an einem warmen Ort gehen. In der Zeit steht ihr aber nicht daneben und dreht Däumchen, sondern bereitet einfach schon die Tomatensoße zu: Dazu schwitzt ihr Knoblauch und Zwiebeln in Olivenöl an, dann kommt etwas Tomatenmark dazu, frische Tomaten oder Dosentomaten (ohne Saft), Gewürze nach Belieben, Salz und Pfeffer, noch ein Schuss Honig. Das wird aufgekocht und ein bisschen geköchelt. Ihr könnt die Soße entweder mit einer Gabel klein quetschen oder aber pürieren, wie ihr es gern mögt.

Der Teig wird nach der Gehzeit auf dem Backblech ausgerollt und mit der Soße bestrichen. Obendrauf kommt dann, worauf ihr Lust oder was ihr im Kühlschrank habt. Der Käse muss übrigens kein geriebener sein, es kann ebenso gut Scheibenkäse sein, oder ihr schneidet ein Käsestück in Würfel. Ich nehme auch gern Mozzarella. Ich streue noch einen Hauch Oregano darüber, dann war es das bei mir. Ihr könnt natürlich darauflegen, was ihr wollt. Die Pizza kommt im Anschluss für nur circa zehn bis maximal fünfzehn Minuten in den vorgeheizten Ofen.

Wenn die Pizza aus dem Ofen kommt, träufele ich noch etwas Olivenöl darüber und belege sie mit frischem Rucola. Manchmal, wenn ich Lust habe, schneide ich mir noch frische Champignons darauf. Zack, habt ihr eine berühmte Fast-Food-Variante in eine gesunde, superleckere, selbst gemachte Variante umgetauscht mit vielen Vitaminen, Nähr- und Ballaststoffen, die in einer normalen Portionsgröße schön lange satt macht. Und das Gericht geht wirklich sehr schnell. Der Teig lässt sich außerdem gut vorbereiten.

Hier noch mal alle Zutaten auf einen Blick

Für den Teig:
400 g Dinkelmehl (Vollkorn- oder helles und Vollkornmehl
gemischt)
180 ml lauwarmes Wasser
1 Päckchen Trockenhefe
1 TL Salz
2 EL Olivenöl

Für die Soße:
1–2 EL Olivenöl
1 Zwiebel
1–2 Knoblauchzehen
2 EL Tomatenmark
Handvoll frische Tomaten oder 1 Dose Dosentomaten
(ohne Saft)
1–2 EL Honig
Gewürze nach Belieben (z. B. Oregano, Basilikum, Thymian,
Rosmarin)
Salz und Pfeffer

Für den Belag:
Käse (Mozzarella, Scheibenkäse, Käsewürfel)
vielleicht etwas Oregano
frischer Rucola
frische Champignons
nach Belieben und Lust und Laune

Ich will mit diesem einfachen Rezept aufzeigen: Dass gesunde Ernährung nicht schmeckt, sind Fake News. Sich gesund zu ernähren ist absolut schmackhaft, wenn man sich einmal damit beschäftigt hat und weiß, wie es geht. Es gibt eine ganze Reihe toller Kochbücher und -channels da draußen, wo ihr euch nach Herzenslust austoben und eure gesunden Ernährungsfavoriten finden könnt. Apropos: Wenn ihr möchtet, schreibe *ich* auch ein Kochbuch für euch mit den besten, leckersten und dabei gesündesten Rezepten aus meiner Küche. Sagt mir gern Bescheid auf Instagram: **@guelcankamps.** Ich freue mich darauf!

Natürlich dauert das Selbstmachen ein bisschen länger, dafür nehmen wir das Essen mit allen unseren Sinnen wahr und entwickeln eine ganz andere Wertschätzung für unsere Lebensmittel. Genauso ist es, wenn wir das selbst zubereitete Gericht dann essen. Und es geht noch weiter. Unser Körper zehrt natürlich viel länger von dem Selbstgemachten, hat viel mehr zu tun, alles aufzuspalten und in jede Ecke unseres Körpers zu verteilen. Tatsächlich habt ihr nämlich ein Naturprodukt hergestellt, ohne Geschmacksverstärker, ohne künstliche Aromen, ohne versteckten Zucker und schlechte Fette. Und das ist vollkommen fantastisch, um sich gesund zu ernähren. So könnt ihr vieles, was unter »Fast Food« läuft, aus frischen, guten Zutaten selbst machen: Chicken Nuggets, Caesar Salad, Burger, Pizza, Hotdogs …

Die **Basis der Ernährungspyramide** sind, wie wir heute wissen, **Gemüse und Obst** und nicht Kohlenhydrate, wie es lange Zeit kommuniziert wurde. Egal, in welche Richtung ihr sonst tendiert, ob ihr auch Fleisch und Fisch esst, drei große oder mehrere kleine Mahlzeiten am Tag zu euch nehmt: Gemüse, Gemüse, Gemüse ist unser Motto. Tierische Produkte sollten außerdem so wenig wie möglich in unserem Speiseplan auftauchen. Wenn ihr gar nicht darauf verzichten mögt, könnt ihr zum Beispiel versuchen, den Fleisch- und auch Fischkonsum auf ein- bis zweimal die Woche zu reduzieren. Darin enthalten sind aber die wichtigen **Proteine oder**

Eiweiße. Die finden sich auch in Eiern, Milchprodukten jeder Art, und besonders gut sind im Austausch zu Fleisch und Fisch viele **Nüsse, Samen und Hülsenfrüchte,** denn die liefern uns Eiweiß und eine Menge anderer gesunder Nährstoffe.

Kohlenhydrate sind dann besonders sinnvoll, wenn sie aus **Vollkorn** bestehen, die geben uns viel gute Energie und Kraft. Sie werden auch »langkettige« Kohlenhydrate genannt und enthalten Vitamine, Mineralstoffe und sättigende Ballaststoffe, die auch supergut für die Verdauung sind. Im Gegensatz zu den kurzkettigen Kohlenhydraten, die zum Beispiel in raffiniertem Zucker enthalten sind. Der gibt uns auch Energie, allerdings nur sehr kurz und lässt uns danach durch einen rasch abfallenden Blutzuckerspiegel wieder Hunger verspüren. Apropos **Zucker:** Ich empfehle, den weitestgehend wegzulassen. Ich bin der Typ für einen harten »Entzug«, aber es kann auch Stück für Stück geschehen. Hauptsache, ihr habt euren Zuckerkonsum im Blick und unter Kontrolle, denn Zucker ist wirklich ungesund für unseren Körper.

Gesunde Nascherei für zwischendurch

Auch **Fette** sind wichtig für uns, weil sie ein wesentlicher Baustein unserer Körperzellen sind – aber nur die guten. Das sind die mehrfach ungesättigten. Die sind zum Beispiel in Pflanzenölen enthalten wie Oliven-, Raps-, Lein- oder Sonnenblumenöl, auch in Nüssen oder Avocado. Viele Vitamine können vom Körper übrigens nur verarbeitet werden in Verbindung mit Fetten. Darum empfehle ich, beispielsweise eine Möhre immer zusammen mit einem halben Teelöffel Öl zu sich zu nehmen.

Und dann gehört natürlich noch **ausreichend Flüssigkeit** auf den täglichen »Speiseplan«, und zwar mindestens anderthalb bis zwei Liter. Meine favorisierte Wahl ist hier stilles Wasser gegenüber solchem mit Kohlensäure. Allerdings kann ich Entwarnung geben: Beide Wassersorten sind gleich gut, wo es vor einiger Zeit noch hieß, stilles Wasser sei besser. Es ist also reine Geschmacks-

Wenn ich Appetit auf etwas Süßes habe, schneide ich mir (ungesüßte) Datteln klein, streue Zimt darüber und mische alles mit Walnüssen. Und zack habe ich mein selbst gemachtes Studentenfutter ohne zusätzlichen Zucker, künstliche Aromen und Geschmacksverstärker. Und in einer normalen Portionsgröße. Dann kommt es nicht zu Gedanken wie: »Ach, die Tüte ist schon mal auf, da futtere ich sie auch leer, das wird ja sonst pappig.« Nach meinem selbst zubereiteten Studentenfutter bin ich satt – und vor allem: zufrieden. Ich habe kein schlechtes Gewissen, stattdessen aber einen Haufen super Nährstoffe zu mir genommen. Etwas Gutes für Körper und Seele, sozusagen. Eine Zimtschnecke putze ich auch weg, keine Frage. Aber die hat einen ganz anderen Effekt auf meinen Körper und mein Gefühl, das sage ich euch. Es gibt immer Ausnahmen, auch bei mir, da will ich ehrlich sein. Während der Schwangerschaft zum Beispiel waren es doch eher ein, zwei Zimtschnecken mehr und zwei, drei Portionen selbst gemachtes Studentenfutter weniger.

sache. Bei mir führt Wasser mit Kohlensäure durch die viele Luft im Magen einfach schnell zu einem Völlegefühl. Wenn ihr nun klagt: »Ich schaffe es niemals, zwei Liter pures Wasser am Tag zu trinken, das ist sooo langweilig!«, dann habe ich folgenden wirklich guten Tipp für euch: Pimpt es auf mit Gurke, Zitrone, Orange, Minze, Ingwer.

Ab und zu trinke ich auch gern einen Saft. Aber besser ist, eine ganze Frucht zu verzehren, von der Kalorienbilanz und vom Zuckerspiegel her. Denn auch Fruchtzucker ist Zucker, da macht unser Körper am Ende keinen Unterschied.

Kaffee ist noch so ein Thema. Natürlich könnt ihr Kaffee trinken und trotzdem gesund leben. Am besten aber schwarz. Und wenn es mit Milch sein muss, dann probiert doch einmal eins der

Milchersatzprodukte aus, deren Liste mittlerweile bis nach Rom reicht. Für den Koffeinkick könnt ihr aber auch einen Matchatee ausprobieren, der ist um ein Vielfaches gesünder als Kaffee.

Eine gesunde Mahlzeit auf die Schnelle

Wenn wir die gerade genannten Gesichtspunkte beachten, fällt die Wahl der Lebensmittel beim Einkauf fast schon automatisch richtig aus. Ansonsten ist mein Credo und meine wärmste Empfehlung an jede und jeden von euch: Habt immer das im Haus (im Kühlschrank, Gefrierfach, Vorratsschrank), womit ihr auf die Schnelle eine gesunde Mahlzeit selbst zubereiten könnt. Denn wenn ihr diese Dinge zu Hause habt, kommt ihr gar nicht in Versuchung, ein Fertiggericht zu essen.

Für mich gehören dazu folgende Lebensmittel:

EIWEISSE
frisch:
Milchprodukte (Milch, Joghurt, Quark, Mozzarella, Schnittkäse, Hüttenkäse) oder Milchersatzprodukte
Käse (z. B. Gouda, Mozzarella, geht auch fettarm, Harzer – der hat so richtig viel Eiweiß und schmeckt besser, als er riecht)
Hühnchen
mageres Rindfleisch

Fisch (vor allem Lachs)
Eier

auf Vorrat/haltbar:
haltbare Milchersatzprodukte (z. B. Hafer- Reis- und Sojamilch)
Thunfisch
Hülsenfrüchte (z. B. Kichererbsen, Bohnen)
Quinoa
Nüsse (vor allem Erdnüsse, Mandeln, Walnüsse)

FETTE	GEMÜSE
frisch:	*frisch:*
Avocado	Tomaten
Fisch (Omega 3)	Gurken
	Paprika
auf Vorrat/haltbar:	Brokkoli
Olivenöl	Avocado
Rapsöl	Champignons (auch wenn
Leinöl	die streng genommen kein
Kürbiskerne	Gemüse sind)
Nüsse	Zwiebeln
Samen	Knoblauch

KOHLENHYDRATE	*auf Vorrat/haltbar:*
Dinkelvollkorn (-mehl,	Dosentomaten
-nudeln)	Tomatenmark
Naturreis	Mais (im Glas)
Roggen (-mehl, -produkte)	
(3-Korn-)Haferflocken	TIEFKÜHLPRODUKTE
Quinoa	Spinat
Hirse	Erbsen
Süßkartoffeln	Bohnen
Kartoffeln	
Nüsse	SONSTIGES
Hülsenfrüchte	Essig
	Gewürze

Du bist, was du isst

»Du bist, was du isst« – den Spruch haben wir bestimmt schon viele Male gehört, oder? Er ist aber auch so wahr, und zwar zu einhundert Prozent. Denkt euch nur einmal den Best Case, eine

Möhre, gegen den Worst Case, eine Currywurst. Beides wandert durch euren Mund in euren Magen, in euren ganzen Körper. Das, was wir essen, wird also, wenn wir es ganz weit herunterbrechen, zu uns und unserem Körper. Denn wir essen die Möhre, und während wir kauen, werden Enzyme freigesetzt, dann wandert die Möhre in die Speiseröhre, von dort weiter in den Magen, den Dünndarm und Dickdarm. Sie wird immer weiter aufgespalten in ihre einzelnen Bestandteile: Kohlenhydrate, Vitamine, Ballaststoffe. Eben in alles, was in ihr steckt und verwertet werden kann. Der »Biokompost«, der übrig bleibt, geht zwar durch den Darm wieder hinaus aus dem Körper, aber ein Großteil der Möhre bleibt eben in ihm. Unser Körper macht daraus dann Leben, er bewirtet unsere Zellen, die Stoffe wandern in unseren Blutkreislauf, in alle Nervenzellen, landen in allen Ecken – bis in die Haarwurzeln.

Genau das Gleiche geschieht nun aber auch mit der Currywurst, die vollgepumpt ist mit Schweineabfällen, mit Knorpeln und Haaren, mit Augen, einer Tonne Gewürzen, Salzen, Geschmacksverstärkern – alles schön miteinander vermengt und gehäckselt. Ich sage das hier so direkt und schonungslos, und das tut mir ein Stück weit leid, denn es klingt äußerst eklig. Aber so ist es eben. Und dabei esse auch ich ab und zu gern eine Currywurst, das gebe ich zu. Aber eben als absolute Ausnahme. Und dann auch mit Genuss (keine Ahnung, wie ich das mache, wo ich doch genau weiß, was alles drin ist). Dennoch finde ich wichtig, sich einmal klarzumachen, was genau passiert, wenn wir essen und verdauen, sonst bleibt dieser biologische Prozess so fern von einem. Aber tatsächlich findet er in uns statt, in der Regel mehrmals täglich. Viele von uns tun aber so, als würde das, was wir zu uns nehmen, auch einfach wieder aus dem Körper herausfinden. Das tut es aber nicht.

Für mich ist an dieser Stelle von Bedeutung, dass ihr euch ganz klarmacht: Das, was ihr esst, geht in euren Körper über, es wird ein Teil von euch. Egal, was ihr esst. Der Griff zur gesunden und unbehandelten, unverarbeiteten Möhre fällt mit diesem Bewusst-sein in Zukunft vielleicht leichter.

Gesund meets Spaß

Damit wir es schaffen, den gesunden Lebensstil auch gut und gern durchzuhalten, braucht es Motivation. Auch für mich. Ich habe darum eine ganz klare Regel: Ich ernähre mich sehr gesund. Zu 75 Prozent. 25 Prozent mache ich in meinem Leben, was ich will. Und da gibt es dann auch keine Einschränkungen. Meine liebste Ausnahme ist übrigens ein üppiges Menü bei einer der großen Burger-Ketten, inklusive Pommes und zum Nachtisch noch Eis. Wenn schon, denn schon …

Auf das Jahr hochgerechnet sind das 90 Tage »Spaß«. Diese »75 Prozent gesunde Ernährung meets 25 Prozent Spaß« empfin-de ich als ausgeglichen und gut machbar. Natürlich haue ich dann nicht 90 Tage am Stück auf die Pauke, esse Currywurst, Pommes, Pizza mit Käserand und Spaghetti Bolo. Die 90 Tage verteilen sich aufs ganze Jahr. Aber so plane ich meine Wochen. Wenn ich zum Beispiel weiß, dass ich am Wochenende zu einem Geburts-tag eingeladen bin, wird das mein Ausnahmetag. Und den zele-briere ich dann auch richtig und genieße alles, was ich an dem Tag esse und vielleicht auch trinke. Man schlägt dann übrigens normalerweise nicht so sehr über die Stränge, wie man annehmen könnte. Durch das gewachsene Bewusstsein für gesunde Ernäh-rung und das Wissen und die Erfahrung, wie gut sie einem tut, weiß man sich auch in Ausnahmen so zu verhalten, dass es einem gut geht. Auch am nächsten Tag.

Es ist vermutlich selbsterklärend, aber als studierte Ökotro-phologin möchte ich es einfach noch einmal ausdrücklich sagen: **Finger weg von Alkohol, Zigaretten und anderen Drogen.** Dazu müssen wir keine Studien aufrufen. Dass diese Suchtmittel alles andere als positiv auf unseren Körper, unseren Geist und damit auf unser ganzes Wohlbefinden wirken, ist uns sicher allen klar.

Nüsse, Samen, Hülsenfrüchte und andere Superfoods

Hasel- und Walnüsse, Chia-, Lein-, Hanf-, Sesamsamen, Kürbis-
oder Sonnenblumenkerne, Linsen, Kichererbsen, Bohnen,
Erbsen – die Auswahl ist groß. Mit der Wahl zwischen verschiedenen Nüssen, Samen und Hülsenfrüchten kann man allerdings
nichts falsch machen, denn sie alle sind sehr gesund. In ihnen
stecken nämlich jede Menge gesunder Vitamine und Nährstoffe
wie Eisen, Zink und Magnesium, Omega-3-Fettsäuren, Eiweiße
(also Proteine) und Ballaststoffe. Die sind wichtig für Knochen-
und Muskelaufbau, sie halten den Blutdruck stabil, sind gut für
das Herz, für eine gesunde Verdauung, eine hohe Konzentra-
tionsfähigkeit, um nur einiges zu nennen. Kurzum: Nüsse, Samen
und Co. gelten als sogenannte Superfoods, das sind Lebensmittel,
die besonders gesund und nährstoffreich sind.

Andere *heimische Superfoods* sind zum Beispiel im Winter Feldsalat, Wirsing, Grünkohl und Porree, ab Frühling Spinat, Spargel und Radieschen, ab Sommer Rotkohl, Himbeeren und Heidelbeeren, ab Herbst Brokkoli und Äpfel, aber auch Haferflocken oder Hirse.

So ernähren sich erfolgreiche Menschen

Erfolgreiche Menschen sind meist sehr clever und gut informiert. Und zwar in (fast) allen Bereichen. Dazu gehört natürlich auch die Frage, wie sie sich am besten ernähren und fit halten, um so effektiv und ausgeglichen wie möglich zu arbeiten. Denn Erfolg, Glück und Gesundheit gehen Hand in Hand.

Darum finde ich es äußerst interessant, herauszufinden, was erfolgreiche Menschen essen, von Richard Branson über Justin Timberlake bis hin zu John Mackey. Branson, der Leiter der Virgin Group, frühstückt beispielsweise angeblich Fruchtsalat und Müsli, Timberlake Waffeln aus Leinsamen und Rührei, und Mackey, Gründer der Lebensmittelkette Whole Foods Market, kredenzt sich, wenn man den Quellen glauben darf, seinen morgendlichen Smoothie mit frischen Früchten, Sojamilch, Spinat- und Kohlblättern.

Erfolgreiche Menschen achten in der Regel sehr auf die Qualität der Produkte, sie kaufen frisch, regional und saisonal. Denn diese Menschen wollen gern noch lange in ihrem Leben arbeiten, erfolgreich sein und also gesund und fit bleiben. Und mit einer gesunden Ernährung kann man so vielen Krankheiten vorbeugen, das wissen sie: Herz-Kreislauf-Erkrankungen, Diabetes, Rheuma – alles mittlerweile Volkskrankheiten. Aber wir müssen gar nicht so weit gehen. Auch auf kurze Sicht betrachtet, geht es ihnen blendend, sie holen sich ihre Energie aus gesunden, nahrhaften, aber nicht beschwerenden Mahlzeiten. Mittags zum Beispiel durch Eiweiß mit viel Gemüse und hochwertigen Fetten – ein Salat mit Hähnchen und Avocado ist ein super Mittagessen. Dadurch, dass sie sich gesund ernähren und diese Lebensweise als Routine etabliert haben, merken erfolgreiche Menschen garantiert, dass sie sich besser konzentrieren können, dass sie eine ganz andere Aufnahmefähigkeit besitzen. Denn auch das schafft gesunde Ernährung. Diese Menschen haben insbesondere nach dem Mittagessen kein Down mehr. Ihre Ausdauer ist sehr, sehr gut, weil ihr Stoffwechsel auf Hochtouren läuft, denn sie sind mit allen wichtigen Vitaminen und Nährstoffen versorgt. Und ich spreche hier noch gar nicht von der Ausdauer beim Fitness, sondern einfach von der Ausdauer, die sie für den ganz normalen Alltag brauchen, um ihn gelassen, zufrieden, motiviert, energetisch und am Ende des Tages eben erfolgreich zu meistern. Na, auf den Geschmack gekommen?

Probieren geht über Nichtprobieren

Die richtige Ernährung hat schon einen riesengroßen positiven Effekt auf unsere körperliche und geistige Gesundheit, auf unseren Hormonhaushalt, unsere Nervenverbindungen, unser Gehirn. Sie macht uns gesund, fit, durchaus auch schlau – kurzum: zu einem anderen Menschen. Ihr glaubt mir nicht? Dann probiert einfach einmal eine gewisse Zeit lang aus, euch gesund zu ernähren, und beobachtet, was das mit euch macht. Ich sage es euch: Es macht wirklich einen *riesengroßen* Unterschied. Garantiert.

Ich weiß natürlich, dass es im ersten Moment wie ein Riesenangang erscheint, seine Ernährung umzustellen. Darum empfehle ich euch auch, euch am Anfang nicht zu viel zuzumuten. Geht es langsam an und gebt euch Zeit. Probiert aus, was zu euch, euren Bedürfnissen und eurem Leben passt, damit ihr die Lust am Essen nicht verliert. Im Gegenteil: Ich finde sogar, dass es besonders viel Freude macht, wenn man erst einmal weiß, dass einem das, was man täglich zu sich nimmt, so guttut. Wahrscheinlich ist es hilfreich, sich anfangs etwas tiefer in die Materie »einzuarbeiten«. Wer dazu Lust hat, dem kann ich die Dokumentation *What the Health* sehr ans Herz legen.

WAS HAT SPORT MIT ERFOLG ZU TUN?

Kommen wir zum zweiten Grundpfeiler: ausreichend Bewegung.
Sportliche Menschen sind erfolgreich. Unsportliche nicht. Punkt. Ende.

Ganz so einfach ist es natürlich nicht. Nicht alle sportlichen Menschen sind Millionäre. Aber tatsächlich sind sehr, sehr viele sehr erfolgreiche Menschen in ihrem Alltag sehr sportlich unterwegs. Darüber gibt es aussagekräftige Untersuchungen. Diese sehr erfolgreichen Menschen verwenden in der Woche fünfeinhalb Stunden für ihre sportliche Betätigung.

Und dann gibt es natürlich auch Studien darüber, wie viel sich die durchschnittliche Bürgerin und der durchschnittliche Bürger in Deutschland aktiv bewegen: im Schnitt sind das laut Umfragen immerhin drei Stunden in der Woche. Mit Sport ist in diesem Fall tatsächlich aktiver Sport gemeint, also Sportklamotten an und ab auf die Matte, ins Fitnessstudio, in die Halle, ins Schwimmbad oder raus, Rad fahren oder laufen. Das zeigt, dass Sport für viele Menschen schon eine wichtige Rolle im Alltag einnimmt, was toll ist!

Ich bin durch das, was ich täglich erlebe, und aus eigener Erfahrung ganz fest davon überzeugt, dass es ohne ausreichend Bewegung auch gar nicht geht. **Bewegung muss sein.** Das bedeutet gar nicht unbedingt zwei Stunden Fitnessstudio am Tag, sich für den Personal Trainer auf den Kopf zu stellen, dazu noch dreimal Bauch-Beine-Po, Power-Yoga und die Vorbereitung auf den Halbmarathon. Dagegen ist selbstverständlich überhaupt nichts einzuwenden. Aber tatsächlich geht es darum, dass wir **in unserem ganz normalen Alltag so viel wie möglich in Bewegung** sind, und zwar möglichst jeden Tag. Das fängt schon damit an, dass wir alles, was möglich ist, **zu Fuß** erledigen oder mit dem Fahrrad, Fahrstühle und Rolltreppen meiden und stattdessen **Treppen steigen.** In der Arbeit können wir, je nachdem, was wir tun, mehr stehen, gehen, uns bewegen, anstatt immer nur auf unserem Bürostuhl zu sitzen (sich damit zu drehen, gehört übrigens nicht zu »mehr Bewegung im Job«).

Und das ist erst einmal auch schon alles, denn damit schaffen wir garantiert ziemlich simpel die berühmten **10 000 Schritte am Tag.** Good News: Neuesten Studien zufolge sollen sogar »schon« 6000 Schritte ausreichen! Wenn ihr 6000 Schritte schafft, sind das rund 350 kcal, die ihr verbrennt. Bei 10 000 Schritten sind es schon rund 500 kcal.

Sicherlich kennt ihr die eine oder andere Health-App auf dem Handy, die unsere Schritte zählt – schaut einmal drauf, wie schnell es geht. Ich sage mal so: Wenn wir den lieben langen Tag sitzen und uns kein bisschen bewegen würden, dann aufstehen und einen anderthalbstündigen Spaziergang machen würden, hätten wir bereits 10 000 Schritte beisammen. Mich motiviert das enorm. Und fordert dieses Wissen nicht geradezu dazu heraus, am nächsten Tag mehr Schritte zu schaffen?

Wir können die Kernaussage des Kapitels auch ganz positiv formulieren: **Wenn wir erfolgreich und glücklich sein wollen, müssen wir uns bewegen.** Man muss, wie gesagt, kein Fitnessfreak sein, um das zu erreichen, es geht um ein gesundes Maß an aktiver Betätigung im ganz normalen Alltag. Vor allem geht es um Regelmäßigkeit.

Bewegung ist lebenswichtig

Blicken wir in der Menschheitsgeschichte doch einmal ganz weit zurück zu unseren Vorfahren in der Steinzeit. Die sind täglich bis zu vierzig Kilometer gelaufen und haben damit in ihrem Alltag regelmäßig Höchstleistungen vollbracht – auf der Suche nach Nahrung, nach einem Platz zum Übernachten, oder um sich vor wilden Tieren in Sicherheit zu bringen. Jeder Steinzeitmensch war außerdem in der Lage, innerhalb von Sekunden seine Beine in die Hand zu nehmen und vor dem Säbelzahntiger davonzu-laufen – um sein Leben. Kurz: **Bewegung war damals überle-benswichtig. Und ist es bis heute,** wenn wir es herunterbrechen. Denn auch, wenn uns auf dem Weg zur Arbeit oder zum Ein-kaufen kein Säbelzahntiger mehr bedroht, tut es unserem Körper ungemein gut, ihn zu fordern, denn das bringt unseren Kreislauf in Schwung und trainiert das Herz. Außerdem wird, wenn wir uns bewegen, unser Gehirn mit einer Extraportion Sauerstoff versorgt, auch jede einzelne Zelle unseres Körpers, sodass der Or-ganismus mit all seinen Funktionen gar nicht erst auf die Idee kommt, träge zu werden. **Wir Menschen sind also dafür geboren,**

uns zu bewegen, und zwar möglichst viel. Unsere heutigen Herausforderungen verlagern sich nur weniger aufs Jagen oder das Suchen nach der perfekten Feuerstelle, sie finden häufig im Kopf statt, sind geistiger Natur. Aber auch für einen wachen und klugen Verstand ist ein funktionierender, kraftvoller und gut versorgter Körper von immenser Bedeutung, um nicht zu sagen, seine Grundvoraussetzung. Ihr habt es sicher schon selbst erlebt, wie ihr euch fühlt, wenn ihr körperlich nicht auf der Höhe seid, ihr euch einen Infekt eingefangen und Gliederschmerzen, Kopfschmerzen, Schnupfen, Halsschmerzen habt. Wer von uns hat da schon den Elan und auch die Kraft, mit voller Motivation seiner Arbeit, seinen Verpflichtungen nachzugehen? Wenn wir aber fit sind und gesund, uns kräftig und ausgeschlafen fühlen, können auch wir im Alltag wahre Höchstleistungen vollbringen. Sei es im Job, ob mit körperlichem oder geistigem Schwerpunkt, bei der »Versorgung« der Kinder und der ganzen Familie, der Organisation und Erledigung des Haushalts mit allem, was dazugehört und und und.

Noch andere schöne »Nebenwirkungen«

Sport stärkt den Kreislauf, trainiert das Herz, senkt den Blutdruck, er hält Muskeln und Faszien geschmeidig, verbessert das Hautbild und hilft dabei, Stress abzubauen, sich mental zu stärken und besser zu schlafen. Sport reguliert unser Hungergefühl und beschleunigt die Fettverbrennung (wenn ihr viel in Bewegung seid, läuft eure Fettverbrennung zum Beispiel auch, wenn ihr auf dem Sofa sitzt und in ein Handy sprecht oder am Schreibtisch sitzt und ein Buch schreibt). Mithilfe von Sport können wir das sehr gefährliche Bauchfett reduzieren, das übrigens deutlich ungesünder ist als das Fett an Beinen, Hüfte und Po. Vor allem das innere Bauchfett, das Viszeralfett, ist gefährlich für unsere Gesundheit und erhöht das Risiko für Herz-Kreislauf-Erkrankungen (Herzinfarkt, Schlaganfall) oder Stoffwechselerkrankungen (wie Diabetes). Ein paar Kilos zu viel sind kein Problem, es geht um einen Bauchumfang, der bei Männern mehr als 94 Zentimeter beträgt und bei Frauen mehr als 80 Zentimeter. Darum ist es besonders wichtig, sich darauf zu konzentrieren, das ungesunde Bauchfett wegzubekommen, oder am besten zu schauen, dass es sich gar nicht erst bildet. Wenn man erkennt, dass man eine Veranlagung hat, dieses Bauchfett zu bilden, ist es für die Gesundheit immens wichtig, etwas zu tun. Und das geht eben besonders gut durch Sport (und natürlich durch gesunde Ernährung).

Insbesondere Ausdauersport ist sehr von Vorteil für uns. Denn es geht im Leben oft darum, Belastungen auszuhalten, auch im Geist, und zwar über einen langen Zeitraum.

Und nicht zuletzt **macht uns Sport nachweislich glücklich,** weil wir währenddessen Glückshormone ausschütten. Das passiert schon, wenn wir *einmal* Sport machen. Aber die positive, stimmungsaufhellende Wirkung bleibt dauerhaft erhalten, wenn wir uns regelmäßig bewegen.

Es gibt noch viele andere schöne Nebeneffekte, die die sportliche Betätigung mit sich bringt. Und was außerdem sicher ist: In keinem, aber auch wirklich keinem Fall kann uns ein aktiver Alltag schaden. Er macht alles immer nur (noch) besser.

Bewegung macht uns schlau – und erfolgreich

Spannen wir noch einmal den Bogen, der unseren sportlichen Alltag mit Erfolg und Glück verbindet: **Regelmäßige aktive Bewegung trainiert uns nicht nur körperlich, sie steigert nachweislich auch unsere Gehirnleistung.** Wenn wir uns bewegen, wird unser Gehirn entlastet, wir bekommen den Kopf frei, entspannen unser angestrengtes Denkzentrum, lassen Stress los, was uns im Anschluss konzentrierter und fokussierter arbeiten lässt. Durch die gute Durchblutung des Gehirns werden neue Verknüpfungen geschaffen, die unsere Denkleistung erhöhen – bis ins hohe Alter hinein. Auch ist bewiesen, dass Sport die Nervenzellen unseres Lernzentrums im Gehirn wachsen lässt, was dazu führt, dass wir uns gut an etwas erinnern und uns Sachen besser merken können. Ihr seht: **Körperliche und geistige Kraft gehören eindeutig zusammen.** Vor allem befördert die Erstere die Letztere.

Das Schöne ist, dass wir sehr schnell in einen **Never-ending-Loop** geraten können, der durchweg positive Auswirkungen auf unser Leben hat: Wenn wir Sport treiben, uns regelmäßig bewegen, gehen wir in unserem Alltag eine Extrameile. Wir sind also bereit, mehr zu leisten, mehr zu machen, mehr zu geben. Und wenn wir das zu einer Routine werden lassen, also regelmäßig »in Bewegung« sind, sind wir körperlich auch dauerhaft fit genug für diese Extrameile. Was wiederum unseren Geist ansport und anregt und ihm die Energie und die Fähigkeit schenkt, auch mehr zu geben. Seht ihr, worauf ich hinauswill? **Wer körperlich aktiv und fit ist, kann auch geistig viel mehr leisten, was zu Erfolg führt und zu Glück im Leben.** Denn natürlich machen einen nicht nur Endorphine »automatisch« glücklich, sondern auch das Gefühl, etwas geschafft, etwas erreicht und Erfolg zu haben auf dem Weg zu unseren Zielen und zur Verwirklichung unserer Wünsche.

Sport ist natürlich nicht nur dafür gut, um erfolgreich zu sein, und sportlich zu sein ist ja auch kein Garant für Erfolg. Dennoch werden wir, wenn wir dort angekommen sind, wo wir immer hinwollten, mit Sicherheit erkennen, dass Sport – oder lasst es uns »Bewegung« oder »Fitness« nennen – ein Teil davon war und ist, und zwar ein bedeutender. Da bin ich mir ganz sicher.

Vielleicht geht es euch wie mir: Wenn mich neue Dinge begeistern, will ich alles darüber wissen. Darum habe ich auch zum Thema »Bewegung« einen sehr guten Doku-Tipp für euch: *The Game Changers.*

Berühmte sportliche Menschen

Weil es an dieser Stelle so gut passt und ich es so interessant finde, möchte ich euch einige Namen meiner Recherche zu »berühmten« Persönlichkeiten nennen, die sehr sportlich sind:

- Tim Cook, CEO von Apple, steht jeden Tag um fünf Uhr morgens auf, um ins Fitnessstudio zu gehen.
- Mark Cuban, Selfmade-Milliardär, macht jeden Tag eine Stunde Kardiotraining. Jeden Tag. Das ist bemerkenswert. Er hält sich Tag für Tag dran, es ist seine Routine.
- Satya Nadella, CEO von Microsoft, spielt ein paarmal die Woche Cricket.
- Mark Zuckerberg, Gründer von Facebook, führt mindestens dreimal die Woche harte Work-outs durch.
- Barack Obama, ehemaliger Präsident der Vereinigten Staaten, treibt sechsmal die Woche eine Dreiviertelstunde Sport.
- Hillary Clinton, Politikerin und ehemalige Außenministerin der USA unter Obama, ist eine überzeugte Yogini – das finde ich besonders schön, weil ich dieselbe Leidenschaft teile.
- Nick Woodman, CEO von GoPro, ist leidenschaftlicher Surfer.
- Richard Branson, wir haben schon über ihn gesprochen, schwimmt, klettert, joggt, macht Yoga und Muskeltraining und noch viel, viel mehr. Branson ist tatsächlich ein richtiger Sportfreak, würde ich sagen. Und mir wahnsinnig sympathisch, denn er kümmert sich als sehr erfolgreicher Unternehmer um die Umwelt, um Soziales, um seine Familie. Der Herr ist über sechzig Jahre alt, das darf man auch nicht vergessen. Wenn man den beim Training sieht, erkennt man: Er hat einen sehr starken Körper, den er auch braucht, weil er nach wie vor noch sehr viel arbeitet.
- Anna Wintour, Chefredakteurin der US-amerikanischen *Vogue,* die auch schon lange keine zwanzig mehr ist, spielt je-

den Tag, bevor sie ins Büro fährt, Tennis. Das macht sie schon ihr Leben lang. Ich finde das unglaublich faszinierend, sich selbst so knallhart zu fordern.

Das waren nur ein paar prominente Beispiele von sehr erfolgreichen Menschen, die alle Schritte ihres Lebens mit aktivem Sport begleiten. Gleich dazu möchte ich betonen, dass es natürlich noch viel, viel mehr Menschen gibt, die nicht in der Öffentlichkeit stehen, die nicht prominent sind, aber sehr, sehr erfolgreich. Und auch sehr, sehr viele von denen sind körperlich immens aktiv.

Selbstverständlich gibt es auch immer Ausnahmen, es gibt Superbrains da draußen, die wahre Couch-Potatos sind, oder Fitnessfreaks, die einfach nur Fitnessfreaks sind und mit Erfolg im Beruf nichts weiter am Hut haben.

Aber im Großen und Ganzen lässt sich diese Erklärung finden, wenn wir uns die Statistik anschauen – und es ist auch eine Annahme, hinter der ich zu einhundert Prozent stehe und von der ich absolut überzeugt bin: **Um alles, was uns wichtig ist und was wir uns als Ziel im Leben setzen, bestmöglich zu erledigen und zu erreichen, braucht es wahnsinnig viel Energie. Wenn wir körperlich fit sind, haben wir eine ganze Menge davon, können also auch viel mehr leisten.** So oder so ähnlich hat es Mark Zuckerberg formuliert, und ich verneige mich vor der Knappheit und Einfachheit dieser Aussage und Logik.

In eigenen Worten bedeutet es doch nichts anderes als: Alles, was schön ist, was glänzt, hat immer einen Berg Riesenarbeit hinter sich. Schau dir einen Diamanten an – bis er so fein edelstrahlend eingefasst in einem Ring an einem Finger sitzen darf, hat er einen sehr, sehr weiten Weg hinter sich gebracht, ist aus den Tiefen der Erde und um die halbe Welt transportiert, gereinigt und geschliffen worden. Alles »Perfekte« im Leben ist erst zu dem (gemacht) geworden, was es ist, in der Regel mit sehr viel Fleiß und Arbeit.

Wir können also selbst entscheiden, wie gesund, clever, erfolgreich und glücklich wir sein wollen – zumindest in großen Teilen (natürlich gibt es immer Faktoren wie unseren Genpool und Schicksalsschläge, die wir nicht beeinflussen können – wenn wir aufgrund dessen nicht in unserer Kraft sind und glücklich werden können, sollten wir uns nie davor scheuen, uns Hilfe zu holen, ob bei Ärztinnen oder Therapeuten). Wenn wir nun dieses Wissen besitzen, dann sollten wir es doch so weit wie möglich anwenden und das Beste für uns herausholen, oder nicht? Denn wir müssen schon mit uns selbst im Reinen, zufrieden und ausbalanciert sein, um erfolgreich und glücklich zu werden. Und eine starke Fitness stabilisiert uns geistig und körperlich sowieso, um uns dorthin zu tragen, wohin wir wollen.

Kommt in den Flow

»Wie soll ich aber auf das Level von sportlichen Menschen kommen?«, fragt sich vielleicht die eine oder andere von euch jetzt verzweifelt. Doch darum geht es gar nicht. Nicht in erster Linie zumindest. **Es geht darum, erst einmal überhaupt anzufangen.** Lasst euch also nicht entmutigen und vom Anfangen abbringen, weil ihr angeblich »unsportlich« seid.

Ich sehe mich als fitte, körperlich starke Person. Natürlich hat aber auch mein Fitnesslevel in diesem Jahr durch Schwangerschaft und Geburt etwas eingebüßt, was ich ganz entspannt nach und nach wieder aufholen werde. Da bin ich ganz zuversichtlich, denn glücklicherweise habe ich mich schon immer gern und viel bewegt und Sport gemacht. Dennoch: Würde mich jemand fragen, ob ich nächste Woche mit ihm Marathon laufe, könnte ich das nicht. Ich müsste natürlich auch erst darauf hin trainieren. Ich will damit sagen: Nur weil man grundsätzlich fit und sportlich ist, kann man nicht jede Sportart und jede Leistung erbringen, sondern muss es sich Stück für Stück erarbeiten, wie alles im Leben.

Wisst ihr, es gibt diesen einen Moment beim Joggen, den

»Flow«. Der tritt ein, wenn man ungefähr 15 bis 20 Minuten gelaufen ist. Ab dann läuft man irgendwie automatisch weiter und hat das Gefühl, man könnte ewig weiterlaufen. Natürlich muss man erst einmal so fit sein, überhaupt 15 bis 20 Minuten am Stück zu laufen, denn das ist auch schon nicht ohne. Aber ohne anzufangen, wird man diesen Punkt niemals erreichen können.

Und jetzt kommt die gute Nachricht: Regelmäßige Bewegung kann man »lernen«. Die Faustregel ist: Bei allem Neuen, was zu einer Routine und Gewohnheit werden soll, brauchen wir **ungefähr 60 Tage,** bis es uns in Fleisch und Blut übergegangen ist. Das ist doch auf jeden Fall eine absehbare Zeitspanne.

Generell beim Sport, nicht nur speziell beim Joggen, rechnet man ungefähr vier bis acht Wochen, bis es wirklich anfängt, Spaß zu machen. Bei einigen geht es etwas schneller, bei anderen dauert es etwas länger. Nehmen wir also **den Mittelwert von sechs Wochen** – den braucht es also im Durchschnitt, um in einen **Sportflow** zu kommen. Und ich kenne einige »hoffnungslose« Fälle, die sich endlich vom Sofa heruntergestrampelt, mit egal was Sportlichem angefangen und nach einer gewissen Zeit des Dranbleibens den Satz gesagt haben: »Wow, es macht mir auf einmal sogar Spaß, und es geht mir viel besser! Und dabei hatte ich doch gar keine Lust.«

Ganz ehrlich: Auch bei mir gibt es Tage, an denen ich denke: »Muss das heute wirklich sein?« Und trotzdem raffe ich mich auf und fange an. Und siehe da: Schon nach den ersten Minuten gesellt sich die Lust dazu. Natürlich liegt es daran, dass es bei mir längst zu einer Routine geworden ist, Sport zu machen. Wie das Zähneputzen, wisst ihr noch? Aber wenn man diesen Punkt einmal erreicht hat, ist es auch möglich, Sport zu machen, ohne sich jedes Mal quälen und ellenlang selbst überzeugen zu müssen, ohne ein Fünkchen Lust und mit schlechter Laune. Man macht es einfach. Basta. Und es tut überhaupt nicht weh.

Hilfreich ist natürlich, wenn ihr **etwas findet, was euch Spaß macht.** Ich zum Beispiel liebe Yoga, und dabei habe ich relativ spät damit angefangen. Lasst uns einen Ausflug machen in »Gülcans kleine Yogawelt«: Meine erste Yogasession hatte ich mit 25 und war mir in dieser Stunde sicher, dass ich kollabieren würde. Ich erinnere mich noch daran, als wäre es gestern gewesen: Ich befand mich in der Yogaübung »Herabschauender Hund«. Dabei setzt man möglichst die Fußsohlen und flachen Hände auf dem Boden auf, Beine und Arme sind ausgestreckt. Zwischen Oberkörper und Beinen entsteht ungefähr ein rechter Winkel, sozusagen ein V verkehrt herum. Der Hintern wird nach oben rausgestreckt. Und jetzt: halten. Und halten. Und halten. Und atmen. Haha. Ich befand mich also in genau dieser Übung und versuchte, wie gefordert, zu atmen. Aber das fiel mir zunehmend schwerer, ich schwitzte, meine Beine zogen wie verrückt, meine Arme zitterten, ich war wirklich mit meinem Latein und meiner Fitness am Ende. Und das merkte auch die Trainerin. »Ich sehe jetzt schon, dass dir Yoga gefällt und du Spaß daran hast.« Ich ächzte mit letzter Kraft zu ihr hoch und versuchte ein gequältes Lächeln: »Jahaaa.« Sie: »Das Schöne ist, dass irgendwann genau diese Übung, bei der du so sehr am Hecheln bist, weil deine Gelenke und Muskeln nicht gedehnt sind, du diese Position nicht kennst, deine Beine ziehen, dein Rücken wehtut, du schwitzt und einfach nur irgendwie versuchst, es zu halten, dass irgendwann genau diese Übung, der ›Herabschauende Hund‹, deine Entspannungsübung sein wird. Wenn du weitermachst – und ich weiß: Du wirst weitermachen.« Und ich weiß noch, dass der einzige Gedanke, der mir damals durch den Kopf schoss, der hier war: »Die hat doch ein Yogarad ab.« Ja, wirklich, zu etwas Zivilisierterem war ich zu dem Zeitpunkt leider nicht mehr in der Lage. Und soll ich euch etwas sagen? Der »Herabschauende Hund« *ist* heute meine Entspannungshaltung. Ich könnte, wenn es nicht so eine unnatürliche Position wäre, dabei die Augen schließen und einschlafen. Genau bei der Übung, bei der ich vor gut 14 Jahren fast zusammengebrochen und kollabiert wäre.

Auch jeder Mensch, der lange keinen Sport gemacht hat oder vielleicht sogar noch nie, denkt am Anfang nach zehn Minuten Kardiotraining: »Ich werde gleich ohnmächtig!« Aber schon nach einem Monat schaffst du locker eine Stunde, ohne zu japsen. Einfach, weil unser Körper ein Wunderwerk der Natur ist und sich anpasst und mitwächst, wenn wir ihn fordern. Das wird jede und jeder unterschreiben, die oder der das Leben ohne und das Leben mit Sport kennt.

DAS SIND EURE ERSTEN SCHRITTE ZUM SPORTLICHEN ALLTAG

- Um »sportlich« zu werden, müssen wir uns zuallererst **überlegen, was für eine Art von Sport** oder Fitness wir machen möchten. Wie gesagt, besonders schön ist, wenn man etwas findet, was einem Spaß macht und was man wirklich gern tut.
- Hilfreich ist dann, sich **konkrete Ziele** zu stecken und diese auch zu formulieren, sie sollten aber bitte **realistisch** sein. Zum Beispiel, dass man in zwei Monaten 20 Minuten am Stück durchlaufen möchte.
- Was einem auch wirklich gut helfen kann, dranzubleiben, ist eine **starke Motivation:** Sucht ein Bild von euch heraus, auf dem ihr euch sehr gut gefällt – euer Ziel ist, (wieder) so auszusehen. Und dann pinnt ihr es an euren Kühlschrank oder an den Bildschirm. Das ist eure **tägliche positive Motivation.** Oder nehmt eure letzten Blutwerte, die vielleicht nicht so gut sind, wie sie sein könnten und sollten, und klebt euch daneben die Blutwerte, die ihr erreichen wollt. Oder druckt euch das Bild von lupenreiner Haut aus und schaut sie euch jeden Tag an – wenn es das ist, was ihr erreichen wollt. Ihr werdet eure persönliche Motivation finden. So erinnert ihr euch daran, warum ihr euch jeden Tag aufrafft: »*Dafür* mache ich es. Ich

mache es für mich, für meine Gesundheit, aber auch noch für dieses kleine, definierte Ziel, meine kleine Extramotivation.«

⬡ Der größte Fehler, der einem beim Sport passieren kann, ist übrigens, dass man hypermotiviert startet, wie verrückt drei, vier Tage ins Fitnessstudio läuft und am fünften Tag unter dem Monstermuskelkater des Jahrhunderts leidet. Dann könnt ihr euch mitunter eine ganze Woche lang nicht bewegen und also auch keinen Sport machen. Wenn ihr aber so früh gleich wieder raus seid und solch einen Rückschlag erlitten habt, ist es sehr schwer, wieder reinzukommen, sich erneut zu motivieren. Mit ziemlich hoher Wahrscheinlichkeit lasst ihr es dann wieder ganz bleiben. Beginnt stattdessen behutsam, macht ein-, zweimal die Woche Sport und **steigert euch dann langsam.**

⬡ Wichtig ist, dass wir **immer im Flow bleiben.** Und selbst wenn sich, aus welchen Gründen auch immer, eine Pause eingestellt hat (Muskelkater, Urlaub, Krankheit, Schwangerschaft), sollten wir nicht die Flinte ins Korn werfen nach dem Motto: »Die Kilos bekomme ich jetzt ohnehin nicht mehr so schnell runter, dann kann ich das Training auch gleich sein lassen.« Wenn man das so schwarz auf weiß geschrieben sieht, merkt man gleich: Das entbehrt jeglicher Logik. Aber ihr glaubt nicht, wie oft dieser Satz gesagt oder mindestens gedacht wird auf den Sofas dieser Welt.

⬡ Nein, so machen wir es nicht. Wir machen bitte auch nach einer Pause und auch nach Rückschlägen weiter, auch wenn wir kulinarisch eine Zeit lang über die Stränge geschlagen haben. Wir glauben an uns und unsere Ziele. *Never Give Up!* Denn zu schnell kommt eins zum anderen – Weihnachts-, Urlaubs-, Stresskilos –, und auf einmal hat man 20, 30 Kilo mehr auf der Waage. Solch eine Masse ist dann tatsächlich schwierig wieder in den Griff zu bekommen – und belastet unseren Körper dauerhaft.

- Versucht euren Sport **immer mit etwas Schönem, Positivem zu verbinden.** Besorgt euch ein hübsches Outfit, das euch gefällt und in dem ihr euch richtig wohlfühlt.
- Und findet auch heraus, **wann eure beste Zeit für Sport ist.** Denn nur wenn wir wissen, wann wir körperlich am meisten leisten können und nicht ständig gegen unseren Rhythmus anarbeiten, schaffen wir es, das zu einer möglichst lebenslangen Gewohnheit werden zu lassen, zu einem geschätzten Wegbegleiter. Einige Menschen stehen ganz frühmorgens, um vier, fünf Uhr auf, um Sport zu treiben. Ich stehe auch gern so früh auf, allerdings ist das die Zeit, in der ich sehr effektiv geistig arbeite, schreibe und ganz viel vorbereite, aber auf keinen Fall meine Zeit, um sportlich aktiv zu sein. Das bin ich am liebsten mittags, was sehr gut passt, weil ich meinen Sport so in die Mittagspause legen kann. Ich muss mich korrigieren: legen *konnte*. Momentan mache ich immer dann Sport, wenn es passt – irgendwie, irgendwo, irgendwann, je nachdem, wann sich ein Slot auftut.

Einen guten Tipp habe ich noch

Beginnt eure Sporteinheiten immer mit der schönsten Übung oder Einheit, mit dem, was euch am meisten Spaß bereitet, auf das ihr euch richtig freut. Entgegen dem gängigen Motto: »Erst die Arbeit, dann das Vergnügen«. Denn dann regt sich sofort die Lust in einem, auch weiterzumachen, weiterzuarbeiten.

Und solltet ihr wirklich einmal einen Tag überhaupt keine Lust verspüren, euch definitiv nicht aufraffen können und wollen, dann **stretcht euch wenigstens eine Viertelstunde lang,** dehnt euren ganzen Körper einmal schön durch. So haltet ihr ihn geschmeidig und in Form.

MEINE TOP-3-FITNESSÜBUNGEN

… für Anfängerinnen und/oder Sportmuffel oder für die, die mehr Sport machen möchten, um mehr essen zu können:

- Ich habe es schon gesagt: Jede und jeder hat an etwas anderem Freude. Wenn ihr aber so gar nichts finden könnt, was euch bewegungstechnisch Spaß macht und womit ihr es schafft, euren inneren Schweinehund zu besiegen, dann nehmt euch täglich einen **langen Spaziergang** vor. Der darf ruhig etwas zügig ausfallen. Ihr könnt es also auch Laufen, Joggen, Walken nennen. Es geht einfach darum, von A nach B zu kommen. Ihr könnt euch mit jemandem zum Spazierengehen verabreden oder dabei telefonieren oder aber auch einfach nur die Gedanken reisen lassen. Das tut unglaublich gut. Wir wissen bereits: In anderthalb Stunden haben wir die 10 000 Schritte in normalem Tempo bereits erreicht, und es reichen ja auch schon 6000 Schritte aus. Nehmt euer Handy zur Hand und zählt die Schritte, das motiviert und macht ein gutes Gefühl. Außerdem freut ihr euch dann abends so richtig auf den Schlaf.
  Wenn ihr die Intensität dieser »Fitnessübung« erhöhen wollt, baut doch alle 1000 Schritte zum Beispiel noch zehn Jumping Jacks oder Hampelmänner ein (ihr wisst schon: Füße zusammenstellen, Arme lang an den Seiten runterhängen lassen, dann mit den Füßen auseinanderspringen, Arme über den Kopf, wer will, Hände zusammenklatschen und wieder von vorn), oder schnallt euch Gewichtsmanschetten um die Handgelenke und/oder Knöchel (die gibt es in ganz schmaler Ausführung im Fitnessfachgeschäft oder online zu kaufen).
- Back to Oma und Opa, denn was haben die gemacht? Genau, den guten alten Liegestütz, Klimmzug, Hampelmann, die Kniebeuge etc. Also einfach öfter ein paar **Trimm-dich-Übungen** in den Alltag einbauen.

Anfängerinnen können erst einmal den »Lady-Liegestütz« machen: auf den Knien, Unterschenkel in der Luft überkreuzen.

Für das mittlere Level macht ihr zehn normale Liegestütze (Beine ausgestreckt, Zehen aufgestellt).

High Performerinnen machen das Ganze auf nur einem Arm, abwechselnd.

Für mich ist es das absolut Beste im Moment, und ich praktiziere es möglichst jeden Tag (und wenn es nur eine Viertelstunde ist): **Yoga.** Probiert es aus, wenn ihr Lust habt! Da gibt es eine Menge Tolles im Netz zu entdecken oder sicherlich bei einem Yogakurs bei euch um die Ecke.

Der weise Terminator

Zum Abschluss habe ich noch eine schöne Aussage gefunden, und ihr werdet nicht glauben, von wem sie stammt! Von Arnold Schwarzenegger. Aber es stimmt, er hat unglaublich viel geschafft und geleistet in seinem Leben. Dafür zolle ich ihm großen Respekt, ungeachtet der Tatsache, ob ich immer mit allem übereinstimme und alles gut finde, was er privat oder politisch macht. Schwarzenegger meint, Stärke habe nichts mit gewinnen zu tun. Viel wichtiger sei, an seinen Herausforderungen und Widerständen zu wachsen, indem man entscheidet, dranzubleiben. Das sei wahre Stärke. Da hat der Terminator doch mal wirklich etwas sehr Schönes gesagt. Und genauso können wir also auch den Sport in unserem Leben betrachten: Er ist eine Herausforderung für uns – für die einen etwas mehr, für die anderen weniger –, die es zu meistern gilt. Nur daran können wir weiterwachsen und stark werden – in vielerlei Hinsicht.

Ein wichtiges Stück des Lebenspuzzles

Sport, Bewegung und Fitness sind nur *ein* Puzzlestück vom guten Leben, von Glück und Erfolg. Aber eben auch ein ganz wichtiges und großes, ohne das das Bild nicht vollständig ist. Mir schwebt immer eine Art von Gesamtkonzept des Lebens vor Augen, bei dem die Teile Hand in Hand gehen oder wie Zahnrädchen ineinandergreifen: Bewegung, Ernährung, positives Mindset, soziales Umfeld … Wenn alle Teile ausgewogen und in Balance sind, wenn es auf allen Ebenen stimmt, werden wir in unserem Leben Erfolg haben und glücklich sein – und wenn das Schicksal noch mitspielt, sogar eine sehr lange Zeit.

SCHLAFEN MACHT UNS STARK

Last, but not least folgt unser dritter Grundpfeiler für gute Gesundheit: gesunder Schlaf. Ausdrücklich **ausreichend *gesunder* Schlaf** ist sehr, sehr wichtig dafür, dass wir uns ausgeruht, fit und kraftvoll fühlen. Und auch dafür, dass wir glücklich sind. Menschen brauchen unterschiedlich viel Schlaf und Erholung. Fakt ist aber, dass sich unser Körper im Schlaf selbst heilt und wir viel neue Kraft tanken.

»Gesund« ist Schlaf dann, wenn er **lange genug** (und auch nicht zu lang) ist, wenn wir **entspannt und rasch einschlafen** können und **in unseren Schlafphasen nicht gestört** werden. Dabei können schon ganz kleine Details eine bedeutsame Rolle für die **Schlafqualität** spielen, zum Beispiel, ob du auf der richtigen Matratze (auf deine Körperform und dein Gewicht abgestimmt), dem richtigen Kissen (möglichst flach) liegst, ob die richtige Temperatur herrscht (es wird eine Schlaftemperatur von 15 bis 18 Grad empfohlen), ob deine Schlafbekleidung die richtige ist, ob alle Lichtquellen ausgeschaltet sind, du keiner Handy- und sonstigen Strahlung ausgesetzt bist, ob du am Stück schlafen kannst, ob es still ist um dich herum und anderes. Kurzum: Alles, was zum Thema »Schlaf« gehört, sollte zu dem jeweiligen Menschen, seiner Schlafgewohnheit und der Anatomie seines Körpers passen. Die meisten dieser Dinge können wir selbst bestimmen und gegebenenfalls regulieren und perfektionieren.

Wie viele Stunden Schlaf brauchen wir?

Neben diesen »äußeren« Faktoren ist es sehr wichtig, auf eine gewisse **Schlafroutine** zu achten. **Mindestens sechs Stunden** sollten wir schlafen, maximal neun, ist laut etlicher Studien die Faustregel. Alles darunter ist auf Dauer nicht gesund, aber auch darüber nicht unbedingt förderlich für ein gutes Wohlbefinden. Sicher gibt es immer Ausnahmen, aber ich spreche hier von euch und uns, von Frauen zwischen zwanzig und fünfzig. Und erwiesenermaßen findet der erholsamste Schlaf im ersten Drittel der Nacht statt. Das ist unsere Tiefschlafphase. Hier erholt sich unser Körper am meisten.

Wenn ihr nicht sicher seid, wie euer **Schlafbedarf** eigentlich ist, kann ich nur empfehlen: Findet ihn heraus! Was möchte euer Körper, wenn er die freie Wahl hat? Wann will er einschlafen und wieder aufwachen? Das lässt sich ganz wunderbar am Wochenende oder im Urlaub testen. Nehmen wir zum Beispiel den Samstagabend: Geht zu einer halbwegs normalen Uhrzeit ins Bett, sagen wir zwischen 22 und 23 Uhr – wann seid ihr dann am Sonntagmorgen ausgeschlafen? Vielleicht »schon« um sechs Uhr oder um sieben? Das klingt möglicherweise früh fürs Wochenende, es zeigt uns aber doch, dass unser Körper mit acht Stunden Schlaf ganz zufrieden ist. Wenn ihr diesen, euren Schlafbedarf herausgefunden habt, ist es natürlich nicht ratsam, bis halb eins bei Instagram und TikTok zu surfen, dann noch eine Netflix-Dokumentation einzulegen, um irgendwann um drei Uhr nachts erschlagen ins Bett zu gehen und nicht einschlafen zu können, weil ihr noch viel zu aufgewühlt seid. Wenn der Wecker dann um 5.30 Uhr klingelt, seid ihr verständlicherweise groggy und bleibt es auch den Rest des Tages. Das wird auf Dauer zu einem Horroralltag.

Es kann natürlich auch sein, dass ihr am nächsten Morgen gerädert und genervt feststellt: Ich lag am Abend zwei Stunden wach im Bett und habe über dies und jenes nachgedacht, konnte einfach nicht zur Ruhe kommen, und irgendwann bin ich wohl eingeschlafen. Ich sage euch: Das ging mir früher ganz genauso, und nicht selten habe ich gedacht: »Wie kann man einfach ins Bett gehen und einschlafen? Das ist ja wohl eine Frechheit!« Heute weiß ich: **Ein- und Durchschlafen kann man lernen. Alles ist Gewohnheit und Routine und hängt von der mentalen Einstellung ab.**

Ich weiß mittlerweile sehr genau, dass ich zum wirklichen Ausgeschlafensein neun Stunden Schlaf brauche. Dann schaffe ich meinen Tag gut. Es hat sich bei mir darum so eingependelt, dass ich um 21 Uhr ins Bett gehe und um 6 Uhr früh aufstehe. Ich läute dazu um 21 Uhr meine Zubettgehzeit ein, um 21.30 Uhr liege ich in den Federn, und schätzungsweise um 21.31 Uhr gleite ich schon in den Tiefschlaf. So ganz genau kann ich das natürlich nicht sagen, ich schlafe ja. Aber deutlich sollte geworden sein: Wenn ich mich hingelegt habe, schlafe ich sofort ein. Egal, wie mein Tag war. Denn ich weiß: Es bringt nichts, zu grübeln oder Pläne zu machen. Ich habe alles am Tag erledigt, was ich erledigen konnte, und weiß, was morgen auf mich wartet. Also habe ich nachts überhaupt nichts zu tun, außer meinem Körper und Geist die Ruhe zu schenken, die sie brauchen. Wie man diesen super-genial-entspannten mentalen Zustand erreicht, dazu kommen wir noch. Ja, das ist mein perfekter Schlafrhythmus. War er zumindest vor der Schwangerschaft … Welche Wundermittel ich jetzt einsetze, um ausgeruht und fit durch den Tag zu gehen, verrate ich dann, wenn ich sie gefunden habe. Wobei ich schon ahne: Es sind dieselben, die ich schon kenne und hier gerade predige. Und auch der Schlaf gehört dazu. Da geht es mit Säugling darum, den Schlaf etwas anders zu planen und aufzuteilen.

Ich verspreche euch: Es lohnt sich wirklich, die eigene Schlafgewohnheit über einen längeren Zeitraum zu testen, um dann **die Arbeitswoche an den eigenen optimalen Schlafrhythmus anzupassen.** Und keine Sorge, den *können* wir wirklich verändern und anpassen. Wie so ziemlich alles im Leben. Sicherlich braucht das ein paar Wochen (ihr erinnert euch: etwa 21 Tage) – aber es lohnt sich, denn wir haben den Rest unseres Lebens noch etwas davon. Wow, das ist ein guter Satz! Der kommt unbedingt hier ins Buch.

Gesunden Schlaf können wir planen

Einige Menschen kommen am Abend gar nicht gut zur Ruhe und können nicht einschlafen. Das hängt oft damit zusammen, was sie den Tag über erlebt haben, aber auch, wie sie ihre Tage generell leben. Wenn das ganze Leben ein Riesenchaos ist, man vielleicht nicht happy ist in der Beziehung, der Job so lala ist, dann wird man natürlich am Abend nicht ganz gemütlich und kuschelig einschlafen können. Das heißt, um gut zu schlafen, müssen wir erst einmal **unser Leben »in den Griff bekommen«,** es gut strukturieren, Routinen finden. Wenn ihr eher ein Chaosmensch seid, solltet ihr euch feste Uhrzeiten setzen, um zum Beispiel aufzustehen, zu frühstücken, Sport zu machen, zu Mittag zu essen, eine Pause von der Arbeit zu machen, schlafen zu gehen etc. Auf diese Weise könnt ihr den Tag so gut wie möglich strukturieren. Ihr müsst euch nicht auf die Minute daran halten, aber ihr solltet versuchen, in dem ungefähren Zeitbereich zu bleiben und euch so durch den Tag zu hangeln. Irgendwann sitzen die Uhrzeiten, die Routine hat sich eingestellt, nach und nach kommt die Ordnung – und damit höchstwahrscheinlich auch der ruhige, gute Schlaf.

Und dann hat es auch damit zu tun, was wir **direkt vor dem Einschlafen** tun. Schaut ihr fern, sitzt ihr am PC, daddelt ihr am

Handy herum? Dann sage ich euch gleich: Blaues Licht (das ist das Licht, das die Bildschirme aussenden) macht uns wach und unruhig. Mindestens eine halbe Stunde vor dem Schlafengehen (besser ein bis zwei) sollten wir uns dem blauen Licht darum lieber nicht mehr aussetzen. Das bringt unglaublich viel für das gute und ruhige Einschlafen.

Timing ist alles und beruhigt

Wenn ihr eure Tagesabläufe gut planen wollt, ist es auch hier empfehlenswert, sie Stück für Stück zu ändern. Ihr könntet zum Beispiel damit beginnen, abends ruhiger zu werden, die Musik, den Fernseher auszuschalten, alles, was an Lichtquellen um euch herumflackert, herunterzufahren. Und dann bitte kein Gedankenkaraoke anfangen. Wenn ihr abends anfangt, über das Leben und die Probleme darin nachzudenken, ist das für das Gehirn, als würde jemand mit der Taschenlampe hineinleuchten und laut »Hallloooooo????« rufen. Bamm. Ich kenne das natürlich auch. Aber ich habe da einen schönen Aha-Moment erlebt: Da fingen meine Gedanken eines Abends (mal wieder) an, wie wild Karussell zu fahren und dabei Karaoke zu singen über eine Situation mit einem Kunden, die nicht so gut gelaufen war. Ich saß da also wie ein Eichhörnchen auf Cola und hätte das so gern aus dem Weg geräumt, die Sache geklärt. Es brannte mir richtig unter den Nägeln. Aber es war 20 Uhr, und ich hätte niemanden mehr erreicht. Also habe ich mit mir selbst gesprochen und gesagt: »Gülcan, ganz ehrlich, es ist acht Uhr abends. Und du denkst über eine Situation nach, die doof war mit Kunde XY. Mit wem, bitte, willst du das jetzt ausdiskutieren? Eben. Und wie willst du das allein lösen? Gar nicht.« Und ab da habe ich mir fest vorgenommen: **Ab 20 Uhr wird nicht mehr gegrübelt.** Punkt. Wenn du unbedingt grübeln willst, erledige das gefälligst davor. Bis 20 Uhr hast du deine To-do-Listen fertig. Und so schalte ich wirklich um 20 Uhr ab, mache nichts mehr und erst am nächsten Tag weiter.

Apropos, ich arbeite viel mit To-do-Listen (und Post-its, ihr wisst es schon). So strukturiere ich meine ganze Woche und weiß jeden Tag, was vor mir liegt und was ich erledigt haben will. Wenn der Arbeitstag zu Ende ist, schwirrt mir nichts mehr im Kopf herum, denn ich habe alles erledigt, und der Rest ist notiert für den morgigen Tag. Es gibt nichts mehr, was ich im Kopf herumwälzen und erledigen müsste.

Dieser **Stundenplan für die Woche** ist sehr empfehlenswert, wie ich finde. Mir hilft er sehr gut, meinen Tag zu strukturieren und auch immer den Überblick zu behalten über das, was noch zu tun ist, damit ich nichts vergesse. Das entspannt den Kopf total, weil er weiß: Ich muss mir nicht alles merken, es ist aufgeschrieben. Und wenn der Kopf schon über den Tag entspannt sein darf, kommt er auch am Abend viel eher und besser zur Ruhe.

Probiert es aus!

WIEDERHOLUNG MACHT DIE MEISTERIN

Gesunde Ernährung, ausreichend Bewegung, erholsamer Schlaf sind natürlich kein One-Hit-Wonder, sondern gehören in jeden unserer Tage (und Nächte). Immer wieder. Jeden Tag (und jede Nacht) aufs Neue. Durch die Wiederholung vielleicht neuer und erst einmal ungewohnter gesunder Lebens- und Verhaltensweisen schleicht sich nach einer gewissen Zeit die Routine ein. Und schon habt ihr zu einem gesunden Lebensstil gefunden, mit dem ihr euch rundum gut und fit und zufrieden fühlen dürft. Das ist doch ein schöner Moment, um meinen Leit- und Lieblingssatz zu zitieren: *Never Give Up!* Bleibt dran, macht weiter. Es lohnt sich!

UNSERE »INNERE« GESUNDHEIT

Wir sind nun also im besten Fall gesund ernährt, in Bewegung und schön ausgeschlafen und ausgeruht – im Folgenden soll es jetzt um unsere »innere« Gesundheit und Stärke gehen. Damit meine ich, was wir von uns selbst halten, wie wir mit uns (und auch unseren Mitmenschen) umgehen, was wir denken, wie wir den Herausforderungen in unserem Leben begegnen. Ihr könnt euch vielleicht schon denken, dass es darum gehen wird, gute Gedanken in uns zu tragen, positiv und optimistisch in den Tag zu gehen und liebevoll und respektvoll uns gegenüber eingestellt zu sein.

WIE WIR UNSER
SELBSTWERTGEFÜHL VERBESSERN

Wir stehen morgens vor dem Spiegel und sagen zu uns: »Wie siehst du denn schon wieder aus?« Oder wir haben eine wichtige Präsentation vor uns und denken: »Das wird nicht gut, ich springe ja nur für die Kollegin ein, die davon viel mehr Ahnung hat als ich.« Vielleicht flüstert uns auch am Abend in der Küche der Kritiker auf unserer Schulter zu: »Klar fällt dir das Ei aus der Hand, du bist auch einfach zu dusselig.«

Merkt ihr etwas? Natürlich ist es ungemein wichtig und von Bedeutung, **was wir von uns selbst halten, wie wir mit uns umgehen,** und auch ganz konkret: wie wir mit uns selbst *sprechen!* Dahinter steht immer die Frage: »Was halte ich von mir selbst?« Im idealen Fall sehr viel.

Ein starkes Selbstwertgefühl ist immens wichtig, um selbstbestimmt und selbstbewusst zu sein und zu handeln, sich nicht so leicht von anderen Menschen oder Ereignissen aus der Bahn werfen zu lassen, zu seinen Gefühlen und Bedürfnissen zu stehen und sich darum zu kümmern, sie zu befriedigen – um damit am Ende wieder glücklich und auch erfolgreich zu sein.

»Von allen Urteilen, die wir im Leben fällen, ist keines so wichtig wie das, das wir über uns selbst fällen.«

Dieses Zitat des amerikanischen Psychologen Nathaniel Branden habe ich vor einigen Jahren aufgeschnappt und finde es einfach toll. Es bringt so gut auf den Punkt: Nichts ist so wichtig wie das, was wir über uns selbst denken. Eigentlich reicht das schon als Aussage für dieses Kapitel. Haha. Im Ernst: Ein bisschen tiefer steigen wir schon noch ein.

Wenn das aber nicht der Fall ist, wenn wir eher unsicher sind und selbstkritisch, dann sind wir auch durchlässig für Angriffe und Kritik oder Manipulation von außen.

Die Einstellung uns selbst gegenüber ist sicherlich ein Stück weit auch Typsache oder hängt eng damit zusammen, wie wir aufgewachsen und geprägt worden sind. Ganz einfach ist es darum nicht, sie kehrtwendend zu verändern. **Jede und jeder von uns ist anders.** Jedes Kind wird schon anders geboren, hat andere Charaktereigenschaften, die unterschiedlich stark oder schwach ausgeprägt sind. Gerade Eltern, die mehrere Kinder haben, können ein Lied davon singen. Ich will damit sagen: Vieles davon, wie wir sind, steckt in unseren Genen.

Mich entspannt dieses Wissen ganz gehörig. Geht es euch auch so? Das soll nicht heißen, dass wir uns auf dem Genpool, den wir eben mitbekommen haben, ausruhen sollen. Ich sage das, damit ihr euch nicht zu sehr unter Druck setzt und vor allem nicht selbst permanent kritisiert. Wir haben nun mal einen bestimmten Charakter, und der kann sich mitunter sehr stark von dem anderer Menschen unterscheiden. Und dennoch: Auch wenn du nicht mit einem Charakter stark wie ein Löwe zur Welt gekommen bist, ist es durchaus möglich, ein starkes Selbstbewusstsein aufzubauen. Darum kümmern wir uns gleich.

Ich kann euch erzählen, dass ich als junger Mensch, frisch in die Arbeitswelt geworfen, sehr selbstkritisch eingestellt war. Ich habe viel an der Einstellung mir selbst gegenüber gearbeitet, und dennoch ist der harte Kritiker bis heute auf meiner Schulter sitzen geblieben. Und auch wenn er lange nicht mehr so laut herumpöbelt, flüstert er mir doch ab und an Gemeinheiten ins Ohr.

Glaubenssätze können wir ändern

Wenn wir immer negativ von uns denken, verinnerlichen wir dies und wandeln es in sogenannte Glaubenssätze um. **Glaubenssätze sind Dinge, die wir uns den ganzen Tag über in Gedanken vorsagen, ohne es zu bemerken,** sozusagen automatisch abgespulte Gedanken zu Dingen, von denen wir im Laufe unseres Lebens gelernt haben, dass sie nun einmal so sind. Basis davon sind oft Erfahrungen, die wir gesammelt haben, oder Dinge, die wir immer wieder von anderen (Eltern, Lehrern und Lehrerinnen, Freundinnen) vorgesagt bekommen haben und für bare Münze nehmen. Nicht selten sind diese Glaubenssätze leider negativ geprägt, wie oben schon erwähnt: »Das schaffst du nicht, dazu bist du viel zu blöd« oder »Wenn ich Pommes nur ansehe, werde ich schon dick« oder »Ich finde sowieso keinen Freund, weil ich hässlich bin«. Das klingt so niedergeschrieben wirklich hart, aber oft sind es genau solche Dinge, die wir vielleicht ganz unbewusst über uns selbst denken. Wenn das jedoch unsere Gedanken sind, steuern sie natürlich auch, wie wir uns fühlen, wie wir auftreten, was wir erwarten und wie wir handeln und behandelt werden. Darum ist es so **ungemein wichtig, an der eigenen mentalen Stärke zu arbeiten,** in diesem Fall konkret daran, was wir von uns selbst denken, wie wir mit uns sprechen und umgehen.

Kleiner Fun Fact am Rande: Es gibt wirklich das sogenannte **Hochstaplersyndrom,** unter dem viele erfolgreiche Menschen leiden. Die fragen sich ständig: »Wie bin ich bloß hierhergekommen? Ich kann doch eigentlich gar nichts.« Obwohl die Realität ihnen und allen anderen das Gegenteil beweist. Ich bin mir übrigens sicher, dass wesentlich mehr Frauen als Männer vom Hochstaplersyndrom betroffen sind ...

Spiegel nach außen

Das, was du von dir hältst, was du von dir *denkst,* wie du zu dir *sprichst,* ist auch immer ein Spiegel nach außen. Sicherlich sagst du zu niemandem: »Ich faule Kartoffel habe mit meinem inneren Schweinehund gekämpft, um zum Sport zu gehen, und verloren. Ich sitze immer noch auf dem Sofa.« Aber du denkst es vielleicht. Und damit strahlst du diese Haltung auch aus. Das wird unser Gegenüber merken. Unser Umfeld wird merken, ob wir ein Mensch sind, der im Reinen mit sich und seinem Leben ist oder anderen nur Theater vorspielt. Womit wir wieder beim Gesetz der Anziehung sind, vielleicht habt ihr es bemerkt.

In der Tierwelt ist es übrigens nach wie vor von grundlegender Bedeutung für das Überleben, so rasch wie möglich zu erkennen, wo die Stärken, aber vor allem auch die Schwächen eines unbekannten Lebewesens liegen, um es einschätzen und gegebenenfalls mit den richtigen Moves bekämpfen zu können. **Und auch wir Menschen spüren die Schwächen des anderen.** Wenn wir nun an die falschen Leute geraten, die vielleicht noch dazu manipulativ unterwegs sind, kann es uns ziemlich teuer zu stehen kommen, wenn wir uns innerlich permanent selbst schwächen und unser Gegenüber das »riecht«.

Bausteine für den eigenen Selbstwert

Wir bekommen also bei unserer Geburt eine Art **Basispaket** geschenkt aus unserem Selbstbewusstsein, verbunden mit unserem Selbstwertgefühl (also der eigenen Überzeugung, als Mensch wertvoll zu sein) und unserer Selbstliebe. Wie stark oder schwach diese ausgeprägt sind, ist sehr unterschiedlich und auch veränderbar. Denn auf diese Grundbausteine werden mit der Zeit **ein paar weitere Bausteine** gemörtelt, zu denen wir gleich kommen. Es ist ein Prozess, der ein Leben lang andauert. Manchmal gibt es Momente, die von einem auf den anderen Tag eine große Veränderung mit sich bringen in unserem Gefühl für uns selbst. Es können einfach Dinge im Leben geschehen, die den eigenen Selbstwert enorm ins Positive, aber leider auch ins Negative verändern. Es gibt aber auch eine ganze Menge Stellschrauben, die wir selbst festziehen können.

Erziehung

Nachdem wir festgestellt haben, dass wir eine ganze Menge von dem, wie wir sind, schon bei der Geburt in uns tragen, ist unser nächster Baustein in Bezug auf den eigenen Selbstwert die Erziehung durch die Eltern. Was haben euch eure Eltern Tag für Tag in eurer Kindheit und Jugend vorgelebt (oder tun es sogar bis heute), was ihren Selbstwert anbelangt? Es lohnt sich und ist interessant, sich vor dem Hintergrund dieser Frage mit dem eigenen Selbstwert zu beschäftigen. Ein Teil davon ist, wie wir zu bestimmten Eigenschaften stehen, die wir haben. Nicht jede davon gefällt uns an uns selbst. Schaut einmal, welche Eigenschaften ihr bei eurer Mutter oder eurem Vater wiederfindet. Meist leben wir nämlich eine bunte Mischung aus beiden und damit aus ihren »guten« und ihren »schlechten« Charakterzügen. Im Laufe des Lebens ist es dann die Herausforderung, die nicht so förderlichen Charaktereigenschaften möglichst klein zu halten, denn sie machen uns nicht glücklich und stehen uns bei der Entwicklung eines starken Selbstwerts entgegen.

Freundes- und Bekanntenkreis

An zweiter Stelle folgt für mich der Freundes- und Bekanntenkreis. Diese Menschen fördern unseren Selbstwert mitunter sehr stark zum Guten. Allerdings kann auch das Gegenteil passieren.

In jedem Fall färben Meinungen und auch Verhaltensweisen von Personen auf uns ab, mit denen wir uns besonders häufig umgeben. Mal mehr, mal weniger. Darum immer Augen auf bei der Freundeskreiswahl.

Ich habe eine sehr langjährige Freundin, die ich noch von meinem ersten festen Job kenne (nicht den in der Luxusboutique), da war ich fünfzehn Jahre alt. Seitdem halten wir Kontakt. Lange nicht jeden Tag, nicht einmal jede Woche. Aber immer, wenn etwas ist, sind wir füreinander da und nehmen Anteil am Leben der anderen.

Meine Freundin hat schon drei Kinder, die auch schon etwas älter sind. Vor Kurzem erzählte sie mir ganz offen, was bei ihnen gerade los ist, ohne etwas zu beschönigen. Das waren keine typischen »Bei uns ist alles toll, alles super!«-Sätze, sie war wirklich ganz ehrlich. Und genau dadurch war dieser Austausch wirklich sehr hilfreich und auch bestärkend – für uns beide. Weil wir unser Herz geöffnet haben und wussten, dass keine die andere dafür verurteilt.

Es ist wirklich schön, Menschen in seinem Leben zu haben, bei denen wir uns keine Gedanken machen müssen, was wir sagen, bei denen wir genauso sein können, wie wir eben sind, und verkünden dürfen, was uns im Moment durch den Kopf geht. Solche Menschen inspirieren uns auch, und das stärkt, ohne dass wir es unbedingt bewusst mitbekommen.

Auch wenn wir mit unseren Herzensmenschen nicht jeden Tag zu tun haben, so begleiten sie uns doch stetig und verlässlich durch das Leben, und das Wissen darüber stärkt uns und unseren Selbstwert.

Auch Mitspieler/-innen oder Trainer/-innen in Sportvereinen, Erzieher/-innen im Kindergarten und später die Lehrer/-innen in der Schule wirken auf den Charakter und das Selbstwertgefühl ein, besonders oft in der Kindheit und Jugend, aber natürlich auch bis ins Erwachsenenleben hinein. Oftmals geschieht das

ganz unbewusst, und es lässt sich auch gar nicht gezielt dagegen-
steuern. Das muss auch gar nicht unbedingt sein. Es ist nur wichtig, darüber Bescheid zu wissen: Jeder Kontakt, jedes mensch-
liche Individuum, mit dem ich viel in meinem Leben zu tun habe,
färbt auf mich ab, schenkt mir etwas oder nimmt mir möglicherweise auch etwas weg.

Gute Vorbilder

Sehr eng mit dem Punkt »Freundes- und Bekanntenkreis« verbunden sind Vorbilder in unserem Leben. Denn auch diese stärken und verbessern im besten Fall unser Selbstwertgefühl. Wenn
ihr aber das Gefühl habt, Menschen um euch zu haben, die schlecht
auf euch einwirken, weil sie sich vielleicht dauerhaft über alles be-
klagen, aber nichts ändern wollen, oder euch ständig kritisieren in
eurer Lebenseinstellung, dann schaut euch lieber nach Menschen
um, die euch guttun und es gut mit euch und anderen meinen. Ich
habe die Erfahrung gemacht, dass besonders wohlwollende Menschen oft Verwandte sind oder enge Freundinnen.

Die prägende Teenagerzeit

Dann folgt für mich die Teenagerzeit und die Jahre im Anschluss
als eine ganz besondere Zeit. Ich habe das Gefühl, heute beginnt
die Teenagerzeit schon mit zehn, elf Jahren. In dieser Zeitspanne
also, von frühestens zehn bis höchstens zwanzig, ist alles, was wir
erleben, extrem prägend und kann uns sehr stark verändern. Es
gibt Momente, an die ich mich erinnern kann, in denen ich mich
von einem auf den anderen Tag plötzlich anders gefühlt habe.
Zum Beispiel einmal, da saß ich im Wohnzimmer, hatte mich zu-
rechtgemacht mit der Kleidung und dem Schmuck, die ich zu
der Zeit gern mochte, eben genauso, wie ich es gernhaben wollte.
Es war Besuch da. Und auf einmal habe ich mich so erwachsen
und gut gefühlt und auch sicher. Ich habe dabei gar nicht im Mittelpunkt gestanden oder überhaupt mit irgendjemandem gespro-

chen. Ich saß einfach nur da und kann mich bis heute richtig gut an dieses erhebende Gefühl erinnern. Als wäre just in diesem Moment in meinem Gehirn ein immenser Schub passiert, wie man das von Babys und kleinen Kindern kennt, die sich auch immer in Schüben entwickeln. Das erlebe ich seit ein paar Monaten ja sogar hautnah mit.

Ich möchte noch sagen: Ich bin eigentlich sehr schlecht darin, mich an Dinge zu erinnern. Das wird mir von Freunden und Freundinnen immer wieder vorgeworfen. »Weißt du noch, als wir auf diesem Geburtstag waren?« Nein, weiß ich garantiert nicht mehr, tut mir leid. Heute würde ich sagen, das liegt am Alter. Stimmt aber nicht, ich habe schon mein ganzes Leben lang diese »Erinnerungslücken«. Ich lösche einfach so gut wie alles, was war. Ich bin eine Person, bei der so viel passiert, auf die immer etwas einprasselt, weil ich auch so vieles zulasse. Ich kann einfach kein Päuschen machen und die Beine hochlegen. Ich finde immer etwas, was ich machen möchte. Das ist wohl der Grund, warum mein Hirn zuverlässig das meiste von dem löscht, was gewesen ist, um Platz für Neues zu schaffen, andernfalls würde ich möglicherweise implodieren.

Einheit aus Körper, Gedanken, Seele

Für mich bildet der Körper eine Einheit mit den Gedanken, oder auch dem Geist, und der Seele. Alles hat miteinander zu tun. Alles ist miteinander verbunden. Auch wenn es schwer zu begreifen und zu erklären ist. Denn nur den Körper können wir sehen und greifen, aber unsere Seele, unsere Gedanken nicht – zum Glück! Was will ich damit sagen? Ich kann mir nicht vorstellen, dass jemand einen fitten und gesunden Körper hat, aber dauerhaft mit fiesen, schlechten Gedanken im Kopf herumläuft, negativ eingestellt ist, miesepetrig, einfach ein Mensch, der den ganzen Tag nur Schlechtes vor sich hin denkt. Und ebenso sicher bin ich, dass ein Mensch, der wie gerade beschrieben eingestellt ist, nicht die nötige Motivation in sich trägt, um seinen Körper gesund und fit zu halten.

Für euer gutes, starkes Selbstwertgefühl ist es darum sehr wichtig, dass Körper, Gedanken und Seele im Einklang miteinander sind. Wie ein Uhrwerk. Wenn man das auseinandernimmt, sieht man, dass unglaublich viele Einzelteile filigran ineinandergreifen und aufeinander abgestimmt sind, und die Uhr kann nicht funktionieren, wenn nicht alles richtig gut geölt an Ort und Stelle sitzt und gemeinsam mit den anderen Teilen funktioniert. Nach außen siehst du das Armband, das Ziffernblatt, die Zeiger – also den Körper. Aber was im Inneren zusammenspielt, siehst du nicht, auch wenn das erst dazu führt, dass die Uhr tickt.

Wir sind viel wert

Wir nennen es »Selbstwert« und benutzen dieses Wort ganz selbstverständlich. Trenne das Wort einmal in seine einzelnen Bestandteile: »Selbst-Wert«, »Selbst-Wert-Gefühl«. Das Gefühl für das eigene Selbst hat einen gewissen *Wert*. Den sollten wir natürlich so hoch wie möglich ansiedeln, denn wenn wir das nicht für uns selbst machen, wer dann? Wenn wir ständig an uns herumnörgeln, kein gutes Haar an uns lassen, es stattdessen immer in der eigenen Suppe finden, verhilft das sicherlich nicht zu einem starken Selbstwert. Und wir können schlecht von anderen erwarten, uns hoch zu schätzen, wenn wir selbst nicht viel von uns halten. Die eigene Suppe sollte einem schon immer erst einmal selbst schmecken.

Stolz auf sich sein

Seid ganz offen mit dem, was ihr gut könnt. Das ist überhaupt nicht arrogant oder selbstüberschätzend oder gar peinlich. Ich finde zum Beispiel, dass ich eine Topmoderatorin bin. Ich fühle, dass ich dafür gemacht bin, das scheint in meiner DNA zu stecken. Und das kann doch auch ruhig jeder wissen, oder?

Ich bin sicher, dass jede und jeder von euch auch etwas über sich sagen kann, was sie oder er gut kann und was Tolles in ihr oder ihm steckt. Ohne Einschränkungen. Ohne dass ihr euch dafür schämen müsstet. Und keinesfalls solltet ihr euch kleiner machen, als ihr seid. Wir haben bereits versucht herauszufinden, was uns besonders liegt, was wir richtig gut können und uns noch dazu Spaß macht. Das dürfen wir auch kommunizieren. Zuerst einmal vor uns selbst. **Seid selbstbewusst.** Das könnt ihr als Dreifachmutter, Schrebergartenbesitzerin, Lehrerin, Managerin, Friseurin, Sängerin sein. Egal, Hauptsache, ihr meint es ernst. Sprecht einfach einmal laut aus, was ihr gut könnt, worauf ihr stolz seid. Geradeheraus. Meinetwegen zu eurem Spiegelbild. Auch das steigert nämlich das Selbstwertgefühl. Denn das Lautaussprechen festigt das, was wir denken. Und das, was ihr da oben denkt, ist der Stempel, den ihr euch selbst gebt und mit dem ihr vor die Welt tretet. Es wäre also gut, wenn der ganz positiv ist.

Dem Engelchen viel Raum geben

Auf unserer einen Schulter sitzt ein Teufelchen, auf der anderen ein Engelchen. Nennt es meinetwegen auch »Kritiker« auf der einen und »Supporter« oder »Unterstützer« auf der anderen Seite. Wichtig ist: Gebt dem Engelchen so viel und dem Teufelchen so wenig Raum wie möglich. Natürlich könnt ihr dem Teufelchen auch einmal zuhören, aber merkt euch nicht, was es sagt, und nehmt es vor allem nicht für bare Münze. Lasst die Kritik weiterziehen. Und dann gebt eurem Engelchen auf der anderen Seite ein Megafon in die Hand und lasst es euer Cheerleader sein: GO FOR IT! Konkret bedeutet es, dass wir **immer eher auf die Stimme in uns hören sollten, die uns lobt, als auf die, die uns kritisiert und kleinmacht.** Damit räumen wir unserem Unterstützer einfach die wichtigere Position in unserem Leben ein als dem Kritiker.

Unseren Supporter wecken wir auf und lassen ihn wachsen,

indem wir jene Dinge erkennen und benennen, die wir am Tag gut hinbekommen haben, die gut gelaufen sind. Auf die sollten wir uns konzentrieren und stolz darauf sein, was wir geschafft haben, und uns nicht so sehr darüber ärgern, was danebengegangen ist.

Do what you love

Sooft wie möglich sollten wir das tun, was wir lieben. Und wenn es am Tag 15 Minuten Musik hören ist – die eigene, coole Playlist mit Kopfhörern auf den Ohren in einem gemütlichen Sessel mit geschlossenen Augen. Oder die Lieblingsserie beim Essen gucken. Ich weiß, beim Essen sollte man eigentlich nicht fernsehen. Aber soll ich euch etwas verraten? Ich esse unglaublich gern vorm Fernseher! Immerhin etwas Gesundes. Und ich kann sagen, dass ich dann viel langsamer und genießerischer esse als sonst. Es geht schlicht darum, dass ihr ab und zu – und zwar nicht zu selten – etwas macht, was euch großen Spaß und große Freude bereitet. Erlaubt es euch!

Komplimente annehmen

Nehmt Komplimente, die euch begegnen, dankend an und hinterfragt sie nicht oder redet sie klein. Wir bekommen doch im Leben immer wieder nette Sachen gesagt. Ganz oft reagieren wir interessanterweise abwehrend darauf: »Ach, *so* besonders war das doch gar nicht, was ich da gemacht habe«, »Das Kleid? Das ist ein ganz olles vom Flohmarkt«, »Der Kuchen ist nur eine Backmischung«. Na, kommen euch solche Sätze bekannt vor?

Wir stellen also unser eigenes Licht unter den Scheffel. Wir können ein Kompliment nicht annehmen, weil wir selbst möglicherweise am Hochstaplersyndrom leiden. Was aber Balsam für die Selbstwertseele sein kann: als Antwort auf ein Kompliment einfach »Danke« sagen. Fertig. Nichts hinterfragen, sich nicht herausreden, nichts relativieren. Probiert das bitte, bitte unbedingt einmal aus! Und gebt mir dazu Feedback auf Instagram. Ich finde es so interessant, wie es euch damit geht.

Anderen helfen

Es ist wichtig, andere Menschen zu unterstützen. Nicht nur, weil wir ihnen damit helfen, sondern auch für den eigenen Selbstwert. Denn es schenkt uns ein wirklich starkes Gefühl, wenn wir anderen eine Freude machen. Wir fühlen uns dabei nämlich selbstwirksam, weil wir etwas bewegen. Das kann nur nachempfinden, wer es schon erlebt und getan hat. Darum empfehle ich jeder von euch, aktiv zu helfen, jemandem ein Geschenk zu machen, jemandem Freude zu bereiten. Es ist offenbar sehr tief in uns Menschen als soziale Wesen verankert, dass es uns ein gutes Gefühl gibt, wenn wir andere Menschen glücklich machen können.

Leckerchen geben

Wenn ein Hund etwas Tolles gemacht hat, Pfötchen gegeben oder apportiert, ist das Frauchen oder Herrchen wahnsinnig stolz auf den Vierbeiner und gibt ihm ein Leckerli fürs Belohnungszentrum im Gehirn. Ich finde, wenn *wir* etwas toll machen, sollten wir uns auch ein Leckerchen geben. Wir sollten uns dann etwas Gutes tun, etwas gönnen, uns zum Beispiel einen Shoppingwunsch erfüllen, einen Saunabesuch schenken oder ein besonderes Buch. Ihr könnt sogar einen Kurztrip nach Paris unternehmen, wenn das vielleicht schon lange euer großer Wunsch ist. Kurzum: Ab sofort solltet ihr eure Erfolge feiern, und zwar am besten mit einem schönen (kleinen) Goodie.

Natürlich setze ich ein Menschenleben nicht mit dem eines Hundes gleich, ich finde nur, dieser Vergleich bringt es ganz gezielt auf den Punkt.

Was für einen kurzen Moment das Belohnungszentrum anspricht und animiert, Glücksgefühle auslöst und somit auch das Selbstwertgefühl steigert, sind die Erfolgserlebnisse an sich. Das kann beruflicher oder privater Natur sein, in der Partnerschaft etc.

Und egal, was ihr erreicht habt, dem geht (immer, da bin ich mir sehr sicher) voraus: ein- bis dreimal hinfallen, aufstehen, die Krone richten und weitergehen. Bei mir ist es im Moment definitiv die Mami-Krone, in der in ein paar Monaten ein paar vertrocknete Blümchen hängen werden von all den Malen, die ich hingefallen bin. Aber nie vergessen: *Never Give Up!*

An Rückschlägen wachsen

Klar gibt es Dont's, wenn es um den eigenen Selbstwert geht. Aber ich finde es nicht sinnvoll und förderlich, diese so herauszustellen. Außerdem liegt doch auf der Hand, was man nicht tun sollte, oder? Wie zum Beispiel, sich mit anderen zu vergleichen, in der Vergangenheit festzuhängen, missgünstig zu sein, neidisch, sich selbst schlecht zu machen … Darum nenne ich im Folgenden auch nur einen Punkt, weil er mir so wichtig ist. Und weil ich damit eigentlich auch etwas sehr Positives sagen will und es am Ende auch darum geht, selbst etwas aktiv tun zu können.

Ich habe sehr früh gemerkt, dass ich mein Gefühl für mich selbst **keinesfalls von außen abhängig machen** darf – von der Reaktion des Publikums, von Pressestimmen, davon, wie Jobs laufen oder nicht laufen … Denn wenn wir das machen, werden wir im Leben zum Spielball von anderen Menschen, Meinungen und Gefühlen. Und darin verlieren wir uns schnell. Stellt es euch so vor, als würdet ihr einen Ball in ein Bällebad werfen – findet den mal wieder. Da könnt ihr nur noch verzweifelt versuchen, »über Wasser zu bleiben«. Wahrscheinlich werdet ihr aber in der Masse untergehen. **Ihr allein seid dafür verantwortlich, wie ihr euch fühlt, was ihr von euch haltet und denkt.**

Und ich sage euch, die Medienwelt ist ganz schön hart in dieser Beziehung. Für jeden erfolgreichen Job, den ihr in der Öffentlichkeit von mir mitbekommen habt, habe ich vorher mindestens drei Neins kassiert, und zwar keine freundlichen, sondern knall-harte. Das spielt immer zusammen. Darüber spricht aber keiner, und davon hört man nichts. Und das ist in allen (privaten und beruflichen) Bereichen so. Denkt ihr da nicht auch schnell: Bei allen anderen läuft es fantastisch, nur ich bekomme nichts auf die Kette? Dabei geht es allen anderen genauso. Und wir alle sollten diese Neins aushalten können und immer an uns glauben.

Ein sehr schönes Beispiel dafür ist auch das Modelleben. Grund-sätzlich ist die Modelwelt geprägt von Castings. Viele Models er-zählen, dass sie für einen großen Job erst einmal zwanzig Castings durchlaufen und neunzehnmal ein fettes Nein zu hören bekom-men. Trotzdem dürfen sie sich darin nicht verlieren und ihren Selbstwert deswegen geringer einstufen.

Natürlich bin ich nicht final geformt und geprägt in die Me-dienwelt gerutscht. Gerade in meinen Anfangszeiten habe ich immer wieder lernen müssen, mit Negativität besser umzugehen und sogar etwas Positives aus den entsprechenden Situationen zu schöpfen. Und auch heute noch erkenne ich ab und zu Defizite in meinem Gefühl für mich selbst, wenn ich Kritik von außen er-fahre. Aber das finde ich auch ganz normal, denn keine ist per-fekt, und wir alle wachsen und entwickeln uns stetig weiter. Da-bei ist nur wichtig, sich immer wieder vor Augen zu führen, dass **das Leben natürlicherweise ein Up und Down bereithält,** dass alles ein Prozess ist. Und dass alles, was wir erleben, was uns pas-siert, etwas mit uns macht, auf uns einwirkt und somit einen Ef-fekt auf unseren Selbstwert hat.

Wichtig ist, dass wir eine gewisse grundlegende Stabilität, Ba-sis, Festigkeit in Bezug auf das eigene Selbstwertgefühl haben, damit wir vor diesen Hochs und vor allem Tiefs gewappnet sind. Ich hoffe, ich habe euch dazu ein paar Möglichkeiten aufgezeigt, um euren eigenen Selbstwert so hoch wie nur möglich aufzu-hängen.

Gülcans Selbstwert-Riesenrad

Mein Selbstwert-Meilenstein

Zum Abschluss komme ich zu einer einschneidenden Geschichte, die mir selbst passiert ist und bei der ich wirklich arg an meinem Selbstwertgefühl gezweifelt habe. Es war im Nachhinein dann aber einer der **Schlüsselmomente für meinen Selbstwert,** der ihn sogar noch einmal angehoben hat.

Ich hatte damals eine euch allen bekannte Automarke als Sponsor und war bei einer Late-Night-Show zu Gast. Der Moderator fragte mich, mit welchem Auto ich vorgefahren sei, ich hätte angeblich ganz in der Nähe seines Wagens geparkt. Mein Team und ich waren an dem Tag mit zwei verschiedenen Autos angereist. Ich weiß noch, dass mir innerlich ganz heiß wurde, weil ich so unsicher war, ob ich die Marke überhaupt nennen durfte oder ob ich die beiden gegeneinander ausspielen würde. Außerdem wurde diese Late-Night-Show immer Live-on-Tape produziert, was bedeutete, dass kaum etwas herausgeschnitten wurde. Und zu der Zeit gab es immer noch ein Riesengeschrei in den Sendern, wenn es um (Schleich-)Werbung ging. Es ging also um die Wurst. Und mein Gedankenkarussell drehte sich auf Hochtouren. Der Moderator wollte auf Biegen und Brechen die Marke aus mir herauslocken. Was sollte ich tun? Ich habe dann in meiner Not vorsichtig das Logo der Automarke umschrieben – und der Moderator hat es erraten. Ich fühlte mich auf der sicheren Seite, denn ich hatte den Namen ja nicht ausgesprochen und damit keine Sponsorenregel verletzt. Meine Worte waren: »Es sieht aus wie ein grüner Vogel mit einem Pfeil im Allerwertesten.« Okay, »Allerwertester« war nicht das Wort. Haha.

Was folgte, waren große Schlagzeilen, ein Riesen-Tohuwabohu – und die Kündigung meines Werbevertrags mit der Autofirma. Ich war unglaublich erschrocken. Damit hatte ich überhaupt nicht gerechnet, war mir keiner rechten Schuld bewusst. Aber mein Werbepartner hatte meine Umschreibung seines Logos als absolute Beleidigung empfunden. Ich fand es eher zum Schieflachen. Über Humor lässt sich nicht streiten, dachte ich immer. Lässt es sich wohl doch. Ich denke bis heute, die hätten aus der Situation auch etwas Gutes machen können, Profit schlagen, einen lustigen Werbespot drehen, zum Beispiel. Haben sie aber nicht. Das Gute, das aus der Sache erwachsen ist, war, dass eine andere Autofirma durch die Publicity auf mich aufmerksam geworden war – sie boten mir direkt und ohne Umschweife einen neuen Werbevertrag an. Verrückt, oder?

Ihr könnt euch aber vorstellen, dass ich in der Situation damals erst einmal die Hände über dem Kopf zusammengeschlagen und gedacht habe: »Hilfe!! Was habe ich bloß getan?!« Ich war kurz davor, durchzudrehen. Aber dann habe ich die Medaille auf die andere Seite gedreht und mir gesagt: »Shit happens. Das bist trotzdem immer noch du, du bist immer noch wertvoll. Und bleibe auch fair und verständnisvoll dir selbst gegenüber, mach dich nicht fertig, du kannst daran ohnehin nichts mehr ändern.« Ich bin wieder aufgestanden, habe meine Krone gerichtet und bin kurz danach eben ein anderes Auto gefahren. Ich habe das, was mir da passiert war, die immense Kritik, die mich ereilt hatte, nicht an meinen Selbstwert herangelassen, bin letztendlich sogar mit einem gestärkten Selbstwert aus der ursprünglich misslichen Lage herausgegangen – und zwar noch bevor mir der neue Werbevertrag angeboten worden war –, weil ich mir selbst treu geblieben bin und zu mir gestanden habe.

GÜLCANS TOP-5-DELUXE
FÜR MENTALE POWER

Wir dürfen hoffentlich davon ausgehen, dass wir alle mental gesund sind. Lasst mich aber an dieser Stelle einen kleinen Exkurs wagen, sollte das nicht der Fall sein. Dann geht es vor allem erst einmal darum, das zu erkennen und dazu zu stehen, um sich im Anschluss darum zu kümmern.

Uff, das ist ein wirklich schwieriges, tiefgehendes und noch dazu so schwer zu fassendes und einzugrenzendes Thema: die mentale oder psychische Gesundheit. Um sanft in das Thema hineinzugleiten, versuche ich vorab eine kleine Einleitung.

Der Begriff »**Mental Health**« kommt aus dem englischsprachigen Raum und beschreibt die **Abwesenheit psychischer Störungen.** Wenn jemand »mental krank« ist, meint das also ohne Umschweife, dass dieser Mensch psychisch krank oder mindestens beeinträchtigt ist.

Manchmal ist es einfacher, die Dinge von der genau anderen Seite aus zu betrachten, um sie zu begreifen – das wissen wir schon, seitdem wir uns gefragt haben: »Was will ich definitiv *nicht* in meinem Leben?«, weil wir mit der Frage »Was ist mir wichtig im Leben?« vielleicht nicht weiterkamen. Das sieht wohl auch die Weltgesundheitsorganisation (WHO) so und definierte darum bereits 1986:

Psychische Gesundheit *ist ein Zustand des Wohlbefindens, in dem eine Person ihre Fähigkeiten ausschöpfen, die normalen Lebensbelastungen bewältigen, produktiv arbeiten und einen Beitrag zu ihrer Gemeinschaft leisten kann.*

Die WHO formulierte außerdem, was sie darunter versteht, wenn man nicht psychisch gesund ist:

Psychische Störungen *stellen Störungen der psychischen Gesundheit einer Person dar, die oft durch eine Kombination von belastenden Gedanken, Emotionen, Verhaltensweisen und Beziehungen zu anderen gekennzeichnet sind. Beispiele für psychische Störungen sind Depressionen, Angststörungen, Verhaltensstörungen, bipolare Störungen und Psychosen.*[1]

Neben der Abwesenheit psychischer Störungen und Beeinträchtigungen gilt man aber auch nur dann als mental gesund, wenn man Wohlbefinden und Zufriedenheit verspüren kann im eigenen Leben. Das ist ein sehr wichtiger Aspekt, wie ich finde. Denn dieser Zustand und die dazugehörigen Gefühle sind außerordentlich schwierig zu erkennen und zu messen.

Mittlerweile hat die Begrifflichkeit »mentale Gesundheit« auch in Deutschland Einzug gehalten. Und das ist längst überfällig, wie ich finde. Ihr wisst bereits, dass ich der festen Überzeugung bin, wir können nur glücklich, selbstbestimmt und erfolgreich sein,

---

1 Auf der Internetseite der WHO (www.euro.who.int/de/health-topics) findet ihr ein ganzes Faktenblatt zum Thema »Psychische Gesundheit«.

wenn bestimmte Bereiche in unserem Leben zusammenspielen und stark sind. Das ist an erster Stelle eben unsere Gesundheit, jedoch die innere *und* äußere (blättert dazu gern noch mal zurück auf Seite 63).

Dass auch die mentale Gesundheit des Menschen immer mehr ins gesellschaftliche Bewusstsein gerückt und ernst genommen wird, zeigt sich allein daran, dass die Krankenkassen mittlerweile einen immer höheren Etat für die Behandlung psychischer Störungen bereitstellen und immer mehr Heilungsformen auf diesem Gebiet unterstützen.

Waren die Menschen früher mental gesünder?

Früher gab es viel weniger psychisch Erkrankte. So hört und liest man es immer wieder. Punkt. Gab es überhaupt welche? Natürlich gab es die und höchstwahrscheinlich auch gar nicht bedeutend weniger als heutzutage. Der Unterschied ist, dass **damals nicht darüber gesprochen wurde.** Es ist tatsächlich noch gar nicht lange her, dass psychisch Erkrankte von der Öffentlichkeit ferngehalten, mehr oder weniger versteckt worden sind. Dass physisch und psychisch Erkrankte gleichbehandelt werden, ist also eine recht neue Entwicklung. Und wenn wir ehrlich sind, ist diese auch noch lange nicht abgeschlossen. Erst in den letzten zehn Jahren haben wir ernsthaft damit begonnen, Krankheiten wie Depressionen, Burn-out oder Angstzustände als Volkskrankheiten anzuerkennen und auch zu behandeln, und die Medizin ist hier noch lange nicht so weit in ihren Forschungen wie in anderen Krankheitsbereichen.

Früher gab es also höchstwahrscheinlich nicht viel mehr mental gesunde Menschen als heute, es gab schlichtweg kein gesellschaftliches Bewusstsein und keine Akzeptanz dafür, wenn man es nicht war. Und so auch keine offiziellen Erhebungen und Forschungen. Wenn die Menschen damals psychisch litten, taten sie das still und heimlich, keiner sprach offen über seine seelischen

Leiden. Man sagte dann: »Jetzt reiß dich mal zusammen, das wird schon wieder.« Und zwar zu sich selbst, weil man ja tunlichst keinem von seinen »Schwächen« erzählte.

Zudem hatte der Großteil der Menschen andere Sorgen, als sich um seine Zufriedenheit und sein Lebensglück zu kümmern. Das war eher den Wohlhabenden und Reichen vorbehalten, der Rest der Bevölkerung – und das waren eine Menge Menschen – hatte schlichtweg keine Zeit vor lauter Arbeit und Existenzsorgen. Damals konnte es den Menschen noch gar nicht um Selbstverwirklichung gehen.

Das hat sich heute glücklicherweise geändert, wir sind sensibler geworden (für andere und für uns selbst) und anspruchsvoller. Und dürfen es auch sein. **Unsere eigene Persönlichkeitsentwicklung und die Optimierung unseres Lebensstils sind zu unserer Lebensaufgabe geworden.**

Was uns dabei heute allerdings vor eine Riesenaufgabe und Herausforderung stellt, ist die **sich immer schneller drehende Welt und ihre enorme Vernetztheit.** Wir können uns jederzeit über alles informieren, sind immerzu erreichbar, können auch alle anderen rund um die Uhr »beobachten« (und uns so auch ständig mit anderen vergleichen) – kurz: **Unsere Psyche ist einem immensen Druck und Stress ausgesetzt.** Diese Kombination aus Sich-selbst-Perfektionieren in der eigenen Entwicklung, aber gleichzeitig auch auf allen anderen Ebenen bestmöglich zu performen, immer erreichbar zu sein und nichts zu verpassen, sich dabei immerzu vergleichend über die sozialen Medien, gipfelt nicht selten in einer großen Erschöpfung des Geistes. Und schon sind wir wieder am Anfang: der mentalen Gesundheit beziehungsweise der Gefährdung derselben.

Eine sehr, sehr positive Sache in Bezug auf das Zusammenspiel von Social Media und mentaler Gesundheit möchte ich hier allerdings einmal hervorheben: Auch wenn manche Menschen in einigen Bereichen für meinen Geschmack viel zu offen und freizügig unterwegs sind, empfinde ich es dort, wo es darum geht, Menschen eine Plattform zu geben und andere zu supporten – wie das beim Thema »mentale Gesundheit« der Fall ist –, als unglaublich bereichernd, was da alles über die sozialen Medien stattgefunden hat und noch stattfindet. Nicht zuletzt dadurch ist das Thema viel sichtbarer geworden und unser Umgang damit offener und natürlicher.

Der Ursprung mentaler Nichtgesundheit

Trotz des Bewusstseins für die Wichtigkeit der mentalen Gesundheit sind auch psychische Probleme heute noch sehr schwer zu greifen, zu diagnostizieren und zu therapieren. Einen gebrochenen Knochen können wir auf dem Röntgenbild sehen. Er kann operiert und eingegipst werden, irgendwann werden die Muskeln drum herum wieder trainiert, und die Wunde ist geheilt. Der »Schaden« ist sichtbar, greifbar und *be*greifbar.

Eine Erkrankung der Seele aber, des Geistes, von allem, was mit unserem Inneren zusammenhängt und in uns stattfindet, ist nicht so leicht zu verstehen und zu erklären. Darum nenne ich eine psychische Erkrankung gern einen »Spooky-Geist«. Weil sie nicht greifbar ist und uns in Angst und Schrecken versetzen kann.

Bei der Entstehung mentaler Krankheiten kann es vielerlei Ursachen geben, die Erbmasse ist eine davon. Aber natürlich zählt auch der Lebensstil dazu, den man führt, die Nutzung von Handy, Tablet und Co., wie man sich ernährt und (nicht) bewegt. Ich bin mir recht sicher, dass unsere heutige Art und Weise der Lebensführung, das, was wir gesellschaftlich leisten können, sollen, müssen, dürfen, extrem dazu beiträgt, dass mentale Krankheiten ausbrechen, gefördert werden, ihr »böses Gesicht« zeigen. Dass ein hoher Drogen- und Alkoholkonsum Depressionen auslösen kann, wissen wir wahrscheinlich alle. Aber auch ein traumatisches Erlebnis kann (auch viel später) zu einer psychischen

Störung führen, auch Ereignisse, die vielleicht schon weit zurückliegen, bis in die Kindheit.

Was auch immer dazu führt, dass jemand sich mental nicht gesund fühlt und es nicht ist – es gibt auf jeden Fall eine Erklärung dafür und einen Weg, den man zurückverfolgen kann. Nur ist der eben immer höchst individuell. **Und es gibt auch einen Weg nach vorn und aus dem Ganzen raus.** Mit der richtigen Unterstützung und Hilfe an der Seite wird man den finden und gehen können.

Anzeichen psychischen Ungleichgewichts

Es gibt eine Vielzahl an Symptomen, die darauf hinweisen, dass man mental nicht ganz gesund ist. Da es aber auch eine Vielzahl an unterschiedlichen psychischen Herausforderungen gibt, sind die mitunter sehr uneinheitlich und können individuell sehr unterschiedlich ausgeprägt sein. Ein paar Anhaltspunkte gibt es aber, nach denen man sich richten kann, gerade, wenn sie gehäuft auftreten und über einen längeren Zeitraum: Wenn man zum Beispiel ständig und sehr leicht reizbar ist, oft niedergeschlagen und traurig, man keine rechte Lust mehr hat zu essen, rauszugehen, sich mit anderen Menschen zu treffen, insgesamt für eigentlich gar nichts mehr einen Drive verspürt und das Gefühl hat, den Alltag kaum noch bewältigen zu können und zu wollen, wenn man sich lieber in sein Schneckenhaus zurückzieht, unberechtigte Schuldgefühle empfindet, starke Ängste hat, unter Schlafstörungen leidet und vielleicht auch Rückenschmerzen oder Verdauungsstörungen hat, dann sind das auf jeden Fall ernst zu nehmende Warnzeichen, dass man mental definitiv nicht auf der Höhe ist.

Sollte eine von euch sich tatsächlich so fühlen und darin wiedererkennen, rate ich immer von Herzen, **einen Arzt oder eine Ärztin aufzusuchen und ganz offen darüber zu sprechen.** Wie ernst die Lage tatsächlich ist und welcher persönliche Weg eingeschlagen werden kann, besprecht und entscheidet ihr dann gemeinsam. Auf keinen Fall sollte man sich dafür schämen und es darum verschweigen und den schönen Schein wahren. Denn das steht unserem Glück absolut entgegen.

Versucht bitte, bitte nicht, ganz allein dort wieder herauskommen zu wollen. Oder gar mit irgendwelchen Extremdiäten herumzudoktern, weil ihr glaubt, euch schlanker besser zu fühlen. Das ist, wenn man mental geschwächt ist, nicht der richtige Weg, denn gerade dann braucht der Körper ganz viele gesunde Nährstoffe und Vitamine, und man sollte lieber dreimal am Tag gesunde Mahlzeiten zu sich nehmen als zu wenige. **Regelmäßigkeiten, Routinen und ausreichend Schlaf** sind in diesen Phasen des Lebens besonders wichtig, aber dazu kommen wir jetzt noch.

Niemand braucht sich zu schämen

Menschen, die mental nicht gesund sind, unter psychischen Problemen leiden, schämen sich leider sehr häufig dafür. Sie haben das Gefühl, die Einzigen zu sein, denen es so geht. Darum finde ich es besonders wichtig, herauszustellen: Das sind sie keinesfalls. Sprächen sie einmal mit Nachbarn, Kolleginnen, Freundinnen, der Familie darüber, würden sie sich wundern, wie viele andere Menschen auch unter psychischen Problemen leiden. Und durch diese Häufigkeit vermittelt mentales Leiden den Eindruck, als sei es eine **ganz »normale« Erkrankung, die eben auch ganz normal behandelt werden kann.** So ist es auch, nur dass der Weg manchmal nicht so eindeutig ist wie zum Beispiel beim vorher genannten Knochenbruch. Der erste Schritt ist aber natürlich, dass man über seinen Schatten springt und offen über sein Leiden spricht, sich helfen lässt. Einen Beinbruch heilt man ja auch nicht im stillen Kämmerlein. Denn noch mal: **Es gibt nichts daran, weswegen man sich schämen müsste.** Und auch keinen Grund, es nicht zu therapieren, wenn es einem doch schlecht geht.

Weil wir uns ja gern Vorbilder suchen und zu Menschen aufsehen, die etwas erreicht haben im Leben, möchte ich hier ein paar Namen nennen von berühmten Persönlichkeiten, die allesamt ebenfalls unter mentalen Problemen zu leiden haben oder hatten. Ich weiß nämlich zufällig, dass viele Künstler, Musikerinnen, führende und erfolgreiche Leute aus der Wirtschaft, einfach ganz viele Menschen, die supererfolgreich sind, auch mit mentalen Problemen zu kämpfen haben oder hatten. Lady Gaga, Julia Roberts, Angelina Jolie, Robbie Williams, Eminem, Justin Bieber, um wirklich nur einige zu nennen. Und diese Menschen, die als Vorbilder in der Öffentlichkeit stehen, sprechen glücklicherweise ganz offen über ihre mentalen Probleme und stehen dazu. Sie sagen: »Ich habe dieses psychische Problem, es ist da, dieser kleine hässliche Dämon, aber ich weiß um ihn, kümmere mich darum und lebe damit. Und dabei versuche ich, das Beste daraus zu machen – nein, ich *mache* das Beste daraus. Und es funktioniert.«

Das eine schließt das andere nämlich überhaupt nicht aus: Man kann mental »krank« sein und trotzdem glücklich und erfolgreich werden. Es gibt also keinen Grund, den Kopf in den Sand zu stecken. Stattdessen ist es ganz wichtig, zu erkennen: Es ist, wie es ist. Die mentale Schwäche ist da, und das ist scheiße (ja, ich finde, an dieser Stelle darf und muss man das mal so deutlich sagen dürfen, denn es IST scheiße). Am besten sagt man sich dann: »Ich kümmere mich jetzt erst einmal um mich und meine Gesundheit, meine *innere* Gesundheit, darum, dass ich stabil bin. Ich akzeptiere das Ganze, kann es laut aussprechen und dazu stehen.« Das Wichtige ist nämlich, gerade bei mentalen Problemen, dass man sie nicht ignoriert oder versucht, sie wegzuschieben, wegzureden oder gar totzuschweigen.

Mir ist es so wichtig, diesen Punkt herauszustellen, weil es leider auch besonders viele junge Menschen gibt, die ohne Lebensmut und -freude durch den Tag gehen, die sich fragen, was sie mit ihrem Leben anfangen sollen, wie um Himmels willen sie jemals erfolgreich mit irgendetwas sein sollen, wenn sie mental so am Ende sind. Ich habe euch hier nur eine Handvoll berühmter Menschen genannt, die mit mentalen Problemen zu tun haben. Die offen damit umgehen und sich ihrer nicht schämen. Und deren Leben glücklich ist und erfolgreich. Und davon gibt es Millionen da draußen, glaubt mir. Millionen Menschen, die mental einfach »anders« ticken. Genau. Das hört sich doch viel besser an: *anders*. Und trotzdem können sie ein gutes Leben führen, können Glück empfinden.

Sollte die eine oder andere von euch an der einen oder anderen Stelle in ihrem oder seinem Leben ebenfalls eine mentale Schwäche in sich spüren und darunter leiden, dann lest dieses Buch einfach noch einmal, noch intensiver und von Anfang an. Und noch mal. Oder wenn ihr jemanden kennt, dem es so geht, empfehlt es weiter oder – noch schöner – verschenkt es an diese Person.

Stellt euch euren Problemen

Stellt euch euren Problemen. (Nein, der Verlag hat die Überschrift nicht aus Versehen doppelt gedruckt.) Dieser Satz sagt in seiner Kürze alles, und man kann ihn sich gut merken. Sich mit seinen Problemen im Leben zu befassen, dient einfach dazu, Knoten zu lösen und in der persönlichen Entwicklung einen Schritt weiterzukommen.

Bei mentalen Leiden ist es oft so, dass ganz viele kleine Dinge ein Problem darstellen. Da hilft es nicht, keines davon anzugehen, weil es einfach zu viele sind. Es geht ja nicht darum, alles auf einmal zu lösen. Darum geht es nie. Aber wenn wir ein Bewusstsein für unsere mentale Schwäche entwickelt haben und dafür, was uns Sorgen und Ängste bereitet, können wir uns Stück für Stück etwas vornehmen, was wir angehen und verändern, für *uns* verbessern wollen. So gehen wir in kleinen Schritten immer weiter, und irgendwann werden diese kleinen Schritte zu großen Steps, und dann kann es sein, dass wir irgendwann ganz normal auf der Welle des Lebens mitreiten und hoffentlich auch die gesundheitlichen Probleme im mentalen Bereich bewältigt haben.

So bleiben wir mental gesund

Was sollen wir aber tun, damit wir mental gesund bleiben, wenn wir doch alle in einer gewissen Art von Hamsterrad stecken, gerade, wenn wir Kinder und Familie haben? Wenn wir eben einfach täglich von digitalen Medien umgeben sind, die unseren Alltag immerzu begleiten? Wenn die Erwartungshaltung von anderen und uns selbst nun mal da ist und auch noch sehr groß?

Es gibt glücklicherweise wahnsinnig viele Stellschrauben, die dazu beitragen, mental gesund zu bleiben. Ich habe im Folgenden für euch die für mich wichtigsten Dinge zusammengestellt, von denen ich sehr überzeugt bin, dass sie mich mental gesund halten, wenn sie in der Basis stimmen.

✏ Der Mensch muss sich Pausen gönnen

Auch wenn ihr schon wisst, dass ich nicht unbedingt die Frau bin, die sagt: »Ich arbeite lieber weniger, um mehr zu relaxen«, steht das hier an allererster Stelle. Denn dass nicht nur der Körper, sondern auch der Kopf, der Geist, nennt es meinetwegen die Seele, im Alltag von Zeit zu Zeit herunterfahren muss und sich erholen darf, ist immanent wichtig für unser allgemeines Wohlempfinden. So schonen wir unser Immunsystem. Und wisst ihr was? Wir vertiefen auch Erlerntes. Erinnert ihr euch noch an die Schulzeit? Man hat gelernt und gelernt und gelernt und konnte dann doch ad hoc nicht wiedergeben, worum es da gerade eigentlich genau gegangen war. Nachdem man aber eine Nacht darüber geschlafen hatte, ergab plötzlich alles Sinn und einen Zusammenhang. Auch der Sport ist ein schönes Beispiel: Wer Muskeln aufbauen möchte, weiß, dass der Muskelaufbau nicht an den Tagen passiert, an denen man trainiert. Sondern an den Tagen dazwischen, an denen der Körper pausiert und sich ausruhen darf.

Mit Pause meine ich nicht, sich eine Stunde lang hinzusetzen und die Wand anzustarren und gar nichts anderes tun zu dürfen. Wobei, auch das kann sicherlich manchmal sehr hilfreich sein. Eine Pause ist es auch, wenn wir im Alltag einfach mal für eine Viertelstunde die Musik aufdrehen, die wir gern hören, einen kleinen Spaziergang an der frischen Luft unternehmen oder wenn wir versuchen, uns einen kurzen Moment aus dem Familienalltag herauszuschälen, um uns hinzusetzen und unser Schokocroissant mit einem Kaffee dazu zu genießen. Vielleicht ist es auch die tägliche Sporteinheit. Achtet nur darauf, dass ihr euch auch körperlich nicht zu sehr überanstrengt. Wenn ihr an einem Tag körperlich schon sehr gefordert wart – vielleicht sechs, sieben Stunden lang ein nicht mehr ganz so leichtes Kind getragen habt, weil es ein Wehwehchen hatte, nicht zur Ruhe kam, am Abend letztendlich auch einfach nicht einschlafen wollte –, dann müsst ihr an dem Tag nicht auch noch eure eine Stunde Sport absolvieren, weil nun mal heute der Sporttag ist. Und so gibt es noch viele, viele andere Beispiele.

Das alles sind Pausen. Ihr erkennt bestimmt, was ich meine. Es geht nicht darum, jetzt sofort alle Siebensachen zusammenzupacken und für drei Wochen zu verreisen. Aber natürlich ist auch das denkbar, wenn es sich für alle gut einrichten lässt. Urlaub nicht nur, um Urlaub zu machen, was heute irgendwie so wichtig geworden ist. Sondern Urlaub deswegen, um den Körper und den Geist aus dem alltäglichen Routineablauf herauszuholen und andere Einflüsse und Eindrücke zu tanken. Vielleicht auch, um einfach mal eine Woche lang sehr viel zu schlafen. Oder einen Aktivurlaub zu gestalten, wenn ihr im Alltag eher einen klassischen Bürojob lebt, in dem ihr gar nicht in Bewegung seid.

Wie eine Pause auszusehen hat, auf dass sie auch unseren Kopf

entspannt, ist immer sehr individuell und sollte an die Person an-
gepasst sein, die die Pause benötigt. Aber dass Pausen für jeden
Menschen sein müssen, ist unumstritten. **Und zwar täglich und
gern auch mehrmals.** Wie gesagt, die müssen nicht besonders
lang sein, aber versucht doch mal, euch jeden Tag kleine Ein-
heiten in euren Alltag einzubauen, an denen ihr herunterfahren
könnt: die Tasse Tee am Morgen, bevor alle anderen aufstehen,
der Spaziergang zum Kindergarten, um das Kind abzuholen,
ohne Handy in der Hand oder To-do-Listen im Kopf, die kurze
Dehnübung am Nachmittag mit Blick aus dem Fenster, das Auf-
schreiben von einem schönen Erlebnis oder Gefühl des Tages am
Abend vorm Einschlafen …

🪀 Bewegung macht glücklich

Aus jeder Therapie, die mit mentalem Training zu tun hat, wissen wir, dass immer auch **Sport ein wesentlicher Baustein** davon
ist. Darum muss ich gerade beim Thema »mentale Gesundheit«
doch noch einmal an die Sportmuffel unter euch appellieren: **Bitte, bringt euch in Bewegung,** unternehmt Spaziergänge, geht
oder steht viel (im Gegensatz zum Sitzen), seid meinetwegen aktiv im Mannschaftssport, Rudern, Schwimmen, Tanzen … Egal,
was es ist, was euch Freude bereitet und hinterm Ofen hervor-
lockt, Hauptsache, ihr bewegt euch regelmäßig. Denn Bewegung
baut Stress ab, das wissen wir schon aus einem der ersten Kapitel.
Außerdem schütten wir beim Sport Glückshormone aus. Und
das Fehlen derselben beziehungsweise die sehr geringe Anzahl
von Glückshormonen ist eines der größten Probleme von Menschen, die mentale Schwierigkeiten haben. Wir müssen uns darum kümmern, dass unser eigener Körper sie ausschüttet. Aber
gleichzeitig *können* wir das auch, es liegt in unserer Hand. Und es
passiert definitiv durch Sport und generell viel Bewegung.

Sollte es euch nun sehr schwerfallen, euch mit dem Thema
Sport anzufreunden, möchte ich euch raten: **Beißt ein paar Wo-**

chen lang die Zähne zusammen, eignet euch Bewegungsroutinen an, mit denen ihr leben könnt. Ich sage auch gleich, dass ihr beim Thema Sport schon **vier bis sechs Wochen am Ball bleiben solltet,** wenn ihr wirklich etwas verändern und den so rundweg positiven Effekt auf Körper und Geist spüren möchtet. Wenn ihr aber wirklich versucht, täglich eine Kleinigkeit zu machen, werdet ihr euch bestimmt bald sagen (oder denken) hören: »Na, holla die Waldfee! Jetzt macht es mir aber doch langsam Spaß.« Ich versprech's. Hoffentlich spürt aber jede und jeder von euch sowieso ein kleines Fünkchen Lust auf Sport in sich. Das macht das Ganze natürlich viel einfacher.

🥨 Gesunde und regelmäßige Mahlzeiten

Gerade bei Menschen, die es mental schwer haben oder sogar leiden, sollten **die Teller bunt sein.** Das heißt, esst ausgewogen und gesund und viel, viel Gemüse. Und dann würde ich auch empfehlen, nicht nur einmal am Tag etwas zu essen, sondern am allerbesten dreimal, ich habe es schon erwähnt. Denn dann ist der Körper über den Tag mit so vielen gesunden und wichtigen Nährstoffen versorgt, wie er braucht, um gut zu funktionieren und euch Kraft zu schenken. Damit er das kann, braucht er wichtige Vitamine, Mineralstoffe, Spurenelemente, Ballaststoffe, gute Kohlenhydrate, fettarme Eiweiße, gute Fette. Es gibt sogar richtiges »**Mental Food**«, also Lebensmittel, deren Verzehr besonders gut für unsere psychische Gesundheit sein soll. Dazu gehören zum Beispiel Nahrungsmittel, die unsere Darmflora ins Reine bringen, sollten wir im Bereich Verdauung oft Probleme haben, wie Kefir, Sauerkraut, Hülsenfrüchte oder Vollkornprodukte. Dann sind auch Bananen und Aprikosen ausgesprochen hilfreich, weil in ihnen die Aminosäure Tryptophan steckt, die der Körper zu Serotonin umwandelt. Serotonin wird als »Glückshormon« bezeichnet, weil es depressiver, trübsinniger Stimmung entgegenwirkt sowie Müdigkeit. Dasselbe passiert übrigens beim Verzehr von Nüssen, vor allem Walnüssen. Gemüse ist, wie gesagt, immer gut, am besten reichlich, es gibt aber bestimmte Sorten, die helfen sogar gezielt gegen Stimmungstiefs, Traurigkeit und sogar Heißhunger. Dazu gehören zum Beispiel Spinat, Spargel und Süßkartoffeln, weil sie so viele B-Vitamine enthalten. Scharfe Gewürze wie Chili wirken sich nachweislich positiv auf die Stimmung aus. Blaubeeren, Himbeeren oder Erdbeeren wirken antientzündlich und schützen die Zellen unseres Körpers von innen vor den Auswirkungen des Alltagsstresses. Und Fenchel sorgt einmal als wohltuendes, warmes Getränk – als Tee nämlich – für angenehme Wärme von innen und Geborgenheit, dazu enthält er aber auch noch eine Vorstufe von Serotonin und macht sozusagen glücklich.

Ihr seht: Es gibt im Bereich »Mental Food« einiges Spannende zu entdecken, macht euch doch selbst mal auf die Suche, wenn es euch interessiert.

Bei mir als Mama eines Neugeborenen ist es im Moment ganz ungewollt, aber natürlicherweise so, dass ich nur einmal am Tag eine »richtige« Mahlzeit zu mir nehme. Die hat es dann aber wenigstens in sich, ist wirklich üppig, mit Vorspeise und etwas Süßem zum Nachtisch. Normalerweise esse ich aber zweimal am Tag eine richtige Mahlzeit, mein Körper und Geist brauchen das, damit fühle ich mich am besten und rundum gut versorgt.

🪙 Soziale Beziehungen pflegen

Natürlich kommt es immer stark auf die Familienverhältnisse an, ob der Kontakt einem wirklich guttut und einen stärkt, aber grundsätzlich kann man auf jeden Fall sagen, dass es einen mental stärkt, wenn man einen **guten und regelmäßigen Kontakt zu seiner Familie,** zu seinen Liebsten hat. Das können natürlich auch enge und gute Freunde und Freundinnen sein. Grundsätzlich geht es darum, **soziale Bindungen regelmäßig zu pflegen.** Zusammenkünfte mit Familie und engen Freunden fördern das Gefühl von Geborgenheit und Sicherheit, und es ist eine Art der

Stressbewältigung, wenn man gemeinsam über die alten Zeiten spricht. Klar, auch Family-time kann sehr anstrengend sein, gerade, wenn man erwachsen ist und sein eigenes Leben führt. Ich bin mir aber ganz sicher, dass es einen unter noch viel größeren und vor allem negativen Stress setzt, wenn man seine Familie und seine Lieben ganz aus seinem Leben ausklammert.

Zieht euch also keinesfalls zurück, wenn ihr mentale Schwierigkeiten habt, das ist ein absolutes No-Go. Klar, wenn die mentale Belastung besonders stark ist, schafft man es vielleicht einfach nicht, unter Leute zu gehen, rauszugehen. Aber sobald ihr einen Energieschub spürt, macht euch auf den Weg und nutzt ihn. Weiter und weiter und weiter. Wagt euch raus aus eurer Höhle, aus eurem Schlafzimmer, eurer Wohnung, eurem Haus. Seid unter Menschen, aber auch mit euch allein und trotzdem draußen, on the road.

☯ Digital Detox

Wir sind eigentlich den ganzen Tag davon umgeben: Smartphone, Tablet und Co., es gibt wirklich Menschen, die haben 24 Stunden ihr Telefon in der Hand. Darum: Legt diese Geräte bitte gern einmal bewusst aus der Hand, vielleicht erst nur immer mal sporadisch am Tag, dann nehmt euch feste Zeiten vor, in denen ihr euch verbietet, auf irgendein Display oder einen Bildschirm zu schauen. Je größer der Abstand zum nächsten Handygriff ist, desto besser. Und wenn ihr Lust habt, versucht doch mal, **einen Tag lang Smartphone-frei zu leben.** Ich weiß, das wird am Anfang sehr schwierig, aber es zeigt uns dann auch, wie abhängig wir mittlerweile von den digitalen Medien geworden sind. Keine Frage, natürlich bringt es auch Spaß, bei Instagram die neuesten Storys zu verfolgen, all seine Nachrichten zu beantworten und einfach mal hier und da hängen zu bleiben, an witzigen oder aufregenden oder interessanten Neuigkeiten. Dennoch: **Immer und ständig digital unterwegs und erreichbar zu sein, stresst uns.**

Weil ich seit zwei Jahren auch als Influencerin arbeite, achte ich mittlerweile sehr genau darauf, dass ich auch viel digitalfreie Zeit habe. Meine Freizeit findet bewusst ohne Telefon statt, um diese in vollen Zügen zu genießen und Energie zu tanken. Natürlich kann auch ich das nicht ganz ausschließen, denn ich bestelle auch Dinge online und gestalte und plane einen Großteil meines Lebens über mein Telefon. Dennoch nutze ich es zu 75 Prozent als Arbeitsgerät. Alles andere versuche ich so klein wie möglich zu halten, benutze mein Handy nicht mehr aus Jux und Tollerei, zum einfach so Draufherumdaddeln. Klar, wenn ich selbst etwas bei Instagram poste, bleibe auch ich an all den News und Storys der anderen hängen. Aber ich erkenne das meist sofort und nehme mich dann schnell wieder raus. Ganz bewusst und gern.

Mentale Gesundheit hat viele Effekte
Wenn wir mental gesund sind, hat das viele positive Auswirkungen. Ein paar sind diese:

- Wir bleiben im Ganzen (körperlich UND geistig) gesund.
- Wir stärken unser Immunsystem, was uns hilft, uns selbst zu heilen.
- Wir beugen Verkrampfungen, Muskelblockaden und anderen Schmerzen vor.
- Wir schlafen besser und erholsamer.
- Wir gehen viel energiegeladener durch den Tag.
- Wir schütten Glückshormone aus.
- Wir steigern unsere körperliche und mentale Leistungsfähigkeit.
- Wir haben ein starkes Selbstbewusstsein.
- Wir werden beruflich und privat akzeptiert und anerkannt.
- Es fällt uns leicht, gute Beziehungen zu pflegen.
- Körper, Geist und Seele sind im Einklang miteinander.

MEINE TOP 5,
UM MENTAL STARK ZU SEIN

- **Rausgehen.** Raus ins Leben, in den Alltag, soziale Kontakte pflegen, Freundschaften, die Beziehung zur Familie, zum Sport gehen, in ein Museum, eine Galerie besuchen, joggen gehen, im Wald, im Park, am Wasser spazieren gehen oder sonst wo, auswärts etwas essen gehen. Und auch, wenn das natürlich am schönsten zu zweit ist, geht das alles auch mal allein. Einladungen annehmen, die man bekommt. Auch wenn man mal keine Lust darauf hat, den inneren Schweinehund überwinden, es tut einem so gut. Kurzum: **Den Körper und Geist raus in die Welt bringen!** Es einfach machen.

- **Meditieren** kann ich wirklich jeder und jedem empfehlen. Hier gibt es eine Menge verschiedener Varianten und Anleitungen. Findet das, was zu euch passt. Mein wichtigster Tipp beim Meditieren ist: **Versucht, an nichts zu denken.** Und natürlich weiß ich, wie schwierig das ist. Ich habe selbst unglaublich lange gebraucht, bis ich es geschafft habe. Aber dann ist es wahnsinnig wohltuend für Kopf und Geist. Ich mache das so: Sobald ich einen Gedanken, eine Sorge, eine Grübelei angeflogen kommen sehe, packe ich sie in eine Wolke ein und schiebe sie weiter, lasse sie einfach ziehen, lasse los und verhake mich bloß gedanklich nicht darin.

  Lasst euren Kopf einfach mal in Ruhe. Es ist so wichtig, das ab und an zu tun. Nicht nur im Schlaf, auch am Tag. Wenn ihr also die Möglichkeit habt, dann schenkt eurem Kopf tagsüber einmal die Möglichkeit, abzuschalten, wie ein Computer, nicht zu denken, damit er dann voller Kraft und aufgeräumt wieder hochfahren und das Leben mit euch meistern kann.

- **Genug schlafen.** Wir hatten das Thema bereits. Im Schlaf regenerieren wir am allerbesten, und unser Körper heilt sich selbst.

- **Ausgewogene und gesunde Ernährung.** Auch darüber habe ich schon ausgiebig gesprochen, denke ich. Darum bleibe ich hier kurz.
- **Dankbarkeit.** Gerade in etwas dunkleren Zeiten kann diese einem dabei helfen, bewusst die guten Dinge im Leben zu suchen und zu sehen. Denn überall, wo Schatten ist, ist auch Licht. Manchmal ist die Quelle des Lichts nicht so gut zu erkennen, wir müssen sie erst suchen, aber irgendwoher kommt Licht, und dahin müssen wir gehen.

Sich selbst ein gutes Gefühl geben

Genauso, wie wir die guten Dinge im Leben und Alltag sehen sollten, sollten wir sie auch bei uns selbst suchen, uns niemals schlechtreden, sondern uns lieber selbst stärken, gut mit uns reden und umgehen. Darum möchte ich euch zum Abschluss noch ein paar Sätze mit auf den Weg geben, wenn es mal nicht so gut läuft. Ihr könnt natürlich auch ganz eigene, individuelle kreieren. Sagt diese Sätze laut zu eurem Spiegelbild. Von Bedeutung ist, dass ihr euch glaubt, was ihr da sagt. **Denn dann werden diese Sätze zu euren Wahrheiten.** Die Sätze können auch fortgeführt werden, ihr sagt also beispielsweise: »Ich verdiene Liebe, weil ich ein empathischer Mensch bin und auch an andere denke« oder »Ich bin stark, weil ich ein Kind geboren habe«.

Ich bin genug.

Ich verdiene Liebe.

Ich bin stark.

DIE EIGENEN BEDÜRFNISSE
ERKENNEN

Natürlich ist nicht nur wichtig, wie wir mit uns selbst umgehen, sondern auch, wie wir unser Umfeld behandeln. Wir sollten uns von Zeit zu Zeit fragen: Wo stehe ich mit meiner **Ehrlichkeit und Loyalität** Freunden und Freundinnen, Kollegen und Kolleginnen und der Familie gegenüber auf einer Skala von 1 bis 10? Wenn du bei jedem ein Kreuzchen bei 1, 2 oder 3 machst, solltest du vielleicht einmal darüber nachdenken, ob das ausreichend ist. Natürlich ist keine von uns Mutter Teresa, und wir schauen in den allermeisten Fällen auf uns und unseren Mehrwert. Aber bei unserem nahen Umfeld, bei den Menschen, die wir zu unseren Five Best zählen, sollten wir einen ähnlich hohen Maßstab an Ehrlichkeit und Loyalität ansetzen wie uns selbst gegenüber.

Ehrlichkeit und Loyalität unseren Liebsten gegenüber führt uns unweigerlich zu folgender Frage (die zu beantworten nicht immer angenehm ist, aber ihr müsst es ja nicht laut aussprechen): Wenn ihr ganz ehrlich seid, seid ihr dann eher **jemand, der den Menschen etwas gönnt,** der es toll findet, wenn andere erfolgreich sind? **Oder seid ihr im stillen Kämmerlein neidisch,** wenn es zum Beispiel bei der Kollegin besonders gut läuft, und fühlt euch nicht gesehen und ungerecht behandelt?

Lasst euch gleich gesagt sein: Letztere Reaktion ist total menschlich, dieser Gedanke: »Moment mal, was ist denn hier los? Ich gebe mir superviel Mühe, habe die letzte Woche 14 Überstunden gemacht, und *sie* bekommt ein Lob, ich nichts?!« Bei allem Verständnis dafür ist aber trotzdem wichtig, diese **Reaktion bei sich ganz genau zu hinterfragen.** Womit bin ich genau unzufrieden? Mag ich die entsprechende Kollegin einfach nicht? Aber warum nicht? Oder bin ich mit dem Job an sich unzufrieden? Aber warum genau?

Hinter den meisten negativen Reaktionen auf andere Menschen

steht **die eigene Unzufriedenheit, stehen unerfüllte Bedürfnisse.** Wenn beispielsweise »Aufmerksamkeit und Lob durch andere« unser großes Bedürfnis ist und es unbefriedigt ist, wird es uns schwerfallen, Freude für andere zu empfinden, die dafür gelobt werden, dass ihnen etwas gut gelingt. Egal übrigens, ob beruflich oder privat. Dabei ändert unsere Missgunst aber nichts daran, und unser Bedürfnis bleibt genauso unerfüllt. Darum können wir uns in Zukunft in Situationen wie der in unserem Beispiel genannten lieber vorsagen: »Wie schön für meine Kollegin, dass gesehen wird, was sie leistet! Das schmälert aber nicht meinen Wert.« Oder: »Ich kümmere mich jetzt auch darum, dass es mir genauso geht.« Das ist zum einen gut für unser Karma, und außerdem verschwenden wir keine Energie mit negativen Gedanken.

Wir sollten uns zudem konstruktiv fragen: **Was ist mir wichtig im Leben oder gezielt im Job?** Wohin möchte ich mich entwickeln, was will ich bei der Arbeit erreichen? Und warum habe ich es noch nicht geschafft, beziehungsweise was muss ich tun, um mein Bedürfnis zu befriedigen? Wann bin ich zufrieden und glücklich? Das hat übrigens sehr häufig gar nichts mit mehr Geld oder Luxus zu tun, aber dazu kommen wir noch.

Um zu erkennen, was unser wahres und vor allem unerfülltes Bedürfnis hinter einer wie auch immer gearteten »negativen« Reaktion ist, hilft es, wenn wir uns in der konkreten Situation fragen: **Was stört mich eigentlich (an jemandem oder an einer Situation) und warum?**

In dem Beispiel mit der gelobten Kollegin könnte es sein, dass wir nicht viel von uns selbst halten. Dass wir uns vorsagen: »Egal, wie viel ich schufte, es ist nie genug, weil *ich* einfach nicht gut genug bin.« Unser Bedürfnis wäre also die Stärkung unseres Selbstwerts durch Aufmerksamkeit, Lob, Gesehenwerden. Oder das Nichtgönnen erwächst aus einem Ungerechtigkeitsempfinden: »Ich habe viel mehr geleistet, warum sieht mich keiner?« Vielleicht sogar, weil die besagte Kollegin hinter unserem Rücken schlecht über uns redet: »Wieso bekommt ausgerechnet diese doofe Kuh ein Lob? Das hat sie nicht verdient.« Dann ist unser Bedürfnis womöglich tatsächlich, sie zu »bestrafen«.

Wenn wir unser eigentliches Gefühl und Bedürfnis hinter unseren negativen Gedanken erkannt haben, können wir versuchen, in Zukunft anders auf eine solche Situation mit der Kollegin zu reagieren; weniger nach außen gewandt, weniger missgünstig und neidisch ihr gegenüber. Stattdessen sollten wir versuchen, unser eigentliches Bedürfnis zu befriedigen. Möglicherweise müssen wir auch alte Glaubenssätze verändern. Einer könnte vielleicht lauten: »Die anderen können alles viel besser als ich. Kein Wunder, dass ich immer leer ausgehe.« Diesen Satz könnten wir umwandeln in: »Ich gönne meinen Mitmenschen ihren Erfolg, er hat nichts mit mir zu tun. Ich bin selbst für meinen Erfolg verantwortlich. Ich bin wertvoll, ich leiste gute Arbeit. Es reicht mir, wenn ich weiß, dass ich gute Arbeit geleistet habe.« Vielleicht kommen wir aber auch zu der Erkenntnis: »Meine Kollegin hat schlecht über mich gesprochen, darum gönne ich ihr das Lob nicht. Dabei hat das eine nichts mit dem anderen zu tun. Ich werde das aus dem Weg räumen.« Oder es fällt uns auf: »Meine Arbeit bringt mir gar keine Freude, ich fühle mich nicht am richtigen Platz.« Denn das strahlen wir in einem solchen Fall natürlich auch aus und motivieren dann niemanden dazu, uns zu sehen und anzuerkennen. Das müssen wir zuallererst selbst tun.

Das Problem ist also nicht die Kollegin, ich muss es leider so sagen, **das Problem liegt immer bei einem selbst.** Und genau dieses Problem müssen wir suchen und finden. Wenn wir es nämlich herausgefiltert haben, können wir uns darum kümmern, es aus der Welt zu schaffen. Bei der Suche nach einer Lösung sollten wir möglichst zielorientiert vorgehen – und bumms ist alles fein, und wir stehen nicht mehr uns selbst oder anderen im Weg, sondern *gehen unseren* Weg. Und das sollten wir unbedingt tun, denn **eine negative und missgünstige Einstellung** ist nicht nur den meisten Menschen gegenüber unfair, sie **tut auch uns überhaupt nicht gut** und bringt uns überhaupt nicht voran. Auf die Macht der Gedanken sind wir ja bereits eingegangen.

WER FINDET DAS LEBEN SCHÖN? HÄNDE HOCH!

Wir haben uns bereits die innere Einstellung uns selbst gegenüber angeschaut, und wie wir uns anderen gegenüber verhalten und warum. Aber natürlich ist unsere innere Einstellung wichtig *allem* gegenüber: uns selbst, unseren Mitmenschen, dem, was wir tagtäglich tun – dem ganzen Leben gegenüber. Darum sollten wir uns alle jetzt einmal die ganz ehrliche Frage stellen: **Was denkst du wirklich, wirklich, wirklich über das Leben?** Siehst du die Dinge eher positiv, und gehst du optimistisch in den Tag? Oder siehst du meist schwarz, *reagierst* nur auf Dinge, die dir passieren, und steckst lieber den Kopf in den Sand, weil ohnehin alles ungerecht ist?

Diese Grundeinstellung dem Leben gegenüber färbt unseren gesamten Alltag, jeden unserer Schritte, vom Aufstehen bis zum Schlafengehen – und das Gesetz der Anziehung tritt wieder in Kraft. Und diese Einstellung formt natürlich auch unsere Gedanken und damit unsere Taten, kurzum: unsere ganze Persönlichkeit. Alles, was wir denken und wie wir die Dinge angehen und sehen, spiegelt sich von innen nach außen wider. Wenn wir optimistisch und selbstbewusst etwas Neues anpacken, wird es uns leichter von der Hand gehen, als wenn wir von vornherein denken: »Das wird sowieso nichts.« Und ist es nicht eigentlich ein sehr schönes Gefühl, dass wir offenbar so vieles selbst in der Hand haben?

Schaffen wir es, schon am Morgen **mit einem Lächeln im Gesicht aufzustehen** und uns zu sagen: »Mir geht es gut, ich freue mich auf das, was vor mir liegt, alles wird gut«, ist das schon die halbe Miete. (Das Lächeln darf, sofern es für euch ungewohnt ist, am Anfang ruhig ein »Fake Smile« sein. Damit ist gemeint, dass wir uns selbst im Spiegel zulächeln, auch wenn wir uns vielleicht gerade gar nicht danach fühlen. Unser Gehirn erkennt dann: Der Mensch lacht, also geht es ihm gut, also schütte ich Glückshormone aus. Je öfter ihr es ausprobiert, umso mehr wird es aber ein Lachen von Herzen.) Wir treten dann optimistisch gestimmt vor die Tür, gehen die Dinge kraftvoller an und **ziehen damit auch Positives von außen an.** Habt ihr schon einmal probiert, den Supermarkt lächelnd zu betreten, einen guten Tag zu wünschen und auch einmal jemanden an der Kasse vorzulassen? Wir bekommen nur Gutes, Freundlichkeit und ein Lächeln zurück. Das macht unglaublich gute Laune und schenkt Energie, großes Indianerehrenwort!

DIE SCHÖNSTMÖGLICHE ZUKUNFT

Apropos »das Leben schön finden« und »positiv denken«: Lasst uns versuchen, **uns unsere Zukunft immer so schön wie möglich vorzustellen, wünscht euch für eure Zukunft nur Gutes und Positives.** Ich weiß, das klingt viel einfacher, als es tatsächlich ist. Denn leider tauchen manchmal ganz gruselige Dinge in unserer Vorstellung auf, die unsere Zukunftsängste noch verstärken und uns sogar dazu bringen können, am liebsten gar nichts Neues mehr zu wagen.

Merkwürdigerweise tun wir Menschen uns leichter damit, uns die negativen Dinge zu merken, uns wahre Horrorszenarien auszudenken, als erst einmal vom Guten auszugehen. Kennt ihr noch dieses Gefühl aus der Schulzeit: »Ich habe auf jeden Fall eine Sechs geschrieben! Auf jeeeden Fall! Wenn überhaupt!«?, und dann war es doch eine Vier minus. Oder heute, wenn der

Chef uns zu einem Gespräch bittet und wir gleich denken: »O Gott, ich werde gefeuert!«, obwohl wir uns nichts haben zuschulden kommen lassen; und dann möchte er uns nur persönlich über die neuen Hygieneregeln informieren und darüber, wie wichtig ihm die Einhaltung derselben ist und dass er uns als verantwortungsvolle Mitarbeiterin damit betreuen möchte.

Schwarzmalerei ist übrigens leider bei Frauen besonders verbreitet. Wir sind einfach so gestrickt, dass wir fünfzigmal um die Ecke denken und uns alle möglichen (und unmöglichen) Szenarien ausdenken. Das ist so, weil wir oftmals andere Teile unseres Gehirns bemühen als die Männer. Bei einem Experiment wies man einmal männliche wie weibliche Testpersonen dazu an, eine Weile an nichts zu denken. Dabei lagen die Probanden auf einer Liege, und ihr Kopf steckte in der Röhre eines Positronen-Emissions-Tomografen, der die Aktivität des Gehirns während dieser Zeit aufzeichnete. Es zeigte sich: Auch in dieser Ruhephase war bei den männlichen Testpersonen ein Teil des Gehirns aktiv, der sehr, sehr alt ist und schon bei den Reptilien vorkam. Diese Region kontrolliert bis heute unsere fundamentalen Reaktionen wie Nahrungsaufnahme, Fortpflanzung, auch Wut, Kampfbereitschaft oder aber Fluchtinstinkt. Bei den meisten Probandinnen war hingegen eine Aktivität in der evolutionär eher jungen Großhirnrinde zu sehen, wo die kognitiven, die »höheren« Gehirnfunktionen angesiedelt sind, die uns in der heutigen modernen Zivilgesellschaft sehr nützlich sind, um uns zu unserer Umwelt in Beziehung zu setzen. Dazu zählt zum Beispiel auch die Entstehung von Gefühlen.

Genau dieser offenbar automatisch in uns ablaufende Prozess könnte uns Frauen dazu bringen, uns ab und zu durchaus etwas zu viele und auch eher beunruhigende Gedanken zu machen. **Vielleicht könnten wir uns von Zeit zu Zeit eine Scheibe des männlichen Verhaltens abschneiden, um unserem kreativen Fünfzigmal-um-die-Ecke-Denken Einhalt zu gebieten.** Denn: Ab der zweiten

Ecke ist die Geschichte meist schon anders ausgegangen, als wir sie uns ausgemalt haben. Also haben wir neunundvierzig Ecken zu weit und umsonst gedacht und Energie verschenkt.

Ich mache es darum mittlerweile so: **Ich stelle mir meine Zukunft einfach so toll wie möglich vor und plane gar nicht mehr weit voraus.** Ich lasse die Dinge auf mich zukommen und versuche, aus der tatsächlichen Situation, die es dann wird, das Beste zu machen. Mehr bleibt uns am Ende doch ohnehin nicht übrig.

UNSER UMFELD:
SOZIALE BEZIEHUNGEN
SOLLTEN UNS STÄRKEN

Es ist von großer Bedeutung, dass wir uns mit Menschen umgeben, die uns gut behandeln, die uns stärken. Wir sprachen im Kapitel zum Selbstwert schon sehr ausführlich über den Einfluss anderer Menschen auf uns und unseren Selbstwert, unsere Einstellung.

Ich finde, man kann daran, wie jemand andere Menschen und generell alle Lebewesen behandelt, sehr gut ablesen, wie dieser jemand tickt. Das ist nicht ganz unerheblich, wenn wir zum Beispiel eine Zusammenarbeit mit diesem Jemand planen oder auch den Beginn einer Freundschaft. Es ist doch hilfreich, absehen zu können, was da vielleicht in Zukunft auf uns zukommen könnte; oder auch nicht, wenn wir uns am Ende doch noch gegen die Zusammenarbeit (oder Freundschaft) entscheiden.

Ich zumindest fahre immer gut mit der Prämisse: **Wie jemand in einem Restaurant den Kellner behandelt, sagt viel mehr über ihn aus als sein Verhalten gegenüber dem Chef des Ladens.** Mehr brauche ich dazu gar nicht zu sagen, oder? Mein Tipp fürs Zusammenarbeiten jeglicher Art ist darum: Geht vorher einmal gepflegt zusammen essen. Da sind Zeit und Geld auf jeden Fall gut investiert.

DER WERT WAHRER FREUNDE
UND FREUNDINNEN

Wer sind **unsere Five Best,** unsere fünf besten Freunde und Freundinnen? 500 000 Freunde zu haben, bringt uns vielleicht auf Instagram und TikTok nach vorn, ansonsten aber nicht voran. Ich meine **Menschen, mit denen wir ernsthaft gern privat Zeit** verbringen, ohne irgendwelche Hintergedanken. **Weil sie uns bereichern, glücklich machen, zum Lachen bringen, trösten, bestärken.**

Wenn ich ganz ehrlich bin, habe ich »nur« drei beste Freundinnen – und die reichen mir vollkommen aus. Es macht mich unglaublich glücklich und stolz, sie meine Freundinnen nennen zu dürfen. Denn es sind Menschen, auf die ich mich zu hundert Prozent verlassen kann. Und ist das nicht schon richtig, richtig viel? Ich finde, ja.

Also, Hand aufs Herz: Wer sind eure besten Freundinnen und Freunde? Die ihr zu eurem Geburtstag in kleinster Runde einladen würdet, die ihr bei Schiffbruch retten und auf eine einsame Insel mitnehmen würdet. Wer wäre das?

Das ist darum wichtig, sich klarzumachen, weil wir natürlich auch **immer eine Art Spiegelbild sind von Freundinnen** oder auch Verwandten oder Arbeitskolleginnen. Eben von all den Menschen, mit denen wir oft zusammen sind, mit denen wir viel sprechen, deren Meinung wir häufig hören. Auch das setzen wir irgendwann als Glaubenssätze um. Darum ist es so immens wichtig, dass **die Menschen, die uns besonders nahe sind, uns guttun und uns in unserem Selbstwert bestärken.**

Sollten wir Menschen in unserem Freundes- und Bekanntenkreis haben, die uns ständig kritisieren, uns herunterziehen mit ihrem immerwährenden Drama und ihrer schlechten Stimmung, uns mit vermeintlich gut gemeinten Ratschlägen metaphorische Ohrfeigen geben, dann sollten wir uns weniger auf diese konzentrieren und stattdessen viel mehr auf unsere Five oder Three oder vielleicht nur One Best.

Du bist auch, wem du folgst

Kommen wir zu einem kurzen Unterpunkt des Themas »Freunde«. Unser Leben hängt an Social Media, und fast alle arbeiten heutzutage damit, denn **die sozialen Medien sind unsere visuelle Visitenkarte.** Damit zeigen wir, was wir treiben.

Aber auch hier ist wichtig und hilfreich, einmal genau zu schauen: Wem folge ich eigentlich alles? Bei welchem Menschen und seinen Inhalten und Themen fühle ich wirklich eine Art Verbindung, mit wem identifiziere ich mich vielleicht sogar? Wen finde ich wirklich gut? Und wem folge ich, obwohl ich ihn oder sie eigentlich uninteressant finde oder obwohl ich seine/ihre Meinung und den Blick auf die Dinge überhaupt nicht teile? Auch das ist in Maßen völlig in Ordnung, um sich ein bisschen zu reiben. Aber überhandnehmen sollte auch in den sozialen Medien niemals das Negative und Lästerige. Das erzeugt schlicht keine guten Stimmungen in unserem eigenen Leben. Denn diese Kanäle sind heutzutage ein wichtiger Teil davon. Sie haben durchaus das Zeug dazu, unsere Einstellung zu formen und zu verändern und so unseren Tag zu prägen.

Also gilt auch hier: Flöht möglicherweise einmal die Liste eurer Abonnements durch und siebt sie aus mit der Frage im Hinterkopf: **Wer sind meine Top 500 bei Social Media?** (Ja, das dürfen etwas mehr als fünf sein!)

Never Give Up!

Als krönender Abschluss in dieser Reihe von Stellschrauben, die richtig angezogen dazu führen, dass wir uns, als Basis für Erfolg, »gesund« und glücklich und stark fühlen, gehört: **Gebt niemals auf.** *Never Give Up*. Das ist unser Grundgedanke, den wir nie vergessen dürfen. Auf ihm baut alles andere auf: Wir sollten niemals aufgeben, egal, was passiert, egal, was auf uns zukommt, egal, in welch schlimmer Situation wir stecken.

Ich weiß, manchmal ist es nur zu verführerisch, einfach die Flinte ins Korn zu werfen und zu sagen: »Ich kann und will nicht mehr!« Aber wir haben nur dieses eine Leben, und darum ruft euch beim nächsten Hinfallen selbst laut zu: »Ich stehe wieder auf! Ich bleibe dran! Ich gebe nicht auf – *Never Give Up!*«

KAPITEL 6

So erreichen wir unsere Ziele

Es klang bei der einen oder anderen Stellschraube bereits an: Nur wenn wir wissen, was unsere wahren Bedürfnisse sind, und wenn wir sie erfüllen, können wir glücklich sein, ausgeglichen, uns nach außen und uns selbst gegenüber fair verhalten und wohlgesinnt sein. Anhand dieser Bedürfnisse können wir sehr gut erkennen, was uns wichtig ist, und unsere **Lebensziele** daraus ableiten. Denn nur wenn wir konkrete Ziele haben, können wir diese auch erreichen. Sonst laufen wir wild im Kreis herum oder aus Versehen in die falsche Richtung – und das macht uns nicht glücklich und auch nicht erfolgreich.

Ziele laut aussprechen

Wenn wir unser Ziel oder unsere Ziele gefunden haben, geht es darum, sie **bewusst und konkret zu definieren und auch gern laut auszusprechen.** Denn manchmal wird einem erst dann bewusst, ob man wirklich zu diesem Ziel steht. Damit wir uns möglichst nicht in einer Sackgasse verfransen und unnötige Energie verschwenden.

Lebensziele beschreiben die Dinge, die wir im Leben langfristig und nachhaltig erreichen wollen. Damit ist keine Bucket List gemeint, auf der Sachen stehen wie »den Mount Everest besteigen«. Es geht eher um allumfassende, große Dinge wie »Lebensglück«, »Gesundheit«, »Gelassenheit«, vielleicht auch »Managerin eines großen Unternehmens«, »Influencerin«, »sieben Kinder haben« oder »einen Nobelpreis verliehen bekommen«. Es kann aber auch der unbändige und tiefe Wunsch sein, Schlagersängerin zu werden. Und selbst wenn eure ganze Umgebung sich mit dem Zeigefinger an die Stirn tippt: Wenn es wirklich das ist, was ihr wollt, dann bleibt dran und lasst euch euer Ziel und euren Lebenstraum nicht ausreden!

Etappenziele vornehmen

Wenn ihr euer Lebensziel gefunden habt, seid **ihr auch dafür verantwortlich, dass ihr es erreicht. Dafür müsst ihr dann alles geben.** Das wird nicht alles auf einmal und sofort sein, aber steckt euch realistische **Etappenziele,** die euch zu eurem großen Ziel führen. Die Etappen sollten aufeinander aufbauen und Schritt für Schritt angegangen werden. Setzt euch bei den kleinen Zielen hin zum großen stets ein **Zeitlimit.** Das darf auch mal um eine Woche verlängert werden, aber grob solltet ihr euch an euer Vorhaben halten. Dann erlebt ihr regelmäßig Erfolgsschübe oder wisst eben ganz genau, wo es noch nicht ganz reicht und was ihr dafür noch tun könnt und müsst.

Ziele visualisieren

Und zu guter Letzt bedienen wir uns des anerkannten psychologischen Tricks des **Visualisierens.** Viele Hochleistungssportler/-innen nutzen ihn, um ihr Ziel vor einem Wettkampf im Kopf schon zu durchleben, immer und immer wieder. Dabei schütten sie tatsächlich Endorphine aus und ziehen auf eine gewisse Weise all das an, was dieses Ziel zur Realität machen kann (ihr wisst schon: das Gesetz der Anziehung).

Ihr findet, das klingt etwas zu mystisch und esoterisch? Das ist es aber gar nicht, es ist mittlerweile sogar wissenschaftlich erwiesen, dass die Methode des Visualisierens funktioniert. Und auch ich bin davon überzeugt, dass es eine sehr gute Sache ist, das eigene Ziel so greifbar und vorstellbar wie möglich zu machen, sich an ihm handwerklich abzuarbeiten, es sozusagen zu »bauen«. Aber zugegeben, es ist etwas Übungssache. So richtig gut erklären lässt es sich auch nicht, darum probieren wir es am besten einmal aus. Empfehlen kann ich es jeder und jedem von euch auf jeden Fall.

Nehmt dazu (gern großformatiges) Papier und (Bunt-)Stifte zur Hand oder Post-its und Marker, alte Zeitschriften und Kataloge, Schere und Klebstoff. Und jetzt stellt euch eure Zukunft vor, sie kann die Bereiche Familie, Freundschaft, Business, Wohnung, eigene Entwicklung und vieles mehr umfassen. **Stellt euch alles so konkret und detailliert wie möglich vor** und dann malt ein Bild (am besten eben mit Stiften auf Papier, aber es geht auch in eurem Kopf) von den Dingen, die ihr euch erträumt, und versucht auch zu spüren, wie ihr euch dabei fühlen werdet. Ihr könnt eure Wünsche und Träume auch in Zeitschriften zusammensuchen, Bilder ausschneiden und sie als Collage zusammenkleben, wenn ihr euch zum Beispiel eine bestimmte Art Haus erträumt, einen Garten, wenn ihr einen Hund haben wollt (welche Rasse, welche Farbe …?), wenn ihr Köchin in einem Sternerestaurant werden wollt oder, oder, oder … Vorlagen gibt es genug.

Euer fertiges, hoffentlich farbenfrohes Bild pinnt ihr euch dann an einen Ort, an dem ihr es möglichst täglich anschauen könnt. Und das macht ihr dann bitte auch. Ihr werdet euch wundern, was sich dadurch alles in Bewegung setzen wird …

Ich will Schauspielerin werden

Diesen Satz haben wir alle wohl schon einmal gehört oder sogar selbst gesagt. Die Schauspielerei gilt für viele als eine Art Traumberuf. Darum spiele ich anhand des Lebensziels »Schauspielerin werden« das Visualisieren desselben einmal durch:

Als Erstes nehmen wir uns also Papier, bunte Pappe, Kataloge, Zeitschriften, Schere, Buntstifte, Edding, Klebstoff zur Hand, gern auch Post-its. Und dann fragen wir uns, wie wir Schauspielerin werden möchten:

Wie wollen wir uns als Schauspielerin bewerben? Welche Frisur haben wir, welche Kleidung tragen wir?

In welchem Genre wollen wir spielen: Soap, mittelalterliche Filme …?

Welche Rolle wollen wir spielen? Was ist die Rolle unseres Lebens?

In welcher Serie, in welchem Film mitzuspielen ist unser Ziel? Was haben andere Schauspieler/-innen gemacht, um ihren Beruf zu erlangen?

Welches sind unsere Lieblingsszenen, -sprüche, -filme?

Was wären unsere Lieblingsdrehorte (Schiff, in den Bergen …)?

Unsere Antworten bringen wir dann so detailliert wie möglich auf Papier, malen sie uns in den schönsten Farben und mit den schönsten Bildern aus. Und diese Collage hin zu unserem Lebensziel schauen wir uns jeden Tag an und arbeiten sie auch gern weiter aus.

Damit verinnerlichen wir unser Ziel immer mehr und setzen entsprechend unsere Schritte im Leben. Wir versuchen täglich **drei Dinge durchzuführen,** zu üben, zu tun, die auf unserer To-do-Liste stehen, um unserem Ziel Etappe für Etappe näher zu kommen. Wir eignen uns zum Beispiel nach und nach Ausdruck, Mimik, Gestik einer Schauspielerin an, wir dürfen keine Texthänger mehr haben, gehen Texte doppelt und dreifach durch, um das Auswendiglernen zu üben. Wir trainieren uns in sozialen Fähigkeiten, zum Beispiel darin, selbstbewusst und positiv zu sein, immer an uns zu glauben. Denn wir werden als Schauspielerin ganz, ganz viele Castings meistern müssen, wir müssen es abkönnen, Absagen zu erhalten, und trotzdem optimistisch und motiviert weitermachen. Wir sollten mit fremden Menschen in Kontakt treten können, natürlich und selbstbewusst, denn wir müssen mit dem Casting-Direktor sprechen, ihm in die Augen sehen können, um einen direkten Draht zu ihm aufzubauen, schließlich soll er sich ja an uns erinnern. Natürlich müssen wir uns auch darum kümmern, wo wir uns weiterbilden können, was für Zertifikate und Auszeichnungen wir vielleicht erreichen können, wo wir uns bewerben können und, und, und.

Und wenn wir dann wirklich diszipliniert sind auf unserem Weg, Schauspielerin zu werden, wird zeitgleich auch wieder das Gesetz der Anziehung ins Spiel kommen, und eins wird zum anderen führen.

Ein kleiner Mutmacher

Allen, die am liebsten den Kopf in den Sand stecken wollen, weil sie denken: »Gülcan ist wie eine kleine tapfere Ritterin voranmarschiert, die wusste schon immer genau, was sie wollte. Aber ich, ich habe immer noch keinen Schimmer!«, denen kann ich sagen: Nein, das ist Gülcan *nicht*. Ich wusste zum Ende der Schulzeit noch überhaupt nicht, was ich werden wollte. Darum habe ich damals im Berufsinformationszentrum (BIZ) diesen Test gemacht, bei dem man Dinge aufschreibt wie »Ich bin gern mit Menschen zusammen«, »Ich kommuniziere gern mit anderen«, »Ich mag gern mit meinen Händen arbeiten« und Ähnliches. Ich habe also diesen ganzen Fragebogen beantwortet und ausgefüllt. Dann saß ich dem Berater gegenüber, der meine Antworten ausgewertet hat, und der guckte mich an und sagte ganz ernst: »Also, es ist ganz klar, dass zu Ihren Fähigkeiten und Wünschen der Beruf der Dachdeckerin passt.« Ich muss immer noch lachen, wenn ich daran denke. Heute würde ich sagen, in der Region fehlten einfach ein paar qualifizierte Dachdecker/-innen. Aber damals stand ich da wie der Ochs vorm Berg und fragte mich: »Dachdeckerin?! Wirklich?« Ich habe das natürlich nie ernsthaft in Erwägung gezogen, denn mein ganz klares Gefühl war in dem Moment: Auch wenn ich gern einmal ein paar Dinge zusammenschraube, Glühbirnen auswechsle oder Kleinigkeiten im Haushalt repariere, ist der Beruf der Dachdeckerin sicherlich nicht das Richtige für mich. Doch auch dieses Wissen war etwas wert, denn so wusste ich schon mal, in welche Richtung ich mich auf keinen

Fall beruflich entwickeln wollte. Also bin ich weiter auf die Suche nach mir selbst gegangen.

Was ich damit zeigen will: Ich bin nicht eines Tages aufgewacht, aus dem Bett gefallen und stand mit beiden Beinen im Leben und wusste genau: So bin ich, das kann ich gut und das will ich werden! Jede und jeder muss diesen Weg der Erkenntnis gehen, dabei immer schön rechts und links gucken und einsammeln, was gut zu einem passt.

KAPITEL 7

Meine ganz persönliche Erfolgsformel

Ich kann euch sagen, dass ich all die vorher genannten Punkte in meinem Leben angegangen bin. Ich habe alle Stellschrauben ordentlich nachgezogen, für die eine brauchte ich mehr, für die andere weniger Kraftaufwand. Das hat eine ganze Weile gedauert und mich auch viel Konzentration und Energie gekostet, aber am Ende habe ich dafür so viel zurückbekommen. **Ich bin heute eine selbstbewusste, erfolgreiche, selbstständige und glückliche Frau.**

Damit ich aber nicht stehen bleibe in meiner Entwicklung – denn ich will mich immer, immer weiterentwickeln –, habe ich mir mit der Zeit meine ganz eigene Erfolgsformel erarbeitet. Mit der schaffe ich es, alle meine Ziele zu erreichen. Bisher war sie ein großes Geheimnis – aber das Thema dieses Buches gebietet es, dass ich sie euch hier und heute verrate.

Meine persönliche Erfolgsformel besteht aus **sechs Punkten,** und einige von ihnen habt ihr bereits kennengelernt, hier übertrage ich sie noch einmal ganz konkret auf mich und mein Leben.

Erstens: Gehe voran!

Heute sagt man gern: Bewege dich heraus aus deiner Komfortzone. Ich sage: Hoch mit der Kiste und runter von der Couch! Und ich meine damit, dass ich **Dinge, die mich interessieren, gern einfach ausprobiere.** Davor überlege ich mir natürlich: Wohin will ich, was ist mein Ziel mit dem, was ich da angehe? Wir sprachen schon darüber. Eine gewisse Zeit der Planung und Organisation ist nun einmal notwendig, wenn man etwas Neues anpackt. Aber zu lange auf etwas herumzudenken, bevor man es probiert, führt einen nirgendwohin und hält nur auf. Dieses **Nicht-mutig-Sein, Nicht-vorwärts-Gehen hindert uns im Leben daran, uns weiterzuentwickeln, neue Dinge zu entdecken, besser zu werden und vielleicht sogar ein verstecktes Talent aufzuspüren.** Oft sind unsere gewohnten Denkmuster und unsere Vorsicht vor dem Unbekannten Grund dafür, dass wir stehen bleiben. Das ist wieder so ein Urinstinkt des Menschen, der in der Steinzeit seine Berechtigung hatte und vielleicht auch heute noch in bestimmten Situationen ... Geht es aber um unsere eigenen Entfaltungsmöglichkeiten, ist es einfach grandios, wenn wir es schaffen, diese Unsicherheiten und Vorbehalte hinter uns zu lassen und etwas zu wagen.

Also nehme ich eine neue Sache lieber so schnell wie möglich in die Hand, gehe vorwärts, gehe voran. Ich werde dann schon sehen, wohin es mich führt, ob ich es weiterverfolge oder doch lieber wieder ad acta lege. Dann weiß ich zumindest, worüber ich in Zukunft nicht mehr nachdenken muss.

Zweitens: Überlege dir Ziele

Es gibt bestimmt Menschen, die sind sich darüber schon sehr früh in ihrem Leben im Klaren, ich habe bis Mitte zwanzig gebraucht, um zu wissen: Dahin soll meine Reise gehen.

Nach dem Schulabschluss habe auch ich mir natürlich überlegt, was ich beruflich machen und wo ich leben möchte. Aber irgendwie waren das alles die falschen Fragen. Ich merkte, dass es nicht um einen bestimmten Ort geht, wenn ich überlege, was mich glücklich macht, auch nicht wirklich darum, mit wem ich da bin oder was ich beruflich mache ... Das war zumindest nicht das, was ich als Lebensziel definieren wollte.

Ihr wisst schon, dass ich eines Tages sehr deutlich spürte – nachdem mein Chef mir das unmoralische Angebot gemacht hatte –, was für mich tatsächlich wichtig war: **Ich wollte eine selbstbewusste und starke Frau sein, die sich ihr Leben so frei und interessant gestalten kann, wie sie möchte, und die Zügel selbst in**

der Hand hat. Ich wollte frei arbeiten, trotzdem viel und hart, um mir den Lebensstandard, den ich mir wünschte, **unabhängig von anderen Menschen** ermöglichen zu können. Mir das vorzustellen, war schon damals ein sehr gutes Gefühl – und das ist es bis heute. Dabei kommt es mir übrigens gar nicht so sehr darauf an, was genau ich mache, sehr wohl aber, dass ich bei allem immer mit mir selbst im Reinen bin.

Gerade in Partnerschaften gibt es ganz verschiedene Arten der Abhängigkeit, das muss nicht immer finanziell sein. Und ich merke, dass viele dieser Beziehungen schwierig sind. Meiner Meinung nach kann eine **stabile Partnerschaft auf Augenhöhe** dann stattfinden, wenn du genau weißt, was du selbst auf deiner Habenseite hast. Und natürlich gehört zu einer guten Beziehung auch, dass man sich liebt und schätzt, das wollen wir nicht außen vor lassen. Eine Garantie will ich hier aber auf keinen Fall aussprechen – kommt also in ein paar Jahren nicht auf die Idee, euch bei mir zu beschweren, wenn es bei euch trotz »Zügel in der Hand haben« doch nicht so gut geklappt hat. Im Ernst: Ich bin davon überzeugt, dass es immer gut ist zu wissen: **Was ist *mein* Ziel im Leben, und wie kann *ich* es erreichen?**

Dass Ziele realistisch sein sollten und in Etappen aufgeteilt, haben wir bereits im vorangegangenen Abschnitt besprochen. Mein realistisches Ziel war damals als Moderatorin zum Beispiel *Bravo TV* und die *Bravo Super Show* zu moderieren. Es wäre ein unsinniges Ziel gewesen, im schwedischen Fernsehen die Nachrichten sprechen zu wollen. Vielleicht hätte ich das sogar erreicht, aber dazu hätte ich erst einmal Schwedisch lernen, nach Schweden ziehen und an Castings für schwedische Nachrichtensender teilnehmen müssen. Mein Ziel war aber durchaus erreichbar, und meine Anstrengungen hatten darum das Zeug, von Erfolg gekrönt zu sein. Gleichzeitig war es aber auch ein wirklich großes Ziel, denn *Bravo TV* und die *Bravo Super Show* galten damals als Königsklasse für eine Moderatorin in meinem Alter.

Nachdem ich es tatsächlich erreicht hatte, war mein nächstes Ziel, den Bravo Otto zu gewinnen. Das war damals der höchste Preis, der von den Bravo-Lesern und -Leserinnen und -Zuschauern/-Zuschauerinnen vergeben wurde, also ein Publikumspreis. **Ich habe mir mein Ziel so konkret wie möglich vorgestellt,** mir vor meinem inneren Auge ganz genau ausgemalt, wie es sein würde, diesen Preis zu gewinnen. Wie ich auf die Bühne gehen, was ich anhaben würde, wie ich gestylt wäre, was ich sagen würde, wenn ich den Preis in der Hand hielte. Und dann habe ich natürlich **auch alles getan, was nötig war, um auf mein Ziel hinzuarbeiten:** Ich habe an sehr vielen Bravo-Shootings teilgenommen, war hoch motiviert und engagiert, überall mit dabei, habe einfach gezeigt, dass ich mit Leib und Seele hinter der Marke »Bravo« stehe. So war ich sowohl in der Redaktion als auch bei den Lesern und Leserinnen sehr präsent. Nach zwei, drei Jahren habe ich die Trophäe tatsächlich mit nach Hause genommen.

Vielleicht hast du zum Ziel, ein Buch zu schreiben. Du malst dir genau aus, was darinstehen wird, aber auch, wie du an den Worten feilst, wie du am Schreibtisch sitzen wirst, vor deinem Laptop, eine gepflegte, dampfende Tasse Tee neben dir, eine Packung Energiekugeln in einer Schüssel auf der anderen Seite, der Blick schweift ab und zu verklärt durchs Fenster … Und ein paar Tage oder Wochen später stolperst du über einen Kollegen und eine Kollegin, der/die auch schon ein Buch geschrieben hat. Dann sprichst du – rein zufällig – mit ihm oder ihr darüber, und ihr kommt vom einen zum anderen und am Ende zu einer guten Buchagentur. Schwupps, Kontakt in der Tasche. Dann schreibst du ein Probekapitel, na gut. Und vierzehn weitere »Zufälle« später sitzt du nachts um 2.54 Uhr an den ersten Kapiteln deines eigenen Buches!

Übrigens, ich mache das bei TV-Projekten, die ich heute plane, immer noch genauso: Wenn ich ein Ziel habe, dann kreiere ich mir aus Farben, Formen, Mustern, Pfeilen eine Collage. Mein

Büro sieht teilweise aus wie eine Post-it-Fabrik. Ihr kennt doch diese kleinen gelben Klebezettelchen? Es hält sich hartnäckig das Gerücht, die Marke Post-it finanziere sich einzig und allein durch mich. Das ist natürlich Unsinn. Da gibt es bestimmt noch zwei, drei andere. Aber es stimmt schon, ich verbrauche sehr viele davon, denn **ich visualisiere meine Ziele immer,** nicht nur im Kopf, sondern auch auf Papier oder auf dem Computer.

Drittens: Leite eine Gruppe

Lasst mich zu diesem Punkt aus dem Nähkästchen aus meiner Zeit bei VIVA plaudern, denn damit hat irgendwie alles angefangen. Nach der gefeierten Abirede ging alles sehr schnell – es fühlte sich an wie der berühmte Dominoeffekt. Wegen meines Wetteinsatzes mit meiner Schwester sprach ich vier, fünf Tage später bereits beim Casting für VIVA vor und wurde genommen. Was für eine Ironie des Schicksals, denn ihr wisst: Eigentlich hatte ich nie vorgehabt, in der Öffentlichkeit zu stehen. Ich habe von Haus aus einen eher bodenständigen Hintergrund und bewege mich gar nicht so sehr in Celebrity-Kreisen. Ohne mich hier um Kopf und Kragen zu reden, will ich damit sagen: Es war nie eines meiner definierten Lebensziele, berühmt zu werden. Ich habe den Job als Moderatorin aber auch nicht kategorisch ausgeschlossen, weil für mich beruflich alles und gleichzeitig nichts infrage kam. Und als dann eins zum anderen kam, habe ich die Gelegenheit eben beim Schopf gepackt und geschaut, wohin mich diese Chance führt.

Ich habe bei VIVA also als Moderatorin gearbeitet, aber auch in der Redaktion, habe meine Texte selbst geschrieben und auch in allen anderen Bereichen mitgearbeitet. Das war beim Sender damals so: Man war auch als Moderatorin in alle Abläufe und Arbeiten des Teams eingespannt und hat an sämtlichen Redaktionssitzungen teilgenommen. Das war toll, weil wir wie eine große Herde waren. Ich war **Teil von einer Gruppe** und habe gelernt, **wie soziales Miteinander und gemeinsames Arbeiten funk-**

tioniert, wie ich mich in einer Gruppe positioniere, wie ich mit mehreren Menschen zusammen erfolgreich arbeite.

Was ich zu dieser Zeit noch nicht gemacht habe: etwas wirklich allein auf die Beine gestellt, ein Projekt entwickelt und ein Team bei der Umsetzung geführt. Das halte ich aber für sehr wichtig für Menschen, die den eigenen Erfolg ganz klar für ihre Zukunft vor Augen haben, die selbstständig arbeiten, ein Start-up gründen, ein Unternehmen führen wollen etc. **Ich halte dieses Hin-und-her-Switchen zwischen verschiedenen Positionen für so wichtig,** weil ich glaube, dass es sehr hilfreich ist, aus verschiedenen Blickwinkeln heraus – als Teil einer Gruppe, aber auch als Leiterin einer solchen – zufrieden und erfolgreich arbeiten zu können.

Wenn du zu diesen Menschen gehörst und dir dein Job nicht ohnehin die Chance gibt, einmal eine Gruppe zu leiten, solltest du auf anderen Wegen versuchen, es zu üben. Ich habe glücklicherweise während meiner verschiedenen beruflichen Stationen immer wieder die Gelegenheit bekommen, mir diese »Chefin-Position« zu erarbeiten, indem ich mich in neue Projekte gestürzt und dafür geschuftet, manchmal gekämpft habe, um sie unter meiner Federführung mit einem Team umsetzen zu dürfen. So war die Show *Gülcan und Collien ziehen aufs Land* zum Beispiel meine Idee, mein eigenes Projekt, ebenso *Gülcans Bootcamp*.

Viertens: Charisma

Wir können es vielleicht auch »Ausstrahlung« oder »Aura« nennen, ich finde jedoch, »Charisma« ist ein schön allumfassendes, irgendwie mystisches Wort. Aber was genau ist eigentlich Charisma? Das Wort stammt aus dem Griechischen und bedeutet übersetzt »Gnadengabe« oder »Geschenk«, in der christlichen Tradition wird es als eine »von Gott geschenkte Gabe« angesehen.

Ich unterschreibe sofort, wenn jemand meint, Charisma sei manchem einfach in die Wiege gelegt. Ja, das ist so. Bestimmt. Es gibt Leute, die kommen in einen Raum, egal, ob geschminkt und gestylt oder nicht, ob sie objektiv besonders schön sind oder nicht, das hat damit nichts zu tun – die kommen herein, und es macht »bämm«. Wirklich, das gibt es. Aber es gibt auch Personen, die sind nicht schon mit einer Riesenportion Charisma geboren worden, die haben es sich erarbeitet. **Ich glaube fest daran, dass jede und jeder daran arbeiten kann, etwas von diesem mystischen Charisma zu besitzen.**

Charisma beschreibt für mich eine Mischung aus Ausstrahlung, Selbstwert, innerer Einstellung, aus Intelligenz und Wissen, aus allem, was wir in uns vereinen. Und das sind doch alles Dinge, die wir in der Hand haben, bei denen wir uns weiterentwickeln können. Das Leben ist nun einmal eine Entwicklung an sich. Und wir können vieles immerwährend noch verbessern. Auch ich bin heute noch nicht fertig mit meiner Entwicklung. Ich lebe im Moment eine Version von mir, mit der ich sehr zufrieden bin. Aber ich hoffe darauf, dass ich in ein paar Jahren in allen Bereichen im Leben, die mir wichtig sind, *noch* besser bin.

Bevor ich noch lange um den heißen Brei herumrede, hier ein paar Tipps, wie wir ganz konkret an unserer charismatischen Ausstrahlung arbeiten können:

- 🔘 Wenn du in einen Raum kommst, stehe gerade. **Richte dich auf,** mach dich nicht klein.
- 🔘 Und noch etwas: Es hört sich vielleicht wie eine Kleinigkeit an, aber das ist es nicht: **lächle.** Grinse nicht wie ein Honigkuchenpferd, das wirkt übertrieben und aufgesetzt, aber grundsätzlich sollten wir eine **positive Ausstrahlung,** einen freundlichen Gesichtsausdruck an den Tag legen, wenn wir einen Raum betreten.
- 🔘 Da sind wir auch ganz schnell wieder bei der **Einstellung uns selbst gegenüber** und dem Gesetz der Anziehung. Wenn wir im Vorfeld denken: »O Gott, ich gehe gleich in diesen Raum, und was ist, wenn alle mein Outfit furchtbar finden? Oder

sogar mich? Passe ich hier rein? Bemerken die mich eigentlich? Will ich das überhaupt? Nein. Doch! Aber wenn, dann natürlich nur ganz positiv!«, kommen wir mit einem Wirrwarr im Kopf in den Raum gerollt wie eine Rosinenschnecke, und keiner weiß, was er mit uns anfangen soll. Wenn wir uns aber vorher sagen: »Ich bin ein guter Mensch, ich bin nett, ich bin lustig, erzähle noch eine witzige Anekdote, die mir eben an der Bushaltestelle passiert ist. So schlimm kann das doch nicht werden. Und die Leute, die hier sind, sind sicherlich nette Menschen, die mir nichts Böses wollen«, dann ist das schon die halbe Miete – das verspreche ich. **Die Macht der Gedanken ist wirklich der absolute Wahnsinn!**

Fünftens: A wie Alleinstellungsmerkmal

Bei diesem Punkt geht es darum, herauszufinden: **Was kann ich besonders gut?** Weil es um meine persönliche Erfolgsformel geht, werde ich ein bisschen von mir erzählen – das habe ich noch gar nicht gemacht. Haha.

Ich komme noch einmal zurück auf meine zufällige Abirede, denn das war ein Moment in meinem Leben, in dem ich gemerkt habe, dass es mir unglaublich viel Spaß macht, mich vor Menschen hinzustellen, sie zu unterhalten, eine gute Zeit mit ihnen zu haben. Ich mag es, wenn wir voneinander profitieren: das Publikum, weil ich es entertaine und zum Lachen bringe, und ich selbst, weil ich die positiven Reaktionen der Menschen auf meine Performance bemerke.

Und das ist **mein Alleinstellungsmerkmal.** Genau das wollte ich ausbauen, daran feilen, daran arbeiten und es verbessern – **meinen ganz persönlichen Unique Selling Point, meinen** USP: Das, was ich besonders gut kann, weil es mir besonders viel Freude bereitet.

Natürlich kann jede und jeder von uns in der Regel mehrere Dinge gut, hat vielleicht auch verschiedene Interessen. So hätte ich auch gleich ein Studium beginnen können oder schauen, was das Leben sonst noch für mich bereithält. Aber ich finde es viel, viel wichtiger, **auf die innere Stimme zu hören,** wenn wir uns einer Sache sicher sind. Auch wenn zum Beispiel die Eltern sagen: Du musst studieren, du musst dies, du musst das. Ich kenne das, das haben meine Eltern auch zu mir gesagt. Am Ende habe ich sogar noch studiert, zu dem Zeitpunkt habe ich es dann aber auch wirklich gern getan. So habe ich letztendlich das gemacht, was meine Eltern sich gewünscht hatten, aber ich habe mir den Zeitpunkt ausgesucht und bin mir selbst treu geblieben, indem ich ein Studienfach gewählt habe, das mich interessiert und auch vorangebracht hat. Ob ich das direkt nach der Schule schon gewusst hätte? Das wage ich zu bezweifeln.

Wenn man sich jedoch vielleicht schon sehr früh ganz sicher ist, dass man Schreinermeisterin werden will, weil es einem so viel Spaß macht, einen Tisch zusammenzubauen, und man auch das Verständnis dafür hat, man also ein echter Experte auf dem Gebiet ist, dann sollte man eine Schreinerausbildung machen. **Wir sollten in unsere Fähigkeiten vertrauen.** Das meine ich ganz ernst. Denn am Ende des Tages **werdet ihr euch damit glücklich machen, wenn ihr euch selbst verwirklichen könnt,** und dann werdet ihr ein zufriedenes und ganz sicher auch ein erfolgreiches Leben leben. **Denn wenn du eine Sache sehr gut kannst, werden die Leute dich finden.** Natürlich müssen wir auch etwas dafür tun, uns Mühe geben, hart arbeiten, um die »Marke« ICH nach draußen zu tragen und bekannt zu machen. Aber es ist meine volle Überzeugung: Es ist möglich, mit allem, was es auf der Welt gibt, erfolgreich zu werden und dabei noch glücklich zu sein.

Sechstens: *Never Give Up!*
Schon wieder. Und es wird auch noch mal auftauchen in diesem Buch. Und noch mal. Und noch mal. Denn das Motto »*Never Give Up!*« ist einfach schon immer ein **ganz fester Teil meiner Erfolgsformel** gewesen.

Meine Workshops und Präsentationen in Firmen, die mich für meine Erfolgsstory der Marke »Gülcan« buchen, beschließe ich stets mit den Worten: »**Man muss immer dranbleiben, weitermachen, sich stetig verändern und anpassen. Und dabei sich selbst treu bleiben und seine Ziele nicht aus den Augen verlieren.**« Egal, ob ich mit Unternehmerinnen spreche oder mit Auszubildenden, die erfolgreich werden wollen – das betrifft alle, und das können alle.

Und jetzt kommt der Clou. Wenn ihr euch die Anfangsbuchstaben der Überschriften meiner sechs Erfolgselemente anschaut, ergeben sie zusammengenommen was? Exakt: GÜLCAN. Meinen Namen. Es ist eben meine ganz persönliche, eigene Erfolgsformel. Und ich bin davon überzeugt, dass auch jede und jeder von euch mit ihrem und seinem eigenen Namen ihre und seine ganz individuelle Formel kreieren kann, die sie und ihn auf ihrem und seinem Weg, erfolgreich und glücklich zu sein, eng begleitet und unterstützt.

Vielleicht lasst ihr euch durch mich inspirieren, das würde mich natürlich freuen. Es geht aber vor allem darum, **seinen eigenen Weg zu finden**. An dessen Anfang und bei jeder vielleicht schwierigen Etappe zwischendurch sollte nur immer wieder stehen: *Never Give Up!*

Es ist übrigens mein großer Wunsch, unbedingt von euren persönlichen Erfolgsformeln zu erfahren. Wenn ihr also Lust habt, schreibt mir eure Erfolgsgeschichte und -formel auf Instagram: **@guelcankamps**. Ich freue mich sehr darauf! Und wenn es sich irgendwie realisieren lässt, würde ich die fünf »besten« mit in mein nächstes Buch nehmen, wenn es denn eines geben darf, oder sie anderweitig veröffentlichen.

KAPITEL 8

Verkaufe dich, ohne dich zu verkaufen

Ist das nicht ein super Spruch? Den habe ich vor Jahren spontan bei einem Workshop kreiert, den ich gegeben habe zur Marke »Gülcan«. Und wollte ihn mir immer merken. Das habe ich gemacht und ihn nun sogar in ein Buch gebracht. In mein Buch. Und genau darum geht es in diesem Kapitel: **Wie wir unsere Ziele erreichen und Träume verwirklichen, indem wir uns selbst gut verkaufen.** Aber bitte ohne Vorschlaghammer. Wie das geht, verrate ich euch auf den folgenden Seiten.

Ich habe schon recht früh verstanden und gespürt, der Ansatz »Vermarkte dich selbst as best as possible« ist höchst wichtig. Das gilt für das ganze Leben und geht schon in der Schule los, zieht sich durch den Job, auch ins Privatleben hinein, bis in die eigene Familie. Wenn eine Schülerin zum Beispiel besonders empathisch ist, könnte sie sich sichtbar machen, indem sie sich zur Klassen- und Schulsprecherin aufstellen lässt oder Events organisiert, die der Schule nach außen Strahlkraft geben, wie ein Sportevent, auf dem Spenden gesammelt werden. Mein Organisationstalent und meine Freude daran, dass die ganze Familie fröhlich beisammen ist und gemeinsam lacht, habe ich beispielsweise darüber ausgelebt, dass ich für unser Weihnachtsdinner verantwortlich war, das alle Familienmitglieder an einem Tisch versammelte.

»Vermarkten« ist in diesem Zusammenhang vielleicht etwas irreführend. Es geht darum, **sich selbst zu kennen und zu erkennen und sich dann so gut wie möglich der Welt zu zeigen.** Denn nur, wenn du dich gut kennst und dich akzeptierst, wie du bist, kannst du das Beste aus dir herausholen. Nur, indem du dich selbst analysierst, indem du weißt, was dich glücklich macht und dir guttut, wirst du besser auf Situationen (und Menschen) reagieren können, die dich herausfordern. Praktisch ist: Auf diese Art und Weise lernst du dich selbst immer besser kennen und findest immer mehr zu deinen wahren Gedanken und Gefühlen, zu deinem wahren Kern.

Anfangen möchte ich das Kapitel, indem ich ein bisschen aus meinem eigenen Nähkästchen plaudere. Ich habe mit achtzehn Jahren neben der Schule eine ganze Zeit lang in einem relativ großen Klub gearbeitet. Der hatte seine Räumlichkeiten in einem alten, herrschaftlichen Hotel mit vielen verschiedenen Sälen, auch ein Casino gehörte dazu. Dort haben regelmäßig Veranstaltungen stattgefunden, und ich habe zusammen mit einem Team als Barfrau und Cocktailmixerin gearbeitet. Es gab verschiedene Floors, nach Musikrichtung unterteilt, auf denen wir abwechselnd für die Bars zuständig waren. Je nachdem, welchem Floor ich zugeteilt war, habe ich immer versucht, meinen Tresen themengerecht aufzupimpen. War ich an der Schlagerbar, habe ich zum Beispiel Blümchen mitgebracht und eine Schale mit Schokoladentäfelchen bereitgestellt. Ich habe keine Riesenshow veranstaltet und mich auch nicht in Unkosten gestürzt, aber ich habe mich bemüht, dass alles so gut lief, wie es nur laufen konnte, dass die Leute sich wohl- und aufgehoben fühlten – und das habe ich immer gern getan. Damals war ich noch Angestellte, ich fand es trotzdem wichtig, und es gab mir ein gutes Gefühl, in meinem Bereich erfolgreich zu sein. Und das ist nach einer gewissen Zeit auch meinem Chef aufgefallen. Bei mir war die Kasse immer voller als bei meinen Kollegen und Kolleginnen. Und zwar deutlich voller. Und so hat er mir dann für fast ein Jahr eine kleine Bar von sich anvertraut, die ich führen durfte. Ich habe mich da um alles gekümmert, um die Organisation und auch um alles, was mit den Finanzen zu tun hatte. Ich hatte ihm gezeigt, dass man mir vertrauen kann, dass die Dinge, für die ich verantwortlich bin, bei mir in guter Obhut sind und dass ich versuche, sie so gut wie möglich zu vermarkten. Da habe ich zum ersten Mal in meinem Leben bemerkt: **Wenn ich ein durchdachtes Konzept zu einem bestimmten Thema, zu einem Produkt, einer Location habe, funktioniert es.** Und ich bin erst viel später darauf gekommen: Das ist Marketing! Dieses Wissen wollte ich auch für mich als Mensch nutzen. »Das muss doch funktionieren«, dachte ich mir.

Ein Konzept von sich selbst

Wir wissen, dass an die acht Milliarden Menschen auf der Welt leben, etwa die Hälfte davon ist weiblich. Das ist eine ganze Menge, nicht wahr? **Da sollte man versuchen aufzufallen, um in Erinnerung zu bleiben.** Im besten Falle natürlich positiv.

Zuallererst sollten wir dazu **uns selbst reflektieren,** damit wir genau wissen, was wir wirklich wollen. Wir haben schon ausführlich darüber gesprochen. Ich erwähne es noch einmal, denn am Ende baut alles darauf auf: **Kenne dich und das, was dich glücklich macht, und bleib bei *dir*.** Nur dann kannst du dieses gefestigte Wissen und die Überzeugung für das, was du bist und willst, auch voller Elan nach außen tragen.

Die Frage ist also: Was möchte ich in meinem Leben? Was sind meine Fähigkeiten? Es ist von großer Bedeutung, beides auf dem Schirm zu haben. Das, was wir gern im Leben machen möchten, muss übrigens gar nicht unbedingt mit den eigenen Stärken zusammenhängen, es kann auch davon abweichen. Es ist dann möglicherweise etwas schwieriger, ans Ziel zu kommen, aber versuchen sollten wir es, wenn wir etwas gefunden haben, was uns glücklich macht.

Keine Angst vor Neuem

Was ist die Basis von gutem Marketing, genauer gesagt *Selfmarketing?* Genaues Beobachten. **Offen sein für neue Ideen, sich inspirieren lassen** von Themen und Dingen und Menschen, die einem im Alltag begegnen. Ihr wisst ja, dass ich schon immer gern einen Plan hatte für mein Leben, aber auch bei mir sind so viele Dinge passiert, die ich nicht vorausgesehen habe – dann habe ich immer auch Fremdes und Neues ausprobiert, selbst wenn es für mich manchmal schwierig war und bis heute ist. Ich bleibe auch am liebsten in meiner Komfortzone, da bin ich sicher, da kann mir nichts passieren. Stimmt. Da kann uns aber auch nichts passieren, mit dessen Hilfe wir uns weiterentwickeln können. Dann werden wir vielleicht nie auf etwas stoßen, was uns unerwartet große Freude und Glück beschert, ohne dass wir je damit gerechnet hätten.

Gebt euer Zepter niemals aus der Hand

Wenn ihr also eine Antwort auf die Frage »Was möchte ich, was mache ich mit meinem Leben?« gefunden habt, kommt der nächste, sehr wichtige Schritt: Trefft eine Entscheidung. Wollt ihr studieren, ein Handwerk erlernen, die Welt bereisen, eine Sendung moderieren, Autorin werden? Was möchtet ihr für euch? Entscheidet und verfolgt es. Dabei ist die Situation, in der ihr steckt, ganz egal. **Hauptsache, ihr trefft eine Entscheidung, dann geht es auch weiter.**

Es ist nichts bedauerlicher, als vor sich hin zu leben und nur ein Spielball der Wellen zu sein, die um einen herumspülen. Dann passiert ganz schnell, dass eben nichts passiert. Und es verstreichen die Monate und Jahre.

Ich finde es nicht schlimm, eine Entscheidung zu treffen, die im Nachhinein betrachtet vielleicht falsch war – und dann die Konsequenzen zu tragen, daraus zu lernen, daran zu wachsen und sich zu verändern. Und es beim nächsten Mal anders zu versuchen. Das ist vollkommen in Ordnung, sogar hilfreich. Die andere Seite wäre, dem Leben mit Gleichgültigkeit zu begegnen, sich einfach treiben zu lassen. In einem gewissen Maße, phasenweise und in gewissen Situationen ist auch das in Ordnung, aber niemals über einen längeren Zeitraum und schon gar nicht das ganze Leben lang.

Ziele formulieren

Um auf dem richtigen Weg zu bleiben, ist es dann wichtig, seine Ziele klar zu formulieren. Wir haben schon darüber gesprochen. Zu einer bestimmten Zeit habe ich mir zum Beispiel gesagt: Ich will als Moderatorin arbeiten. Dann war es als Schauspielerin. In den letzten Jahren habe ich viel moderiert unter Ausschluss der Öffentlichkeit, Workshops gegeben. Was auch immer gerade bei mir auf dem Plan steht – Moderation, Schauspielerei, Coaching, Mamawerden und -sein –, **ich formuliere für alles immer meine persönlichen Ziele für das Jahr.** Denn nur so kann ich überprüfen: Funktioniert das, was ich mir vorgenommen habe, ist das der richtige Weg? Kann ich meine Liste abhaken? Und wenn etwas nicht stimmt, fällt es mir auf, und ich kann nachbessern.

Meiner Meinung nach ist es gerade für Frauen immens wichtig, sich bewusst zu machen, dass wir genau so wie ein Mann sagen können: »Ich will hier in dem Laden in fünf Jahren die Chefin sein, und darauf werde ich hinarbeiten.« Warum sollte das nicht klappen? Oft denken Frauen anders, sind so soft und wollen nicht unbequem sein und bloß nicht auffallen. Aber dadurch unterschätzen sie häufig ihre Talente und Fähigkeiten. Ich bin und bleibe aber fest davon überzeugt, dass wir Frauen es sind, die das Rad am Laufen halten.

Sichtbar sein

Es ist enorm relevant, sichtbar zu sein. Ihr wisst ja, acht Milliarden Menschen … Das gilt in einem großen Unternehmen, aber auch in einem kleinen Büro. Jeder und jede ist in seinem und ihrem Alltagsflow gefangen, nichts und niemand wird so richtig wahrgenommen. Damit uns das nicht passiert, können wir auf ein paar Dinge achten. Eines davon, was recht eingängig ist, ist

unser äußeres Erscheinungsbild. Das klingt im ersten Moment vielleicht oberflächlich, aber damit hat das nichts zu tun.

Lasst mich euch ein Beispiel geben: Du bist Chefin einer Abteilung und sollst eine Position neu besetzen. Es gibt zwei Personen, die in der Endrunde sind, beide sind gleichwertig qualifiziert, beide wirken sympathisch und intelligent. Es ist ein Kopf-an-Kopf-Rennen, es gibt keinen Unterschied. Außer: das Erscheinungsbild. Die eine Bewerberin sieht aus, als wäre sie gerade erst aus dem Bett gefallen, Ma Flodder, sozusagen. Die Haare sind zerzaust, die Bluse zerknittert ... Die andere ist wie aus dem Ei gepellt. Und ich wage jetzt einfach mal zu behaupten, dass wir alle genau diese Bewerberin einstellen würden. Nicht, weil wir oberflächlich sind oder Vorurteile haben. Es kann eine bewusste oder unbewusste Entscheidung sein, ganz egal. In jedem Fall ist es eine ganz natürliche. Denn diese Person zeigt uns, dass sie das Extrabisschen mehr aufbringt, das wir uns für den Job wünschen, den sie machen soll. Sie ist mindestens eine Stunde (bei mir wären es anderthalb) früher aufgestanden, um sich so tadellos zu präsentieren, wie sie es tut. Sie hat sich wirklich Mühe gegeben, damit alles sitzt.

Und weil vermeintliche Kleinigkeiten oder gar Oberflächlichkeiten einen so großen bewussten wie unbewussten Eindruck auf Menschen machen, finde ich es wichtig, dass wir uns darüber im Klaren sind und wir uns bestmöglich auch in dieser Hinsicht präsentieren, ohne dass es uns unangenehm ist.

Zum Sichtbarsein gehört auch unser Auftreten. Auch das war bereits Thema im Buch, also wisst ihr Bescheid. Hier geht es mir jetzt noch darum, anderen gegenüber bitte schön **die eigenen Stärken zu betonen,** denn damit bleiben wir ihnen im Gedächtnis. Natürlich stellt ihr euch jetzt nicht bei jeder sich bietenden Gelegenheit auf den Tisch und ruft (zum Beispiel): »Ich bin die beste Autorin der Weeeelt!« Das macht möglicherweise keinen besonders guten Eindruck, wage ich anzunehmen. Wobei ihr dann auf jeden Fall in Erinnerung bleibt … Im Gespräch mit Kolleginnen und Kollegen jedoch und auch mit Fremden könnt ihr gut einbringen, was ihr macht, was ihr könnt, was eure Stärken sind, wenn es die Situation hergibt. Dafür solltet ihr euch nie schämen und euer Licht womöglich unter den Scheffel stellen. Das alles ist Selbstvermarktung und Sich-selbst-Verkaufen. Aber ohne Selbstverliebtheit und dass am ganzen Körper kleine rote Sales-Schildchen flattern.

Investiert in euch

Es ist wichtig, in sich selbst zu investieren, in sein Äußeres und Inneres, in alle Facetten des menschlichen Daseins, was zum Beispiel auch die Weiterbildung betrifft. Ich habe das getan, ihr wisst es schon. Und auch wenn ich die Ernährungswissenschaften nicht täglich nutze und überall zum Einsatz bringe, hat das Studium doch einen ungemein positiven Effekt auf mein Leben. Ich habe mich noch einmal weiterentwickelt, habe meinen Horizont erweitert und mein Profil geschärft. (Denn, mal ehrlich, kennt ihr noch eine andere Moderatorin und Schauspielerin und Coachin, die außerdem Ernährungswissenschaftlerin ist?) Außerdem stärkt es ungemein das Selbstwertgefühl, wenn man Neues erlernt. Wie gesagt, das Selfmarketing funktioniert dann schon fast ganz automatisch – denn wir haben ja wirklich eine Menge zu präsentieren!

Geduld, Geduld, Geduld

Was ich über die Jahre festgestellt habe – ohne darin ein gutes Vorbild und Beispiel zu sein, das muss ich leider offen zugeben –, ist, dass es extrem wichtig ist, **Geduld zu haben, um Ideen und Konzepte einzubringen und umzusetzen.**

»Was hat das Vermarkten einer Idee denn mit Selfmarketing zu tun?«, fragt ihr euch vielleicht. Ich würde behaupten, Ideen, die wir versuchen in die Realität und Tat umzusetzen, sind unsere manifestierten Wünsche und Träume. Also das, was tief in uns steckt, was uns ausmacht, was uns Freude bereitet und glücklich macht in unserem Leben.

Ich habe schon davon berichtet: Bevor ich ein erfolgreiches Projekt verwirklicht habe, habe ich mindestens drei dicke Neins kassiert. So läuft es eben im Leben. Aber wisst ihr, manchmal kommen einem die richtig guten Ideen beim Laufen oder unter der Dusche – bumms, alles da, alles eigentlich schon perfekt. Und dann hapert es eben daran, jemanden zu finden, den man ebenso wie sich selbst dafür begeistern kann. Witzigerweise verinnerlichen wir aber diese Rückschläge, anstatt daran zu denken und sich daran zu erfreuen, wie leicht es uns mit der Idee gefallen ist. Und die ist immerhin die Hauptsache. Aber so sind wir Menschen: Wir merken uns leider eher die schlechten als die guten Situationen im Leben.

Ihr solltet also geduldig sein, denn auch wenn ihr eure Idee super findet, ist sie für die anderen erst mal neu und ungewohnt, sie ist ihnen möglicherweise suspekt. Was sie nicht kennen, mögen sie nicht und wollen sie auch nicht mögen müssen. Sie kennen die (natürlich sahnemäßig gute) Idee ja aber auch lange noch nicht so gut wie ihr. Mit der Zeit, wenn ihr dranbleibt, wird die Resonanz dann größer. Und irgendwann wird eure Idee, euer Konzept, euer Vorschlag positiv angenommen. Am Ende heißt es dann oft: »Ich wusste von Anfang an, dass das ein Knaller wird.« *Kameradschaftlicher Schulterklopfer*

Was ich also in der Kurzversion sagen *muss:* **Habt alle einen langen Atem, wenn ihr euch selbst oder eine eurer Ideen verwirklichen und vermarkten wollt.** Den braucht ihr. Und im besten Fall noch ein mittelmäßig dickes Fell. Das wird im Laufe der Jahre immer dicker, und irgendwann seid ihr aus dem dicken Fell herausgewachsen und habt eine Lotusblütenschicht um euch herum gebildet, an der alle Gemeinheiten und Widrigkeiten des Lebens einfach abperlen.

Dranbleiben, bis es fertig ist

Um an sich selbst zu arbeiten und zu feilen, an seinen Stärken und Ideen, um diesen rohen Diamanten immer weiter zu schleifen, halte ich es für bedeutsam und wichtig, dranzubleiben, bis man »fertig« ist. Und da mache ich auch keinen großen Unterschied, ob jemand selbstständig ist oder angestellt. **Denn am Ende des Tages ist alles, was wir machen, für uns selbst.**

Also sollten wir bei allem, was uns wichtig ist und was wir erreichen möchten, **so genau und gründlich und fleißig sein, bis wir das Bestmögliche herausgeholt haben.** Das bringt uns dann beim Thema »Selbstvermarktung« sehr viel, denn wenn wir einen starken Selbstwert haben, genau wissen, was wir wollen und können, läuft das Selfmarketing wie von allein.

Springen wir noch einmal zu mir zurück, zu meinen zarten achtzehn Jahren. Da war ich zwar noch Angestellte, aber in einer mehr oder weniger eigenständig geführten Bar. Es war wirklich schön, eigenständig zu sein und zu wissen, dass ich damit, wie ich bin und arbeite, Erfolg habe und gesehen werde. Das hat meinen Selbstwert ungemein gestärkt, und ich wusste: Ich bin auf dem richtigen Weg. Und das hatte inhaltlich noch gar nichts zu sagen, denn ich wollte ja in meinem Leben keine Bar leiten. Aber es war für das junge Mädel, das ich damals war, ein sehr großer Schritt in die richtige Richtung.

Da sieht man sehr schön: Egal, in welcher Position ihr seid – ihr könnt mit einem starken Selbstwert, einer gehörigen Portion Fokussiertheit und Vorbereitung auftreten und euch damit wirklich gut, gezielt und fair selbst vermarkten.

Die Welt dreht sich weiter

Plant nicht ein Projekt und lasst es zwei Jahre lang »einfach laufen«. Das funktioniert nicht. Dazu verändert sich jeden Tag zu viel. Spätestens durch Corona wissen wir das. Stellt euch nur eine Restauranteröffnung »nach« Corona vor im Gegensatz zu einer davor. Was hat sich nicht alles geändert, was muss man nicht alles Neues beachten und auf dem Schirm haben? Wir müssen einfach **auf dem Laufenden bleiben und immer wieder schauen, wo wir stehen** und wo die Welt um uns herum steht, und möglicherweise nachjustieren.

Klopft euch auf die Schulter

Sollten wir irgendwann feststellen, dass alles super läuft und wir glücklich und fein damit sind, wie es ist, dürfen wir uns, gerade wenn wir über Selbstmarketing sprechen, auch auf die Schulter klopfen und sagen: »Gut gemacht, weiter so!« Das klingt irgendwie schräg und befremdlich? Aber es ist vollkommen in Ordnung und stärkt uns.

Versucht trotzdem auf dem Boden der Tatsachen zu bleiben und nicht abzuheben. Denn eine vernünftige Bescheidenheit an den Tag zu legen, bringt einem selbst am allermeisten. Einige Menschen verlieren sich, wenn sie auf einmal Erfolg haben, in einer Parallelwelt mit vielen erfundenen Wahrheiten und erstrickten Fakten. In dieser Scheinwelt ticken die Uhren einfach anders, und der Bezug zur Realität verschwimmt. Wer bescheiden bleibt, bleibt mit beiden Füßen auf dem Boden, mit dem echten Leben verbunden und weiß, was in der Welt um ihn herum wirklich los ist und was zählt und richtig ist. Seid nur nicht an den *falschen* Stellen bescheiden. Findet eine gesunde Balance und geht mit gutem Beispiel voran.

Die Gedanken sind frei

Positive Gedanken helfen einem immer weiter. Wir denken den ganzen Tag lang, und unser Kopf arbeitet unermüdlich. Anstatt zu grübeln, zu verzweifeln, immer nur das Schlechte und Negative zu sehen, die Probleme, bringt es uns viel, viel mehr, wenn wir versuchen, **alles in einem positiven Licht zu betrachten.**

Das A und O für mich war immer, authentisch zu sein, mir treu zu bleiben und mich nicht zu verstellen, und auch das fällt einem viel leichter, wenn man die Dinge positiv sieht. Ich habe nun mal diesen merkwürdigen norddeutschen Humor, den erst mal keiner witzig findet. Ich reiße meine Witzchen und bin die Einzige, die darüber lachen kann. Aber ich mag diese Witze und ich mag meinen Humor. Und darum erzähle ich sie weiter, ich bin einfach drangeblieben, habe mich nicht entmutigen oder herunterziehen lassen, und ich freue mich daran und amüsiere mich darüber. Und irgendwann fanden auch die anderen meine Witze gut. Ich muss jetzt schon lachen, wenn ich über meine schlechten Witze nachdenke. Aber ist es nicht auch irgendwie lustig, wenn jemand über seine eigenen Witze lacht? Das steckt dann auch wieder an.

Lasst euch also nicht beirren. Warum auch? Ihr steckt nun einmal in eurem Körper und in euren Gedanken, ihr seid der Mensch, der ihr (geworden) seid. Das solltet ihr auch gut finden. Und genau das strahlt ihr dann auch nach außen aus und wirkt dadurch oftmals automatisch interessant.

Zum Thema »gute Gedanken« zählt für mich auch Folgendes: Wie oft ist es uns allen nicht schon passiert, dass wir etwas hinausposaunt haben, von dem wir im gleichen Atemzug denken: »Das ist doch Unsinn. Das denke ich doch gar nicht.« Wir haben den Spruch oder die Meinung oder den vermeintlichen Fakt aber einfach schon so oft gehört oder gelesen, dass die Gedanken den Stoff aus der Umwelt übernehmen und wieder ausspucken, als käme er von uns. **Darum ist es so wichtig, richtig aufmerksam in sich hineinzuhören und seine inneren, wirklichen Überzeugungen zu kennen.** Umso eher können wir glücklich mit uns selbst sein und auch entsprechend (selbst-)sicher auftreten.

Kommunikation ist alles
Eins der wichtigsten Themen unserer Gesellschaft ist vernünftige Kommunikation, darüber findet nun mal alles statt (oder eben nicht). **Also sprecht mit den Menschen, sprecht über euch, wenn**

es angebracht ist, aber hört ihnen auch aufmerksam zu. Ihr werdet euch wundern, was dadurch alles ins Rollen gebracht werden kann.

Es passiert nicht viel, wenn wir mit niemandem sprechen, uns abschotten. Seitdem die sozialen Medien so stark geworden sind, gibt es immer mehr Menschen, die sich so verhalten, die sich in ihr Schneckenhaus verziehen und die Welt nur noch über den Bildschirm zu sich hereinlassen, aber nichts von sich preisgeben. Dann wird sich aber in deinem Leben nichts, aber wirklich gar nichts zum Guten bewegen, davon bin ich überzeugt.

Darum ist es mir wirklich wichtig, euch zu bitten: **Führt euch vor Augen, wie wichtig Kommunikation ist. Am besten Face to Face,** lasst es meinetwegen einen Videocall sein. Was habe ich im Jahr 2021 an Videocalls gehabt! Und was wurde ich dafür zu Hause ausgelacht: »Hast du schon wieder einen Videocall?« – »Ja, habe ich«. Weil mir der (so) persönliche (wie möglich) Kontakt immens wichtig ist, weil er mich immer viel weiterbringt als jede E-Mail. Es ist menschlicher, näher und viel zielgerichteter. Bevor ich also fünfzig E-Mails zu einem Thema hin und her schreibe, spreche ich lieber eine Stunde in einem Videocall.

Die Sache mit den Vitaminen

Ihr wisst schon, Vitamine sind wichtig für die Gesundheit. Und Vitamin B ist sogar noch wahnsinnig wichtig für den Job. Das sollten wir auch nicht schlechtreden. Es ist gang und gäbe, dass im Beruf Kontakte genutzt werden, weil auch dort ehrliche Freundschaften entstehen und jede und jeder von uns gern mit Freunden und Freundinnen beruflich in einem Boot sitzt. Ich empfinde es als absolut legitim, dazu zu stehen und es auch zu nutzen und darüber zu sprechen. Warum nicht?

Wenn ich eine Serienidee umsetze, einen Workshop konzipiere oder ein Buch schreibe und das alles Erfolg hat, möchte ich doch gern damit weitermachen. Und natürlich arbeite ich dann mit den Menschen zusammen, mit denen es schon beim ersten Mal so gut geklappt hat. Dass aus einer geglückten Zusammenarbeit vertrauensvolle Bindungen und manchmal sogar Freundschaften entstehen, ist doch nur der natürliche Lauf der Dinge. Und ist das nicht eigentlich das Beste, was einem passieren kann? Ich sage: ja. Immerhin verbringen wir die meiste Zeit unseres Lebens mit Arbeiten. Was gar nichts Schlimmes ist, sofern es uns Freude bereitet. Und das tut es unter Freunden doch immer mehr als unter Nichtfreunden. **Wir dürfen, nein, *müssen* also dazu stehen, dass wir gute Beziehungen im Berufsleben ganz ohne schlechtes Gewissen nutzen.** Denn davon haben nicht nur die beiden Seiten etwas, sondern im geglückten Prozess noch ganz viele andere Menschen.

Applaus, Applaus

Eine Sache noch zum Schluss. Wenn irgendetwas nicht perfekt läuft – fantastisch, Applaus! Das meine ich ganz ernst. Denn auch beim Thema Selbstvermarktung können Dinge schiefgehen, komisch wirken, sind nicht richtig durchdacht, man erlebt einen Moment, der einem richtig peinlich und unangenehm ist. Aber das ist ÜBERHAUPT nicht schlimm, absolut normal und menschlich. Wir wissen doch, warum wir das alles machen: **Wir machen es für uns** und bleiben dran – denn aufgeben ist sowieso nie eine Option. Ihr wisst schon: *Never Give Up!*

Extra

Top Ten der Gemeinsamkeiten erfolgreicher Menschen

Es gibt Menschen, die machen immer weiter, gehen immer voran, entdecken immer neue Dinge und verbessern sich stetig. Sie sind für andere da und für sich, versuchen das Leben in vollen Zügen zu genießen. Und sie verfolgen ihre Ziele und arbeiten dafür wirklich hart, egal, in welcher Situation und Position. Zu diesen Menschen zähle ich auch mich. Ich kann mich kaum an einen Tag in meinem Leben erinnern, an dem ich gesagt habe: »Ach, heute gucke ich nur in den Himmel.«

Ich würde sagen, dass ich ein von mir selbst getriebener Mensch bin, dabei meine ich das im rein positiven Sinne. Eigentlich. Dennoch beneide ich manchmal die Menschen, denen vieles viel mehr egal ist, nach dem Motto: »Kommst du heute nicht, kommst du morgen.« Die allem und jedem gegenüber entspannt sind. Die nicht das Gefühl oder sogar den Drang in sich spüren, etwas in ihrem Leben zu verändern. Sie sind einfach da, hier auf diesem Planeten, und das reicht ihnen. Damit sind sie zufrieden. Ja, manchmal hätte ich gern dieses Grundgefühl in mir von: »Ich gehe jetzt einfach schlafen – und entwerfe keinen Podcast mehr oder entwickele eine neue Show.« Aber ich fürchte, das wird mir niemals passieren ☺ Damit kommen wir aber auch gleich zu dem Punkt, der mir in diesem Extrakapitel wichtig ist.

Die großen gemeinsamen Nenner erfolgreicher Menschen

Wenn wir die großen gemeinsamen Nenner erfolgreicher Menschen kennen, können wir doch sicherlich das eine oder andere auf uns und unser Leben übertragen. Da schielen wir natürlich

177

gern auf die ganz Großen wie Jeff Bezos (der Gründer von Amazon) und Co. Aber ich finde, wir müssen uns gar nicht nur an denen messen, sondern wir können uns auch in der eigenen Stadt, der eigenen Community, im Freundes- und Bekanntenkreis umschauen. Ich bin mir sicher, wenn wir erst einmal fündig geworden sind, werden wir erkennen, dass sich viele der gleich aufgezählten Punkte überschneiden.

Am Ende der Aufzählung, bei der ich doch noch den einen oder anderen erklärenden Satz hinzufügen muss, wird es eine ganze Seite geben, auf der noch einmal nur die »nackten« Punkte stehen. Die könnt ihr immer wieder aufschlagen, wenn ihr unsicher seid, euer Leben stagniert, ihr nicht mehr wisst: Was ist wichtig, was ist unwichtig? Klebt euch einen meiner Lieblings-Post-it-Zettel hinein oder kopiert sie und pinnt sie an euren Kühlschrank. Das hilft und motiviert!

⊛ **Realistische Ziele setzen und Ziele visualisieren.** Ihr wisst schon, ich hatte nach der gelungenen Abirede herausgefunden, was ich besonders gut konnte und gern machen wollte, und bin dann ein bisschen durch Zufall eben als Moderatorin bei VIVA gelandet. Meine darauf aufbauenden realistischen Ziele wie das Moderieren von *Bravo TV* und der *Bravo Super Show* und das Gewinnen des Bravo Otto habe ich bereits erwähnt.
Auch darüber sprechen wir im Buch ausführlich: Realistisch gesetzte Ziele werden anschließend so konkret wie möglich visualisiert, also vor dem inneren Auge oder tatsächlich auf Papier im wahrsten Sinne des Wortes ausgemalt und sich immer wieder vor Augen geführt, sie werden praktisch »gelebt«.

⊛ **Versprechen und Termine einhalten,** kurzum, verlässlich sein, ist ganz, ganz wichtig. Dazu gehört auch, dass wir einen Termin absagen, wenn wir ihn nicht einhalten können. Jede und jeder darf natürlich auch einmal etwas vergessen. Aber dann sollten wir auch für den Fehler einstehen und uns mutig dafür entschuldigen. Für mich gehört auch dazu, auf Anfragen zu antworten. Ich finde, das gebietet die Höflichkeit, und es beweist Respekt und Verbindlichkeit.

- **Dankbarkeit empfinden.** Für Gesundheit, Familie, für das, was wir schon geschafft haben im Leben, dafür, dass wir ein gutes Essen auf dem Tisch haben (also auch für die eher kleinen, normalen Dinge, die aber ganz, ganz wichtig sind im Leben).

- **Weiterbildung,** die Investition in die eigene Bildung, ist ein Leben lang möglich. Klar gibt es das Gefühl: »Endlich raus aus der Schule/Uni/Ausbildung! Freizeit genießen, nie mehr lernen!« Das ist ein ganz normaler und ganz und gar verständlicher und nachvollziehbarer Gedanke. Man muss auch nicht immer und sein Leben lang lernen und neuen Input bekommen. Sicherlich gibt es Menschen, die sind unermüdlich, jeden Tag. Ich habe eher phasenweise Lust, mich noch einmal in ein anderes, ein neues Thema hineinzuarbeiten, wie damals Ökotrophologie oder später auch Yoga. Ich habe mich dafür interessiert, wollte einfach alles darüber wissen und habe mich in Letzterem privat fortgebildet und unglaublich viel Wichtiges und Hilfreiches gelernt. Oder im Moment, da möchte ich eine neue Sprache lernen mit einer Sprach-App. Natürlich sind das keine Dinge, die absolut notwendig sind oder die ich machen müsste – aber müssen tun wir sowieso gar nichts. Ich finde es einfach schön und wichtig, das Gehirn immer in Übung und Aktion und damit fit zu halten.

- **Bewusstes Musikhören,** wobei das Genre egal ist, kann unglaublich entspannend sein. Viele Menschen nutzen die Musik, um sich zu entspannen. Es geht einfach darum, dem Körper und dem Geist ein gutes Gefühl zu geben. Das mache auch ich ganz bewusst jeden Tag zu bestimmten Zeiten, meist ist das in der Mittagspause, nach dem Sport, wenn ich esse. Da höre ich nur auf die Musik, lasse mich von ihr wegtreiben. Denn wenn wir Musik hören, schwingt das Gehirn anders, es kann sich positiv beeinflussen lassen. Das ist doch eine schöne, gut umsetzbare Idee für den Alltag, oder?

Durchhaltevermögen. Was will ich damit sagen? Man hat im Leben Ideen, entwickelt Projekte, arbeitet auf einen bestimmten Punkt hin – und bekommt ein Nein. Das bedeutet aber nicht, dass die Idee an sich schlecht ist. Auch wenn man natürlicherweise erst einmal enttäuscht ist, sollte man sich nicht entmutigen lassen, sondern eher davon ausgehen, dass es einfach die falsche Zeit, der falsche Ort, der falsche Arbeitgeber, die falsche Person war, der man das Projekt vorgestellt hat. Oder vielleicht stimmte auch wirklich etwas an der Idee nicht, dann kann man sie natürlich noch einmal überdenken und verbessern – und es noch einmal versuchen. Auch das ist hilfreich und kein großer Rückschlag. Wenn ich alle meine Projekte beim ersten Nein eingestampft hätte, hätte ich im Leben gar nichts hinbekommen, das kann ich euch sagen. Das passt übrigens zu jeder Zeit und überall: Wir dürfen uns von einem Nein niemals unterkriegen oder abhalten lassen von Dingen, die uns wichtig sind. Wenn wir an eine Idee glauben und wissen, sie hat Potenzial – dann müssen wir durchhalten. Ich habe auch zwei Projekte in der Tasche, von denen ich einfach weiß, die sind mega. Aber ich habe noch nicht das richtige Team dazu gefunden und noch kein positives Feedback bekommen. Ich bleibe jedoch dran und gespannt. Ich glaube einfach so sehr daran. Wir werden sehen …

Ein Nein ist also nicht gleich ein Nein. Guckt euch nur die Kinder an: Die ziehen sich irgendwann hoch, versuchen die ersten Schritte, fallen hin – und stehen immer, immer, immer wieder auf. Wenn die nach dem ersten Hinfallen nicht mehr weiter versuchen würden, laufen zu lernen, wir würden nicht auf zwei Beinen aufrecht durchs Leben gehen. Kinder suchen sich Hilfe und Unterstützung, sie suchen eine Lösung und können es dann einfach irgendwann. Ich sage es euch: Durchhaltevermögen ist das A und O.

- **Erfolgstagebuch** – das ist eine Art Feedback an sich selbst. Ich mache das wöchentlich, meist an einem Samstag oder Sonntag. Da reflektiere ich mein Leben auf eine sehr realistische und klare Weise: Wie war meine Woche, was waren die Tops oder Flops? An den Sachen, die gefloppt sind, an die ich aber weiter glaube, bleibe ich einfach weiter dran. Weiter beschäftige ich mich aber nicht damit. Ich schaue mir vor allem die Dinge an, über die ich glücklich bin, mit denen ich zufrieden bin, auf die ich vielleicht stolz bin. Das kann alles Mögliche sein, im Kleinen wie im Großen: Vielleicht habe ich ein neues Rezept gelernt und erfolgreich ausprobiert, vielleicht eine neue Sportart, habe eine inspirierende neue Serie entdeckt, ein gutes Buch gelesen oder einen tollen beruflichen Deal an Land gezogen – das ist alles völlig gleichwertig. Es geht darum, sich die schönen, positiven, erfolgreichen Dinge vor Augen zu führen und auch mal über sie nachzudenken. Weil wir Menschen leider dazu neigen, uns von den zehn Tops und den zwei Flops der Woche nur die Letzteren anzugucken und uns darüber zu ärgern. Das bringt aber gar nichts. Erfreuen wir uns doch lieber an den zehn Tops!

- **Vertrauen in die eigenen Fähigkeiten.** Natürlich sind wir alle wahnsinnig unterschiedlich, darum ist es schwer, das auf den Punkt zu bringen. Aber ich bin mir ganz sicher, dass jede und jeder von euch etwas besonders gut kann. Manche Menschen können auch einfach ganz viele Dinge wahnsinnig gut. Andere können eine Sache fantastisch. Aber das reicht ja schon vollkommen aus, solange wir unsere Fähigkeiten und Talente erkennen und zur eigenen Marke machen. Wenn du zum Beispiel besonders gut Basketball spielen kannst, wirst du eben eine erfolgreiche Basketballspielerin/ein erfolgreicher Basketballspieler der NBA. Ganz alltägliches Beispiel. Haha. Natürlich müssen wir dann auch viel dafür tun, fleißig sein und diszipliniert und an uns glauben. Hier ist es auch wichtig zu wissen, was uns vielleicht gar nicht liegt, woran wir einfach keinen Spaß haben. Ich weiß zum Beispiel sehr genau, was ich gar nicht kann, und das spart mir im Leben unglaublich viel Zeit.

🌑 **Gesunde Ernährung und Bewegung.** Das soll jetzt nicht den Anschein vermitteln, erfolgreiche Menschen sähen alle aus wie Topmodels und tränken den ganzen Tag über nur Green Smoothies. Aber sie wissen eben genau, was sie für einen gesunden, fitten Körper brauchen, denn der ist sozusagen das Haus für ihren cleveren Geist und ihr positives Mindset. Ich kenne zumindest niemanden, der auf Topniveau lebt und arbeitet und sich jeden Tag drei Pizzen reinknallt, um mal ein bisschen zu übertreiben, oder nicht einen kleinen Finger in Sachen »Bewegung« krumm macht. Das gibt es schlicht nicht. Oder vielleicht einmal unter zehn Millionen, denn Ausnahmen bestätigen immer die Regel. Aus dem Yoga kenne ich den Satz: »Your body is your temple.« »Treat your body like a temple« – behandele deinen Körper wie einen Tempel. Das ist ein ganz, ganz toller Spruch, wie ich finde. Und er stimmt. Hier geht es übrigens nicht um Fitness- und Ernährungswahn, sondern auch darum, sich selbst eine Auszeit zu gönnen, sich etwas Gutes zu tun. Anstatt sich von etwas übrigem Geld irgendeinen Quatsch zu kaufen, könnten wir uns zum Beispiel eine richtig gute Massage genehmigen.

🌑 *Never Give Up.* Auch hier schließen wir wieder damit ab, mit den goldenen drei Worten. Erfolgreiche Menschen geben nicht auf, die machen immer und immer weiter. Menschen, die viel geschafft, die viel erreicht, die einfach viel haben, und hier meine ich durchaus in der Kategorie »Luxus«, sind die, die am allerhärtesten arbeiten. Da könnt ihr sicher sein. Sie kommen als Erste, sie gehen als Letzte. Sie geben einfach nicht auf. Dazu braucht es diesen besonderen, anderen Willen, sie haben diesen »Spirit« entwickelt. Und trotzdem glaube ich, dass das viel mehr Menschen schaffen könnten, insbesondere Frauen. Das klingt nach einem Mottospruch für ein Buch. Stimmt aber! Ganz besonders Frauen glauben nämlich oft nicht daran, dass sie es schaffen können. Sie machen sich meist kleiner, als sie sind, und stellen sich so oft ganz hinten an. Erst einmal kommt alles andere, und dann haben wir sowieso keine Zeit und Power mehr. Dabei können auch wir uns auf Augenhöhe mit anderen, auch mit der Männerwelt, durchsetzen. Denn wenn du gut bist, bist du einfach gut. Egal, welches Geschlecht du hast.

TOP TEN DER GEMEINSAMKEITEN
ERFOLGREICHER MENSCHEN

- Sich realistische Ziele setzen und sie visualisieren

- Versprechen und Termine einhalten

- Dankbarkeit empfinden

- In Weiterbildung investieren

- Bewusstes Musikhören

- Durchhaltevermögen zeigen

- Erfolgstagebuch führen

- In die eigenen Fähigkeiten vertrauen

- Sich gesund ernähren und viel Bewegung

- *Never Give Up!*

KAPITEL 9

Den Mutigen gehört die Welt

Ich möchte euch nun etwas zum Thema »Mut« erzählen. Dazu beginne ich mit einer kurzen Anekdote, die mir zugetragen worden ist. Angeblich ist es einem meiner Klassenkameraden passiert. Ich kannte ihn nicht besonders gut, er belegte auch einen anderen Leistungskurs im Abi als ich – Deutsch, ich Bio. Aber ich kenne die Geschichte auch von dem Freund einer Freundin eines Freundes … Vielleicht habt auch ihr schon einmal davon gehört. Trotzdem möchte ich nicht daran zweifeln, Dinge passieren im Leben und sicherlich auch manchmal verschiedenen Personen dieselben. Wie auch immer, die Geschichte (vielleicht Legende) geht so:

Das Thema der Abiklausur in Deutsch war: »Was ist Mut?« Und anstatt nun vier Schulstunden lang eine Abhandlung darüber zu schreiben mit Definition, Fallbeispielen und Interpretation, gab der besagte Schulkamerad nach einer Viertelstunde seinen Klausurbogen ab mit den geschriebenen Worten: »*Das* ist Mut.« Und soll dafür 15 Punkte bekommen haben.

Und was sagt Google? »Mut, auch Wagemut oder Beherztheit, bedeutet, dass man sich traut und fähig ist, etwas zu wagen, das heißt, sich beispielsweise in eine gefahrenhaltige, mit Unsicherheit verbundene Situation zu begeben.« Diese Definition stammt aus Gerhard Wahrigs *Deutsches Wörterbuch*.

Das würde ich sofort unterschreiben. Und noch anfügen: **Denn nur wer wagt, der auch gewinnt.** Sicherlich kennt auch ihr die eine oder andere Redewendung, die mit Mut zu tun hat, denn da gibt es tatsächlich einige. Und nicht umsonst. Meine liebste ist: »Den Mutigen gehört die Welt.« Da möchte ich laut rufen: Jaaa! Genau!

Im Grunde genommen bedeutet Mut nichts weiter – und genau das erfordert manchmal die größte Überwindung –, als **sich einer unbekannten Situation zu stellen, sich von seiner Komfortzone zu entfernen.** Dabei muss das, was einem da gegenübersteht, gar nicht unbedingt gleich Leib und Leben gefährden. Es geht schlicht und einfach um das Unbekannte, das Neue – um eine nicht bis ins Letzte einzuschätzende Situation, Sache, Angelegenheit, der man sich stellt.

Mut kann dabei auf verschiedenen Ebenen stattfinden und ganz unterschiedlich ausgestaltet sein. Auf der physischen Ebene könnte Mut zum Beispiel bedeuten, dass sich jemand traut, Bungee zu springen. Dazu habe ich eine schöne kleine Geschichte für euch: Es war zu der Zeit, als ich in jungen Jahren alleinverantwortlich in der Bar gearbeitet habe. Während der Travemünder Woche saßen regelmäßig ein paar Jungs am Tresen, die auf dem Volksfest Bungeespringen anboten. Wir sprachen viel und nett miteinander, und am letzten Festtag luden sie mich dann ganz großzügig zu einem Bungeesprung ein. Und wisst ihr was? Ich hätte es supergern getan. Nur leider konnte wegen Krankheit ausgerechnet an dem Tag meine Ablösung nicht kommen, sodass ich den Slot verpasste. Und so habe ich leider, leider den Bungeesprung meines Lebens verpasst. Es ist allerdings nicht so, dass es einer meiner Lebensträume wäre, sonst hätte ich mich längst dahintergeklemmt. Aber wenn mich noch mal jemand einladen möchte: Nur zu, ich bin dabei!

Zivilcourage ist auch eine Form von Mut auf der eher körperlichen Ebene: Greift man zum Beispiel ein, wenn eine Person von anderen belästigt wird, ist das mutig, weil möglicherweise die eigene Unversehrtheit bedroht ist. Ein Risiko auf sich zu nehmen, sich einer Gefahr zu stellen, wenn die Folge eine Verletzung oder eine Entbehrung sein kann, erfordert riesengroßen Mut, da sind wir uns wohl alle einig.

Mutig sein kann aber auch auf einer weniger körperlichen,

greifbaren Ebene stattfinden (als sich zum Beispiel in der Steinzeit einem Säbelzahntiger zu stellen – wobei, das wäre wohl eher
Leichtsinn oder Naivität). Beispielsweise, indem man sich seinen
Ängsten stellt. Das kann die Angst vor etwas sein, was gemeinhin
verständlicherweise als gefährlich eingestuft wird (wie ein Ein-
bruch), aber auch die Angst vor Dingen, die offensichtlich nicht
gefährlich sind (wie Spinnen, zumindest hier in unseren Breiten).
In beiden Fällen gilt es als mutig, wenn man sich diesen Ängsten
stellt.

Auf der sozialen Ebene kann man mutig sein, indem man
fremde Menschen anspricht, zum Beispiel im Zuge einer Umfra-
ge. Viele Menschen kostet das wirklich große Überwindung
(mich übrigens nicht so sehr, wer hätte es gedacht?).

Mut ist auch, wenn man etwas ganz bewusst *nicht* tut. Gerade
wenn es von einem erwartet wird oder alle anderen es machen.
Der Beweggrund ist dabei oft das Erkennen einer falschen Hand-
lungsweise der anderen (wenn in der Schule zum Beispiel alle
rauchen, man selbst aber nicht mitmachen will). Sich gegen vor-
herrschende Meinungen und Gewohnheiten oder Regeln zur
Wehr zu setzen, seine eigene, andere Meinung kundzutun und
zu vertreten, ist also ebenfalls mutig. Denn die Folge kann soziale
Ausgrenzung sein.

Ihr seht: Mut hat viele Gesichter.

Mut ist unser Antrieb

Als Gegenspielerin von Mut wird oft Angst genannt. Die Mutige
gilt in der Regel als angstfrei. Grundsätzlich gilt der Mut als An-
triebsfaktor, die Angst als Bremsfaktor. So schwarz-weiß ist es jedoch nicht. Denn auch die Mutige kann Angst empfinden, wenn
sie sich ins Ungewisse vorwagt (egal, ob psychisch oder physisch).
Angst ist nämlich ein Grundinstinkt des Menschen, der uns von
Anbeginn unsere Existenz gesichert hat. Denn bei Angst geht unser Körper automatisch in den Modus »Kampf oder Flucht«. Das

187

heißt, wir schütten Adrenalin und Cortisol aus, die uns in absolute und fokussierte Alarmbereitschaft versetzen, unsere Sinne extrem schärfen, unseren Muskeltonus sich anspannen lassen (wir könnten kämpfen oder eben fliehen). Wenn die Angst aber das Zepter übernimmt, der Dirigent unseres Lebens ist, dann werden wir keinerlei Entwicklung erleben, dann wird es in unserem Leben keine Veränderung hin zu etwas Besserem geben, weil wir keine neuen Schritte gehen werden.

Angst und Mut sind also nicht unvereinbar, im Gegenteil: Sie gehören zusammen, nur ist eine **ausgewogene Mischung wichtig.** Dann können wir mit der nötigen Besonnenheit mutig den Schritt zu etwas Neuem, Unbekanntem wagen.

Dazu fällt mir eine kurze Geschichte aus meiner Schulzeit ein. Es muss in der vierten Klasse gewesen sein – da bekamen wir einen neuen Schüler. Er war aus Baden-Württemberg, was man sehr stark an seinem Dialekt hörte. Das hat ihm den Start bei uns nicht gerade leicht gemacht, im Gegenteil: Er wurde von den »coolen« Jungs der Klasse fies gehänselt. Eines Tages steckten sie ihn auf dem Schulflur in einen großen Papierkorb, der stand an einem Treppenabsatz, ganz oben. Ich stand dahinter und sah auf einmal, wie einer der Jungs vorhatte, ihn mit dem Papierkorb tatsächlich die Treppe hinunterzuschubsen. Ich war innerlich zerrissen: Mein Kopf warnte: »Misch dich nicht ein!«, mein Herz aber schrie: »Du darfst das nicht zulassen!«. Mir war überhaupt nicht wohl bei der Sache, und ich hatte große Angst vor der Reaktion der anderen Jungs, aber ich habe all meinen Mut zusammengenommen und bin dazwischengegangen, habe laut »Hört sofort auf damit! Das dürft ihr nicht machen!« gerufen. Sie haben ihn dann trotzdem auf Talfahrt geschickt, aber er war wenigstens vorgewarnt. Und ich bin hinterhergelaufen und habe ihm unten aufgeholfen.

Sicher ist, dass wir **einen starken Antrieb, den Mut, brauchen, um im Leben voranzukommen.** Denn nur, wenn wir uns von

Zeit zu Zeit in Situationen begeben, die uns unbekannt sind, uns vielleicht sogar ein bisschen Angst machen, können wir Neues kennenlernen, uns ausprobieren und uns weiterentwickeln, weiterwachsen. Nur so kann und wird sich unser Leben bewegen. Nur so können wir träumen und unsere Träume auch verwirklichen.

Und darum ist Mut in jedem Fall eine der wichtigsten Eigenschaften, um erfolgreich zu sein. Ja, das behaupte ich, denn ich bin davon absolut überzeugt. Aus Erfahrung.

Mut schafft Selbstbewusstsein und Selbstbestimmtheit

Mut und Mutigsein gelten als Merkmale einer ausgereiften, selbstbewussten Persönlichkeit und sind unabdingbar für ein selbstbestimmtes Leben. Und wisst ihr, dass erst einmal jeder Mensch den Drang, mutig zu sein, in sich trägt? Bei Kindern und Jugendlichen spüren wir das noch ganz deutlich. Ihr habt sicherlich schon einmal beobachtet oder wisst es vielleicht noch aus der eigenen Kindheit und Jugend, wie sich da gemessen wird, dass Mutproben versucht und bestanden werden. Und manchmal wird auch grandios gescheitert. Aber in der Regel beginnt das »Spiel« dann von vorn, wird unermüdlich weiterprobiert. Das sind keine kindischen Spielereien oder unnötigen Gefährdungen, sondern die Stufen hin zum Stockwerk eines selbstbewussten Erwachsenen, der seine Stärken und auch Schwächen gut einschätzen kann. Außerdem: Indem wir unseren Mut erproben, lernen wir, unsere (Lebens-) Ziele umzusetzen und auch gegen Widerstände selbstbewusst aufzutreten, dranzubleiben, nicht sofort aufzugeben.

Allerdings zeigt sich Mut bei jedem Menschen ein bisschen anders, ist jeder Mensch anders mutig, traut sich auf einer Ebene mehr, auf einer anderen nicht so viel. Es gibt »mutigere« Menschen und »vorsichtigere«. Aber ist es nicht beruhigend zu wissen, dass der Mut im Grunde in jeder und jedem von uns steckt?

Mut können wir lernen

Wenn jetzt die eine oder andere von euch das Gefühl hat, gar kein Quäntchen Mut in sich zu verspüren, ist das noch lange kein Grund, den Kopf in den Sand zu stecken und alle Ziele aufzugeben. Denn – Good News: **Die Eigenschaft Mut und mutiges Verhalten sind erlernbar!** Und ich kann jeder und jedem nur dringend empfehlen, sich im Mutigsein zu üben, sich Step by Step vorzuwagen. Mut wird euch euer Leben so sehr erleichtern – ich verspreche es.

DAS BRAUCHEN WIR AUF DEM WEG HIN ZU UNSEREM MUT

- **Selbstliebe.** Die empfinde ich als das Wichtigste, um Mut in sich zu spüren. Sie ist unser Grundstein. Denn wer sich selbst liebt, kennt sich und kann sich und seine Stärken (und auch Schwächen) gut einschätzen.
- **Selbstbewusstsein.** Es schließt an die Selbstliebe an.
- **Bauchgefühl.** Wir sollten nicht immer alles bis ins kleinste Detail durchdenken und zerkauen, sondern auch »einfach mal« impulsiv etwas wagen, das uns spontan richtig und gut und das Risiko wert zu sein scheint.
- **Große Träume.** Setzt eure Grenzen und Ziele hoch an.
- **Realismus.** Schätzt trotzdem eure Grenzen realistisch ein. Verliert euch nicht in Tagträumen, die euer Leben bestimmen, und nehmt euch keine wirklich absurden Dinge vor und findet sie erstrebenswert. Dream big, aber please bleibe realistisch.
- **Ehrlichkeit.** Euch selbst gegenüber, aber auch anderen.
- **Aus Fehlern lernen.** Zieht eure Lehren aus der Vergangenheit und wiederholt nicht immer von Neuem die alten Fehlschritte.

Die kleinen Schwestern vom Mut

Offenheit und Neugier sind für mich die kleinen Schwestern vom Mut. Die drei gehören fest zusammen, das eine Glied hilft dem anderen Glied in der Kette.

Offen und neugierig zu sein bedeutet nämlich, durstig danach zu sein, etwas Neues zu erfahren, was natürlich unserem Mut Tür und Tor öffnet. Wissenschaftler unterscheiden übrigens zwei Arten von Neugier: die Gier nach Wissen und den Drang, neue Reize und Erfahrungen zu sammeln.

Auch die Neugier oder der Drang nach Erkenntnisgewinn liegt in der Natur des Menschen – erst sie bringt uns dazu, Neues zu erfahren und auch auszuprobieren. Kindern merkt man in der Regel sehr deutlich an, wie neugierig sie sind, wenn sie einem zu allem und jedem Löcher in den Bauch fragen, sie wollen und müssen die Welt von Grund auf erfahren und erkunden und wollen sie verstehen. Auch sind junge Menschen in der Regel ohne Vorurteile und unvoreingenommen Unbekanntem gegenüber. Leider verliert sich die Neugier bei den meisten Menschen im Erwachsenenalter. Dabei ist es so wichtig, neugierig zu bleiben, offen zu sein für andere Lebensformen, Menschen, Kulturen, für neues Wissen, andere Meinungen.

Neugier neu entdecken

Auch unsere Neugier und Offenheit können wir schüren und fördern. Das ist sehr wichtig, denn es wirkt sich positiv auf uns und unsere Entwicklung aus, es bringt uns voran. Einmal stocken wir unser Allgemeinwissen, unsere Grundbildung auf, wir erweitern unseren Horizont und blicken über den Tellerrand. Und dann erfahren wir auch neue Reize und bekommen mitunter ganz neue Inspirationen und Impulse für unser eigenes Leben. Und das stärkt dann auch wieder unser Selbstbewusstsein und Selbstwertgefühl.

SO FÖRDERN WIR NEUGIER
UND OFFENHEIT

- **Probiert Dinge aus, die ihr noch nicht gemacht habt.** Es klingt sehr simpel, aber genauso einfach ist es. Macht nicht immer dasselbe, Tag für Tag. Das fängt schon im Kleinen an, zum Beispiel beim Essen. Anstatt die immer gleiche Gemüsesuppe zu kochen, würzt sie doch mal etwas anders, tut Ingwer dazu, etwas Kokosmilch, ein paar Gewürzblätter und Chili, und schon habt ihr eine richtig köstliche asiatische Tom-Kha-Gai-Suppe gezaubert. Und so ist es mit allem im Leben: Es ist die Abwechslung, die Spaß bringt, einen fördert und natürlich auch fordert. Ihr könnt in allen Bereichen Neues ausprobieren, euer Leben würzen, nicht nur eure Suppe.

- Dann ist mein Tipp: **lesen, lesen, lesen.** Mehr kann ich an dieser Stelle nicht hinzufügen.

- **Hinterfragt das für euch Alltägliche,** versucht, über verschiedene Meinungen zu stolpern, mit anderen Menschen zu diskutieren und so in einen Austausch zu kommen, andere Lebensweisheiten zu hören, die mit den eigenen vielleicht gar nichts zu tun haben. Vergleicht sie miteinander, aber kritisiert oder bewertet sie nicht. Schaut euch einfach neugierig und offen an: Was gibt es alles auf der Welt, welche Menschen gibt es, was sagen sie, und was denken sie?

- **Bleibt neugierig an der Person** euch gegenüber, an der Menschheit im Allgemeinen. Ja, das finde ich ungemein wichtig. Und das liegt mir glücklicherweise im Blut: Wenn ich jemanden kennenlerne, möchte ich ihn oder sie am liebsten über alles ausfragen, was ihm oder ihr passiert ist, was er oder sie denkt, wie er oder sie lebt und warum. Das tue ich natürlich nicht (immer). Ich finde es einfach wahnsinnig spannend, in anderer Menschen Leben hineinzuhören oder zu lesen.

◉ Und dann hat es auch wieder einmal mit Bewegung zu tun, neugierig und offen zu bleiben. Ja, **move your Allerwertesten aus seiner Komfortzone heraus!** Zum Beispiel bringen einen Reisen weiter und lassen einen offen gegenüber Neuem, Unbekanntem, Unerwartetem sein. Denn bei einer Reise in ein anderes Land begegnen uns schon auf dem Weg dorthin Dinge, die wir nicht kennen, die uns herausfordern und vor denen wir uns gar nicht verschließen *können*. Weil wir uns schon aus unserer Komfortzone herausbewegt haben. In fremden und unbekannten Städten oder Ländern lässt sich auch ungemein gut der Geist erweitern. So können wir uns kulturell weiterbilden, indem wir uns die Sehenswürdigkeiten anschauen, vielleicht sogar eine Führung mitmachen. Das geht natürlich auch wunderbar in anderen Städten im eigenen Land.

◉ Vielleicht sucht ihr euch zu euren bekannten **Hobbys** noch ein, zwei neue aus. Überlegt doch einmal, was euch interessieren könnte, was eure Neugier weckt, was ihr spannend findet. Auch wenn es ein ganz unbekannter, neuer Bereich ist: Probiert es unbedingt aus! Es weitet unseren Horizont so ungemein.

Neugierig zu sein macht glücklich

Kurzum: Neugierig zu sein und zu bleiben, hält uns fit im Kopf, offen im Gefühl, es macht uns glücklich und hält uns jung. Und es wird uns im Leben immer, immer weiterbringen. Also: **Lasst uns alle neugierig bleiben!** Oder, um es mit anderen Worten zu sagen: *Never Give Up*, neugierig zu sein!

Eure Meinung ist mir wichtig

Apropos »andere Meinungen hören«: Wir nähern uns leider mit großen Schritten dem Ende des Buches. Darum möchte ich euch an dieser Stelle von Herzen bitten, mir ein Feedback zu meinem Buch zu geben. Wie hat es euch gefallen, was fandet ihr besonders gut, was vielleicht nicht so gut darin? Was hat euch wirklich geholfen, euch motiviert, welche Beispiele waren besonders gut (oder weniger gut) gewählt? Was möchtet ihr in Zukunft noch von mir lesen, und was könnte ich beim zweiten Buch möglicherweise besser machen?

Bitte lasst mich gern ganz ungefiltert eure Meinung lesen. Darüber würde ich mich sehr freuen! Und ich sage euch: Ich lieb's jetzt schon.

@guelcankamps

KAPITEL 10

Fish 'n' Chips – nicht das,
was ihr erwartet

Bei »Fish 'n' Chips« habt ihr sicherlich als Erstes gedacht: »Nicht schon wieder Ernährung!« Tatsächlich geht es mir in diesem Kapitel um etwas ganz anderes.

Fish 'n' Chips – eine kleine »Sauerei«, die ich mir von Zeit zu Zeit gönne.

Fish 'n' Chips – höchst fettig und klassischerweise in Zeitungspapier verpackt.

Fish 'n' Chips – das inoffizielle »Nationalgericht« des Vereinigten Königreichs.

Für mich aber werden Fish 'n' Chips vor allem für immer verankert bleiben mit einem Satz, den mein damaliger und von mir bis heute hochgeschätzter Pressesprecher einst zu mir sagte: »Gülcan, solange die Medienwelt über dich berichtet, bist und bleibst du ein spannendes Thema in deiner Branche. Sei froh darüber, dass du das Interesse anziehst.« Und er hat mir folgendes Zitat eines schlauen Menschen mit auf den Weg gegeben: »**Was interessiert mich die Schlagzeile von heute? Morgen werden darin Fish 'n' Chips verpackt.**«

Ich habe mir das immer bildlich vorgestellt, und das beruhigt mich und bringt mich bis heute zum Schmunzeln, egal, was mal wieder über mich geschrieben steht. Bei mir führt dieses Bild einfach zu einer gewissen Gelassenheit dem gegenüber, was »da draußen« über mich gesprochen wird. Und es wird viel gesprochen. Nicht nur über mich.

Die Leute reden immer – aber warum?

Seien wir doch einmal ehrlich: Bei dem Thema sitzen wir alle im selben Boot. Natürlich ist es ein Unterschied, ob eine schräge Situation entsteht, weil im Großraumbüro einer oder eine der zwanzig Kollegen oder Kolleginnen etwas Falsches über einen verbreitet hat, oder ob mehrere Millionen Menschen eine klare Unwahrheit über dich in der Zeitung oder im Netz lesen. Aber jede und jeder von uns lebt doch in einem kleineren oder größeren Kiez, hat Familie, Freunde, Freundinnen, hat mehr oder weniger Menschen um sich, privat, im Job, mit denen sie und er sich regelmäßig umgibt.

Und natürlich wird über einen gesprochen, wird über *uns* gesprochen. Kennt ihr den Begriff »Flurfunk«? Dann wisst ihr genau Bescheid, was ich meine. Es wird hinter unserem Rücken über uns gesprochen. Punkt. Gut, weniger gut, schlecht, missgünstig, neidisch, gehässig, richtig fies, degradierend, beschämend, und vieles davon ist schlicht und einfach erstunken und erlogen. Mit Sicherheit. Da ist es manchmal fast ein bisschen egal, was man tatsächlich tut.

Und das muss übrigens nicht mal böse gemeint sein von der »Quelle«, denn sie verfolgt damit mit großer Wahrscheinlichkeit nur eigene Interessen. Wer ist denn überhaupt die Quelle? »Ein enger Vertrauter« oder »eine Person, die ihren Namen nicht nennen möchte«? So liest man es immer wieder in den einschlägigen Boulevardmedien, auch »Regenbogenpresse« genannt – bunt, bunter, am buntesten. Die wildeste Schlagzeile erzielt die meisten Quoten. **Bad news sells.** Das ist ja sozusagen das Einmaleins des Journalismus.

Wahrscheinlich wisst ihr bereits darüber Bescheid, denn auch das gehört zu den Grundkenntnissen des Redakteursdaseins: Wenn euch eine Schlagzeile merkwürdig und besonders unglaubwürdig oder gar unglaublich vorkommt und dazu als Quelle »ein enger Vertrauter der Familie« angegeben wird, »der nicht genannt werden möchte«, könnt ihr eigentlich immer davon ausgehen, dass es sich um Fake News handelt. Sehr, sehr häufig entspringt die Schlagzeile der spritzigen Fantasie eines fleißigen Redakteurs und stützt sich auf Fragmente von Informationen, Hörensagen, haltlosem Gerede. In den meisten Fällen schreiben die einschlägigen Medien dann noch allesamt voneinander ab, und so kommt es einem vor, als müsste es einfach die Wahrheit sein, wenn »alle« es sagen.

Fake News haben in den allermeisten Fällen rein kommerzielle Gründe, denn jedes Medium (Print oder online) muss sich verkaufen, um seine Redaktion finanziell zu sichern. Und bei der Vielzahl an Medien heutzutage braucht es »gute« Schlagzeilen, damit die Menschen einen wahrnehmen, kaufen, anklicken.

Bei zweifelhaften Schlagzeilen und Informationen, die uns also vielleicht stutzen lassen, sollten wir uns immer fragen: Welches Interesse steckt wohl dahinter, eine solche Information auf diese Art und Weise zu verbreiten? Legt das Medium offen, wer die Quellen wirklich sind, und lassen sie sich zweifelsfrei nachverfolgen und nachvollziehen? Am allerwichtigsten finde ich immer, sich auch auf seinen gesunden Menschenverstand zu verlassen: Ist das, was ich da lese und sehe, wirklich stimmig und vorstellbar?

Kennt ihr diese Spiele, die man in der Kindheit immer gern gespielt hat und die bis heute ein nostalgisch-schönes Gefühl in unserem Bauch auslösen und Erinnerungen an Abende mit der Familie am Küchentisch hervorrufen wie »Mensch ärgere Dich nicht« oder »Mau-Mau«? Auch »Stille Post« ist offenbar eines dieser Spiele, die ein Leben lang Freude bereiten und von dem wir nicht die Finger lassen können. Nur wäre es schön, wenn sich alle Mitspieler auch an die Regeln erinnern. Denn was haben wir schließlich alle von unseren verkicherten »Stille Post«-Runden als Kind im Gedächtnis behalten? Genau: Das, was am Anfang reingegeben wird, kommt definitiv so am Ende nicht heraus.

Schützt euch gegen Gerede von außen

Auch wenn wir das alles vielleicht schon wissen – natürlich setzt es uns trotzdem enorm unter Druck und stresst uns, wenn wir etwas Falsches und vielleicht sogar Schlechtes über uns selbst lesen oder hören. Und der Drang, das richtigzustellen, ist unermesslich groß. Nur ist das in den seltensten Fällen von Bedeutung oder überhaupt möglich, und hier kommen wir noch einmal zurück zu einem meiner Lieblingssätze meines medialen Lebens: »Was interessiert mich die Schlagzeile von heute? Morgen werden darin Fish 'n' Chips verpackt.«

Von großer Bedeutung ist natürlich trotzdem, wie wir mit einer solchen, uns dermaßen unter Stress setzenden Situation umgehen. Und auch ich habe das erst lernen müssen, konnte damit nicht immer gut umgehen, wenn ich Unwahrheiten über mich gelesen habe. Was mir dabei geholfen hat, mir ein dickeres Fell wachsen zu lassen und ganz bei mir zu bleiben, das möchte ich euch verraten.

MEINE SCHUTZSCHILDE GEGEN
GEREDE VON AUSSEN

- **Mein Kreis an vertrauten, engen Personen.** Es ist wirklich wichtig, diese um sich zu versammeln, sie miteinzubeziehen. Gerade wenn wir uns auf einmal in einer Situation wiederfinden, die uns das Hinterste nach vorn zieht, ist es immens wichtig, hier gut und vertrauensvoll aufgestellt zu sein. Ich hatte das große Glück, diesen Kreis an Lieben und Vertrauten immer an meiner Seite zu haben. Dazu zählte auch der bereits erwähnte Pressesprecher, zu dem ich bis heute, nach vielen Jahren, immer noch in sehr gutem Kontakt stehe.
- **Mit der Quelle sprechen** und herausfinden, was da schiefgelaufen ist und warum. Vielleicht lässt sich ein Missverständnis

aufklären und eine Falschinformation berichtigen. In jedem Fall spürt der Mensch, der über einen geschrieben oder gesprochen hat, dass er nicht anonym ist, und vor allem auch, dass auf der anderen Seite eben auch ein Mensch mit Gefühlen und einem Leben steht.

- **Den eigenen Selbstwert nicht beeinflussen lassen,** egal, was da draußen über dich gesprochen und ausgetauscht wird. Wenn du und deine Liebsten wissen, wer du bist und was du tust, kannst du ganz bei dir bleiben. Das strahlst du auch nach außen aus.

- **Den Alltag weiterleben.** Denn unsere Gewohnheiten und Routinen festigen und stärken uns, sodass wir ein vielleicht ungutes Gefühl nicht weiter nähren, sondern merken: Mein Alltag geht trotzdem weiter wie bisher, er ist nicht berührt, die Welt dreht sich weiter – und das ist gut so. Damit können wir unsere Konzentration umlenken.

- Artet das Gerede und Getratsche in Mobbing aus und ist einfach zu viel und nicht mehr zu ertragen, sollte man unbedingt **mit jemandem darüber sprechen.** Je nachdem, worum es geht und in welchen Kreisen es stattfindet, mit den Eltern, Lehrern, dem Chef, der Chefin, vielleicht einem Coach.

- Wahrscheinlich einer der wichtigsten Tipps: **Menschen, die viel klatschen und tratschen, meiden.**

Wer ist die Person, über die da geschrieben wird?

Wenn ich etwas lese, das von mir handelt, dann verbindet mein Gehirn die Schlagzeile und Information, die es da schwarz auf weiß erfasst, nicht mit mir als tatsächlicher Person. Du liest deinen Namen, siehst vielleicht noch ein Bild von dir daneben, und dann – WAS STEHT DA, BITTE? – fährt es dir kalt den Rücken hinunter, denn du begreifst: Da geht es wirklich um dich! Und du weißt genau: Das stimmt alles überhaupt nicht.

Menschen, die in der Öffentlichkeit stehen, kennen es ihre

Karriere hindurch, falsche Nachrichten über sich zu lesen. Auch ich habe viel nicht Richtiges über mich gelesen. Bestimmt waren 75 Prozent der Schlagzeilen und News über mich schlicht erfunden, zum Teil falsch wiedergegeben, zum Teil aus dem Zusammenhang gerissen.

Letztendlich war es aber so eine große Masse an Fake News, dass ich niemals hinterherkommen wäre, alles davon richtigzustellen. Damals, und damit meine ich, bevor das Internet die Medienszene komplett umgewälzt hat, konnte man eben auch noch nicht so prompt via Social Media darauf reagieren. Ich habe das meiste also einfach laufen lassen, das haben übrigens viele damals so gemacht. Es gab ein paar wenige, die sind dagegen vorgegangen. Chapeau dafür, ich hätte diese Energie gar nicht aufbringen können. Ich glaube, dann wäre das mein neuer Fulltime-Job gewesen. Also habe ich weiterhin Schlagzeilen gelesen, irgendwie akzeptiert, dass es wohl um mich gehen sollte, und konnte nur den Kopf darüber schütteln.

Einige der News haben mir aber auch Freude bereitet, und ich habe herzlich gelacht beim Lesen der einen oder anderen Schlagzeile über mich. Sagt man nicht auch: Humor ist, wenn man trotzdem lacht? Oder: Wer zuletzt lacht, lacht am besten? Und aus Spaß an der Freude und zur Auflockerung möchte ich euch einfach mal ein paar der schrägsten Schlagzeilen meiner Laufbahn präsentieren. Lest und staunt!

Viva-Gülcan will RTL-Dschungelcamp moderieren

Klar, da steht ganz deutlich, dass ich das will. Mit anderen Worten, ich schicke Sonja Zietlow in die Rente. Lustig. So war das aber mitnichten gemeint. Das ist ein klassisches Beispiel von »Aus dem Zusammenhang gerissen«. Ich hatte ein längeres Interview gegeben, in dem es um ein ganz anderes Thema ging. Zu der Zeit lief gerade *Dschungelcamp* im TV, und da kam unser Gespräch eben auch darauf. Mein Interviewpartner fragte mich, wie mir die Sendung gefiele – und da ich die Show vom Konzept und Unterhaltungswert her sehr gelungen finde und sie mir auch gern anschaue, sagte ich das ganz freiheraus. Dann fragte er mich, ob ich mir vorstellen könnte, die Show zu moderieren. Ich: »Super Idee, lass uns direkt loslegen!« Mehr war es nicht. Ein ganz normaler Kommentar auf eine ganz normale Frage im zusammenhängenden zwischenmenschlichen Gespräch. Wenn man aus diesem Satz aber natürlich eine Schlagzeile macht, wird es schon wild. Im Anschluss regnete es bestimmt zwanzig Headlines in verschiedenen Magazinen, und sie schaukelten sich immer weiter hoch. Ich saß sozusagen schon mit der Säge unter Sonja und hielt grienend wie Mr. Burns ihr Stuhlbein in der Hand. Ts. Gar nicht mein Stil. Ihr wisst doch noch vom Anfang: Female Empowerment!

Nie hat es so viele Schlagzeilen über mich gegeben wie im letzten Jahr, als ich schwanger war. Allerdings ging es auch nicht nur um die Schwangerschaft. Sie war einfach ein guter Aufhänger. Bei vielen Medien hatte ich jedoch das Gefühl, dass sie sich richtiggehend für mich gefreut haben. Immerhin begleiten viele von ihnen mich schon seit Jahren auf meinem medialen Lebensweg. Also hat auch viel Nettes in den Medien stattgefunden zu meiner Schwangerschaft. Aber es gab eben auch Ausrutscher oder Missverständnisse wie dieses hier:

Fans sind skeptisch: Hat Gülcan Kamps Zwillings-News ausgeplappert?

So ein Satz bleibt natürlich im Kopf hängen. Und dazu das Gefühl: »Ach ja, die Gülcan, so ist sie eben, trägt ihr Herz auf der Zunge. Die hat auch immer schon so viel geredet.« Jaha, aber dass ich Moderatorin bei VIVA war, ist nun nicht gerade gestern gewesen. Plötzlich hieß es also: »Wahnsinn, die Kamps bekommt Zwillinge!« Äh, ne, bekommt sie nicht. Und wenn man den Artikel weitergelesen hätte, hätte man das auch erfahren können. Die Geschichte dahinter ist eigentlich ganz simpel: In einem Instagrampost hatte ich geschrieben: »... freu mich auf das, was kommt und unsere Kinder«. Mehr nicht. Was ich damit meinte, waren *hypothetische* Kinder unserer Familie. Wer weiß denn schon, ob es bei einem bleibt? Und hat nicht so gut wie jede von uns in ihrer Fantasie der Zukunft immer mindestens unbewusst vor, »Kinder« zu bekommen? Schließlich fragt einen doch niemand, wenn man Anfang zwanzig ist: »Und, möchtest du später mal *ein* Kind haben?« Es heißt immer: »Möchtest du später *Kinder* haben?«

Der Post wurde aber eben sehr künstlerisch frei interpretiert, und damit hatte die Fantasie der Schreiberin oder dem Schreiber einen Streich gespielt.

Gülcan Kamps hadert mit ihrem neuen Busen

Das klingt doch eindeutig so, als hätte ich eine Brust-OP hinter mir und als wäre ich nicht ganz glücklich mit dem Ergebnis, seid ehrlich! Ich würde es, wenn ich es lesen würde, doch genauso weitererzählen: »Die XY hatte eine Busen-OP – Wahnsinn! Wusstet ihr das? Hätte ich nicht gedacht, die war doch immer so natürlich. Das hat die doch gar nicht nötig!«

Hintergrund war: In der Schwangerschaft, als meine Oberweite ordentlich zulegte (jede, die schon mal schwanger war, weiß sicherlich, wovon ich spreche), habe ich bei Instagram darüber geschrieben, wie schwierig es für mich war, Oberteile und Kleider zu finden, die mir noch passten. Und genau das – und nicht mehr und nicht weniger – habe ich offenherzig preisgegeben.

Eine der absurdesten Schlagzeilen, die ich je über mich gelesen habe, ist aber wohl diese hier. Und die hat mich auch wirklich richtig doll geärgert:

Schwangere Gülcan Kamps nimmt Stellung zu Alkoholgerüchten

Ich glaube, ich muss nicht erklären, was mich daran so wütend gemacht hat, oder? Jede Frau, die schwanger ist, möchte doch vor allem, dass es ihrem Baby gut geht, denn immerhin ist sie zu einem sehr großen Teil dafür verantwortlich. Worauf Frau nicht alles achtet: kein rohes Fleisch, kein roher Fisch, keine Rohmilchprodukte, kein ungewaschenes Gemüse … Und Frau tut das alles von Herzen gern. Denn es ist ja für ihr Kleines, für ihren Herzensmenschen. Zudem trinke ich ohnehin seit ungefähr zehn Jahren gar keinen Alkohol mehr, einfach, weil ich den Geschmack und auch den Geruch nicht mag. Und dann muss ich ausgerechnet in der Schwangerschaft so etwas über mich lesen.

Und das kam so: Während meiner Schwangerschaft gab es ein paar wichtige WM-Fußballspiele, die ich in einer größeren Runde geguckt habe. Und eines Abends filmte ich für Instagram eben den Tisch, an dem wir saßen. Auf diesem Tisch stand irgendwo, fast im Off, auch eine Flasche Bier. Ja, gebe ich zu. Die gehörte überhaupt nicht zu mir. Sondern irgendeinem der Gäste, der da mit uns Fußi schaute. Aber anders als beim Rauchen, gibt es kein Passivtrinken. Da ist also auch keine toxische Substanz »aus Versehen« vom Flaschenhals über die Luft, schwupps, in mich hineingelangt. Ganz sicher nicht, ich habe es noch mal nachgelesen. Bei Dr. Sommer (den gibt es übrigens immer noch, kein Scherz).

Aber sofort gab es einen bösen Kommentar auf Instagram. Das kommt davon, wenn jemand die Situation nicht im Ganzen erfasst, sondern sich nur einen winzigen Teil der Wirklichkeit herauspickt. Das ist zwar ein Teil der Wahrheit, aber eben nur ein

Teil, und das kann dann auch schon wieder eine Lüge sein. Aber genau dieser Instapost war Ursprung der soeben genannten Schlagzeile. Für die Medien ist das ein gefundenes Fressen – und wer wird denn immer gleich gründlich recherchieren …? »Liebe Frau Kamps, stellen Sie sich doch nicht so an, *only bad news are good news.*« Ich bin auch wirklich die Letzte, die etwas gegen investigativen Journalismus hat, aber wahrheitsgemäß recherchiert sein sollten die Nachrichten dann doch. Ich fand das zumindest ganz schön harten Tobak, denn gerade in der Schwangerschaft ist man ohnehin emotional eher sehr zartbesaitet und kann sich nicht so gut nach außen abgrenzen. Das habe ich am eigenen Leib zu spüren bekommen.

Gülcan Kamps: Unfairer Shitstorm wegen Sushi in Schwangerschaft

Und so ging es dann auch gleich weiter. Offenbar sind meine Ess- und Trinkgewohnheiten noch nie so interessant gewesen wie in diesen besonderen neun oder zehn Monaten. Die Geschichte ist eins zu eins vergleichbar mit der gerade erzählten: Ich filmte mit dem Handy unseren Abendessenstisch, auf dem verschiedene Speisen angerichtet waren. Und es war eben auch Sushi darunter. OMG. Und auch wenn ich Sushi gern esse, weil es auch noch so schön gesund ist, habe ich es an dem Abend natürlich *nicht* gegessen. Und auch in keinem anderen Moment während meiner Schwangerschaft. Denn wie jede Schwangere wusste ich natürlich ganz genau, dass man es vermeiden sollte, rohen Fisch zu essen, weil sich in ihm (wie in rohem Fleisch) Listerien befinden können. Diese Bakterien können Listeriose auslösen, die für Erwachsene in der Regel unbedenklich verläuft, fürs Kind jedoch lebensgefährlich werden kann. Aber warum hätte ich das Bedürfnis haben sollen, mein Baby zu gefährden? Für eine Portion Sushi? Bitte! Auch hier kann ich wieder nur sagen: Da hat jemand nicht genau genug hin- oder absichtlich weggeguckt. In jedem Fall wurde der Sachverhalt falsch dargestellt. Und daraus entbrannte ein Riesen-Shitstorm. Am Ende kam diese Schlagzeile dabei heraus. Sie ist sogar noch einigermaßen unverfänglich, was daran liegt, dass ich die Leute vom *Express* recht gut und lange kenne. Die wollen mir nichts Böses.

Jung & schön dank Beauty-OPs? Das hat Gülcan Kamps davon

Hier geht es doch ganz klar gar nicht erst um die Frage: Hatte ich Schönheits-OPs? Nein, es wird einfach schon mal vorausgesetzt: Ich hatte Schönheits-OPs. Und darum bin ich so jung und schön. Aber das stimmt nicht. (Ich bin einfach ganz natürlich jung und schön, *hüstel*.) Allerdings wird das, muss ich fairerweise sagen, in dem Artikel auch aufgeklärt, also nicht, dass ich natürlicherweise jung und schön bin, sondern dass ich gar keine OPs habe machen lassen. Aber die Schlagzeile hat es ordentlich in sich. Und ich verstehe es sogar: Die Medien brauchen Quoten.

Gülcan Kamps: Unten ohne!
Auf diesem Foto trägt sie keine Unterwäsche!

Oh ja, das war wohl einer der größten Skandale über mich, was die Schlagzeile anbelangt. Es wurde auch gehandelt als »Nackt-Skandal«. Ich weiß gar nicht, wo ich anfangen soll. Wartet, erst mal kichere ich mich aus. So, fertig. Also. Ich drehte eine Story für Instagram über Sportklamotten, die ich bewerben wollte. Ihr wisst ja, ich bin Influencerin. Das Besondere an diesen Klamotten ist, dass die Unterwäsche direkt eingearbeitet ist. Das heißt, diese Sportklamotten erübrigen das Tragen von zusätzlicher Unterwäsche. Und das habe ich in der Story kommuniziert: »Hey, es ist cool, diese Sportoutfits haben eingebaute Unterwäscheteile, die man separat entnehmen kann.« Das war die Story. Punkt. Pause. Ende. Tja, und daraus wurde dann diese Schlagzeile. Moment, habe ich irgendetwas nicht mitbekommen?

Die Wahrheit über ihre Freundschaft zu Collien Ulmen-Fernandes

Ich habe schon erzählt, dass ich die Show *Gülcan und Collien ziehen aufs Land* konzipiert habe. Ich habe mir also auch überlegt, wer am besten dazu passt, und fand, Collien sei eine gute Wahl. Also habe ich sie gefragt, und sie hat zugesagt. Wir kennen uns schon lange als Kolleginnen, hatten, wenn wir miteinander arbeiteten, auch immer eine gute Zeit und haben uns gut verstanden. Es ist aber nicht so, als wären wir vor der Show jahrelang superenge Freundinnen gewesen, die Händchen haltend über eine Blumenwiese gesprungen sind und jeden Tag stundenlang zusammen Kaffee getrunken haben (nicht, dass das gute Freundinnen machen würden ...).

Und als die Show abgedreht, unsere Arbeit also getan war, ging jede von uns wieder ihrer gewohnten Wege. Die gingen nicht bewusst auseinander, denn sie waren ja vorher gar nicht zusammen gewesen.

Manchmal werde ich noch heute darauf angesprochen, was bloß mit unserer Freundschaft passiert ist. Und dieser Dreh ist mittlerweile vierzehn Jahre her! Nach einem Interview mit mir hieß es mal: »Sie sind im Guten auseinandergegangen.« Ja, warum denn auch nicht? Oder besser: Wie denn sonst? Wir haben uns doch auch wegen gar nichts gestritten, geschweige denn waren wir uns uneinig.

Wie viele Arbeitskolleginnen hatte ich schon in meinem Leben? Auch viele wirklich tolle. Und mit keiner von ihnen bin ich jemals streitend oder weinend auseinandergegangen, weil unsere Zusammenarbeit zu Ende war. Das bringt die Branche vielleicht auch ein wenig mit sich: Ich habe schon für so viele verschiedene Sender gearbeitet, habe Werbedrehs gemacht, als Schauspielerin gearbeitet, Events moderiert – immer zusammen mit anderen Kolleginnen und Kollegen. Zu denen hat mich niemals jemand irgendetwas gefragt. Und falls sich nun jemand aufgerufen fühlt, sage ich es lieber gleich: Ich habe noch keinen Job zu Ende gebracht, indem hinter mir die Welt eingestürzt ist. Ich bin gar nicht der Typ, der sich streitet. Jede und jeder kann doch ihre oder seine Meinung zu Dingen haben.

Und wenn ich Collien wiedersehen würde, dann würden wir uns sicherlich unterhalten, zusammen lachen, eine gute Zeit haben – und im Anschluss würde wieder jede in ihr Zuhause zurückkehren, ganz fröhlich und guter Dinge und ohne den Herzschmerz einer verflossenen Busenfreundschaft.

Apropos Busen. Eine Schlagzeile habe ich noch für euch, die mich damals sehr amüsiert hat:

Busen-Konkurrenz für Pamela: Gülcan Kamps mit XXL-Dekolleté

Ursprung dieser waghalsigen Schlagzeile war ein Foto, auf dem mein Dekolleté wirklich, nun, sagen wir »gut getroffen« war. Es war während der Lambertz Monday Night in Köln. Ich gebe offen und ehrlich zu, dass ich an dem Abend kein hochgeschlossenes Oberteil getragen habe, sondern ein ausgeschnittenes. Und auch, dass ich für meine Größe und meine Proportionen eine recht große Oberweite habe. So weit, so gut. Allerdings hat die noch nichts, aber auch gar nichts mit einem Riesenbusen zu tun. Und nicht mal ansatzweise mit dem von Pamela Anderson. Diese eine Schlagzeile löste aber aus, dass danach in vielen anderen Medien (natürlich nur in den Schlagzeilen) darüber debattiert wurde, ob ich mehr Busen hätte als Pamela. Einige titulierten sogar, ich hätte den »Busen-Battle« gewonnen. Yey! Haha. Ich muss noch heute so darüber lachen.

Die Wurzel des Übels war der Schnappschuss dieses einen Fotografen, der auf einer Treppe positioniert gewesen war und ganz hinten gestanden hatte. Der hatte eben eine »günstige« Perspektive. Sagen wir es mal so. Sogar ich musste zweimal hingucken und habe beim Anblick des Fotos gedacht: »Holy Moly!« Darauf sah meine Brust wirklich viel größer aus, als sie ist. Aber immer noch lange nicht so groß wie die von Pamela Anderson. Wenn ihr wollt, vergleicht andere Bilder von mir miteinander und legt dann noch mal eins von Pamela daneben. Und dann schreibt mir doch mal, was ihr dazu meint.

Einen habe ich noch. Es geht um ein Erlebnis, von dem ich euch unbedingt erzählen muss, das live im TV vor einem Publikum von Tausenden Menschen ausgestrahlt wurde – es war ein ganz, ganz heikler Moment meiner Karriere. Gespannt? Dann los: Stellt euch folgendes Horrorszenario jeder Moderatorin vor: Wenige Sekunden vor einer Live-Laudation (es ging um die Echo-Verleihung), die ich halten sollte, ging mein Oberteil kaputt. Es war aus feinen Metallteilen und Strasssteinen gefertigt und hinten aufgerissen, als ich noch einmal (sehr) tief eingeatmet hatte, bevor ich gerade auf die Bühne gehen wollte. Es war keiner da, außer Oliver Geissen, der gerade in seine wohlverdiente Pause gehen wollte (er führte durch den Abend). Er bekam also mit, wie ich die Moderationskärtchen zu Boden schmiss und vollkommen hektisch versuchte, das Oberteil zusammenzuknoten. Es ging wirklich um Sekunden, mein Name wurde schon aufgerufen. Oli: »Ist alles okay?« Ich: »Nein, gar nichts ist okay, mein Oberteil ist kaputt, ich kann doch nicht ›oben ohne‹ auf die Bühne gehen.« Ich war wirklich ganz und gar aufgelöst. Aber ich wusste: Ich. Muss. Da. Raus. Wir waren live. Das wusste auch Oli. Und während er mich von hinten auf die Bühne schubste, sagte er: »Wir machen das, das packen wir. Du musst jetzt raus. Und ich halte das Oberteil währenddessen zusammen.« Whaaaat?!? Das war alles so irreal. Aber wir haben es tatsächlich durchgezogen. Und es ist alles gut gegangen. Wir haben da oben versucht, die skurrile Situation zu erklären. Und dann habe ich ganz seriös am Mikrofon meine Laudatio gehalten, mit meinem edlen Glitzerteil und einen Zentimeter dahinter Oliver Geissen, der das Kleidungsstück von hinten zusammenhält.

Und jetzt ratet mal, wie viele Schlagzeilen es zu diesem Moment wohl gegeben hat? Keine einzige. Es gibt nur einen Schnappschuss. Ich finde, dieser Moment zeigt sehr schön die Ironie des Lebens und auch die unvorhersehbare Auswahl der Berichterstattung.

Lasst die Leute reden

Das waren meine Lieblingsschlagzeilen über Gülcan Kamps, bei denen ich manchmal selbst nicht sicher war, wer diese Person eigentlich ist, von der da gesprochen wird. Eines ist vielleicht noch wichtig zu wissen und sich zu merken: Nie, niemals (oder in den allerseltensten Fällen) wird irgendjemand zu euch kommen und versuchen, die Dinge direkt mit euch zu klären, um der echten Wahrheit womöglich näher zu kommen. Pustekuchen. Das passiert niemals im medialen Bereich und leider auch selten im privaten.

Also, selbst wenn man etwas darüber zu sagen hätte, was über einen verbreitet wird, interessiert es sowieso keinen. Ich würde also fast sagen, es lohnt die Mühe (und die Sorgen und den Ärger) nicht, sich darüber aufzuregen. Denn wisst ihr noch: »**Was interessiert mich die Schlagzeile von heute? Morgen werden darin Fish 'n' Chips verpackt.**«

Lasst die Leute darum reden, ob am Arbeitsplatz, in eurer Stadt, in eurem Dorf, sogar in eurem Bekannten- oder Freundes- und Familienkreis. Hinterm Rücken oder davor. Es stimmt ohnehin kaum etwas davon, das wisst *ihr*. Und ihr seid immerhin die Hauptperson in diesem Theaterstück, das man Leben nennt und dessen Drehbuch wir leider nicht ganz allein schreiben. Aber doch ein großes Stück davon. Wenn du glücklich bist und obendrein vielleicht noch erfolgreich, dann wird sowieso unglaublich viel grober Unsinn über dich verbreitet. Gewöhne dich daran. Und freue dich lieber darüber, dass du glücklich bist, erfolgreich, dass du offenbar etwas Besonderes bist – du bist anders, du bist interessant!

Wenn das Gerede oder die Schlagzeilen aber deine persönliche Grenze überschreiten, dann darfst du dich selbstverständlich zur Wehr setzen (und die Tipps von weiter vorn beherzigen). Und immer schön an Fish 'n' Chips denken.

KAPITEL 11

Geschichten aus meinem Berufsleben – von gruselig bis großartig

... UND EIN PAAR RICHTIG WITZIGE STORYS SIND AUCH DABEI

Auf den ersten Blick hat dieses Kapitel nichts mit Glück und Erfolg zu tun, mit dem Thema unseres Buches. Im Folgenden geht es im Großen und Ganzen um ein Sammelsurium, eine kleine Auswahl meiner besten privaten Geschichten. Ich möchte sie euch gern erzählen, weil diese Erlebnisse zeigen, dass wir manches Mal ein Bild von einer Situation oder einem Menschen haben können, das sich nicht bewahrheitet, dass wir manchmal ins kalte Wasser geworfen werden und uns freischwimmen und ab und zu im Leben einfach durchhalten müssen, dass wir auf unser Bauchgefühl vertrauen dürfen und sollten ... Und das alles am Beispiel von: mir. Denn das erscheint mir die ehrlichste Art, euch zu zeigen: So kann es im Leben manchmal laufen, und es ist nicht alles Gold, was glänzt. Zumindest im ersten Moment. Denn jedes Erlebnis, jede Erfahrung bringt uns dem Goldschatz in uns selbst ein kleines Stückchen näher.

Also möchte ich euch mit dieser Auswahl an Erlebnissen zeigen, wie mich meine Erfahrungen, die guten wie die weniger guten bis hin zu sogar ganz schlimmen, geprägt und geformt haben. Sie gehören einfach dazu, zur Reise meines Lebens. Sie alle haben dazu beigetragen, dass ich zu der Frau geworden bin, die ich heute bin, dass ich mich weiterentwickelt habe. Die positiven haben mich bestärkt und glücklich gemacht, die negativen haben mir die Möglichkeit geschenkt, Konsequenzen aus ihnen zu ziehen, Verhaltensmuster anzupassen und so an ihnen zu wachsen.

Und nicht zuletzt ist es mein Wunsch, euch mit diesen meinen ganz persönlichen »Geschichten aus Gülcans Leben« gut zu unterhalten – mit diesem Potpourri von gruselig bis großartig.

Das VIVA-Casting

Ihr wisst bereits ein bisschen was über mein VIVA-Casting: Am Anfang steht die Wette mit meiner Schwester. Sie hatte mich jahrelang damit genervt, etwas im Medienbereich zu machen. »Da glänzt etwas«, hat sie immer zu mir gesagt. Ich war mir hingegen sicher, dass es nur in ihrem Köpfchen glänzte. Als dann dieser Casting-Aufruf von VIVA kam, bat sie mich, dorthin zu gehen, und ich gab nach, damit die liebe Seele endlich Ruhe hatte. Sie: »Wetten, dass du gewinnst?« Ich: »Wetten nicht?« Ich bin also von Berlin nach Köln gefahren. Es war ein sehr langer Tag, denn allein die Autofahrt (ich bin auch noch selbst und allein gefahren!) in eine Richtung dauerte zwischen fünf bis sechs Stunden und ich war natürlich nicht die Einzige beim Casting, musste also endlos lange warten, bis ich überhaupt drankam und vor die Jury treten durfte. Nach gefühlten hundert Stunden war ich also endlich an der Reihe. Ich stellte mich der Jury vor, anschließend sprachen wir kurz über das Wetter in Travemünde, über Gott und die Welt – machten einfach Small Talk, nicht mehr. Das besonders Merkwürdige war dabei, dass kein Jurymitglied mich ansah, sondern alle die Blicke fest auf Monitore vor sich gerichtet hielten. Dort wurde ich sozusagen live übertragen, und sie konnten gleich überprüfen, wie telegen ich war. Nach höchstens sieben Minuten war ich wieder draußen.

»Wie, *das* war's? Dafür der ganze Aufwand?!«, dachte ich nur. Vor der Tür standen noch Hunderte anderer Bewerber und Bewerberinnen, und da es mir lediglich um das Einlösen meines Wetteinsatzes ging, wollte ich mich eigentlich schleunigst wieder von dannen machen. Ich konnte mir auch beim besten Willen nicht vorstellen, irgendeine Chance zu haben – bei so viel Konkurrenz und so wenig Zeit, die ich gehabt hatte, um mich überhaupt da drinnen zu »präsentieren«. Da scharwenzelte auf einmal betont interessiert der junge Aufnahmeleiter um mich herum. Er druckste herum, ob wir nicht noch etwas essen und trinken wollten. Er war wirklich sehr nett, aber auch einigermaßen zurückhaltend, und es fiel ihm nicht leicht, mir ein Gespräch aufzuzwingen. Ich dachte nur im stillen Kämmerlein: »O mein Gott, der fragt mich auf jeden Fall gleich nach einem Date. Ich will aber einfach nur nach Hause!« Ich sagte: »Hey, du, danke für die super Organisation und alles. Aber ich werde jetzt nach Hause fahren. Denn, mal unter uns, ich werde bei dem ganzen Spaß hier sicherlich nicht weiterkommen.«

Ich sah regelrecht, wie bei ihm alle Alarmglocken läuteten. Da wusste ich ja noch nicht: Bisher gab es fünf Favoriten in Köln, und ich war eine davon. Und dieser arme Mensch hatte die Aufgabe, mich davon abzuhalten, nach Hause zu fahren, ohne bereits etwas zu verraten, während noch so viele Leute auf ihre große Chance warteten. Und was soll ich sagen: Ich habe das Casting in Köln tatsächlich »gewonnen«. Aber das wisst ihr ja schon. Und damit einen Tag bei VIVA. Aus dem eine Woche wurde. Aus der fünf Jahre wurden.

Mein Horror-erster-Tag bei VIVA

So gut das Casting auch gelaufen war, so schön das Hotel war, in dem ich unterkam für meinen ersten Tag bei VIVA, so nett die Menschen beim Sender auch waren und so herzlich ich auch willkommen geheißen wurde – es sollte nicht so rosig weitergehen. Mitnichten. Der Gewinn aus dem VIBVA-Casting war eine dreistündige Moderation, zusammen mit einer Co-Moderation. In der Redaktion wurde mir erst an dem Tag mitgeteilt, mit wem ich die Show machen würde, mit einer Moderatorin, die bereits ein, zwei Jahren für VIVA arbeitete. Ich kannte sie selbstverständlich. Jede und jeder kannte sie.

Natürlich wollte ich mich ihr zuallererst vorstellen, um dann die Moderation mit ihr zu besprechen. Ich sah sie in einer Ecke sitzen und über ihren Aufzeichnungen brüten. Schwungvoll und gut gelaunt ging ich zu ihr: »Hallo«, sagte ich. Sie guckte nur einmal kurz hoch und signalisierte mir mit ihrem Blick: »Ich habe gemerkt, dass du etwas gesagt hast«, wonach sie sich wieder ihren Notizen widmete. »Okaaay«, dachte ich, »hier wird offenbar gerade hart und konzentriert gearbeitet, da will ich mal nicht stören.«

Dann ging es in die Maske. Neben ihr sitzend, während an uns herumgezuppelt wurde, empfand ich es nun als einen guten Zeitpunkt, um ins Plaudern zu kommen. Sie ließ mich jedoch abermals abblitzen, sagte kein Wort. Ich redete es mir immer noch schön – darin bin ich wirklich stark: »Ach, das ist bestimmt der Stress vor der Show, gleich geht es immerhin los. Und wer sagt denn, dass nicht auch erfahrene Häsinnen Lampenfieber haben können?« Haha.

Dann bekamen wir unsere Moderationskarten gereicht, die Zeit zum Showstart wurde immer knapper, in einer halben Stunde sollte es auf Sendung gehen. Da versuchte ich ein letztes Mal, mehr oder weniger verzweifelt, mit einer kalten Coke (und extrem kalten Füßen) das Eis zu brechen – das Einzige, was ich mir einhandelte, war eine eiskalte Abfuhr: Sie stand einfach auf und ging. »Na ja, sie hat eben einfach keinen Durst.«

Meine Eigenschaft, immer in allem nur das Gute zu sehen, in allen Ehren, aber langsam dämmerte sogar mir, dass ich offenbar an die stutenbissigste Person auf diesem Planeten – oder zumindest des Senders – geraten war. An meinem ersten Tag! Na, herzlichen Glückwunsch. Und glaubt mir, ich weiß, was Stutenbissigkeit bedeutet und wie Frauen sein können – ich war auf einem Mädchengymnasium. Und weil ich so genau wusste, wozu Mädchen und Frauen in der Lage sind, habe ich mir damals geschworen, dass ich mich niemals in meinem ganzen Leben so benehmen wollte. Zum Glück habe ich das auch gar nicht in mir. Trotzdem hatte ich es mir vor Jahren zur Sicherheit ganz explizit vorgenommen. Und dann erwischte ich also so eine. »Das kann doch nicht wahr sein! Was ist das bloß für ein Tag?«, habe ich nur gedacht. In Gedanken habe ich schon mein Köfferchen gepackt und mich von VIVA wieder verabschiedet, kaum dass ich angekommen war.

Wenige Minuten vor der dreistündigen Livesendung habe ich dann noch einmal all meinen Mut zusammengenommen – was hatte ich schon zu verlieren? – und sie gefragt: »Du, wie wollen wir denn die Anmoderation gestalten? Wir müssen uns doch ein bisschen absprechen bei so einer langen Moderation. Möchtest du anfangen? Ich lasse dir gern den Vortritt. Oder soll ich starten, dann kannst du noch ein bisschen entspannen? Lass uns das doch bitte einmal kurz besprechen.« Da guckt sie mich an und sagt nur diesen einen Satz: »Du machst das schon.« Aber mit einem so fiesen Unterton, ich sage es euch.

Ich habe die drei Stunden irgendwie herumbekommen, habe mich stark zurückgenommen in der Moderation, dabei versucht, so normal und locker wie möglich zu wirken und mir mantraartig in Gedanken vorgesagt: »Gülcan, so ist das jetzt einfach, mach das Beste daraus!« So saßen wir drei Stunden lang dicht nebeneinander, Werbepause für Werbepause ohne ein persönliches, freundliches Wort, die Frau hat mich irgendwann nicht einmal mehr angeschaut.

Stellt euch eine Minirobbe auf einer Eisscholle vor. Und dann einen Eisbären, der auf die Scholle springt und sie so ins Wanken bringt, dass die kleine Robbe ins eiskalte Wasser rutscht. Wo sie versucht, drei Stunden lang wild paddelnd zu überleben. Wird sie es schaffen? Wird sie. Und danach wird sie sich ihr Leben lang nur noch Eisschollen suchen, vor denen weit und breit kein Eisbär in Sicht ist. Und wenn es doch mal einer versuchen sollte, wird sie sich festkrallen und ihre Scholle nicht loslassen. Oder ins Wasser springen und gekonnt davonkraulen. Denn mittlerweile wird sie ihre Schwimmfähigkeiten perfektioniert haben.

Ja, das war mein erster Tag bei VIVA. Schlimmer geht immer? Finde ich in diesem Fall definitiv nicht.

Kennen wir uns, kleine Robbe?

Wie gesagt, eigentlich hatte ich im Kopf schon meinen Koffer fertig gepackt und war aus der Tür. In einem abschließenden Feedbackgespräch fragte der Chef des Senders mich, wie mir der Tag gefallen habe. Ich schwärmte davon, wie viel Spaß mir das Moderieren gemacht habe, sagte aber auch ganz ehrlich, dass die Kollegin kein Wort mit mir gewechselt hätte. Ich sehe noch bis heute die Handbewegung meines Chefs in Richtung ihres Platzes vor mir: So ein ganz erschöpftes Abwinken. Und erfuhr, dass die Moderatorin im ganzen Sender dafür bekannt war, so unnahbar und unfreundlich zu sein. »Die ist immer so«, gestand mein Chef, und dass es ihm leidtue, dass ich ausgerechnet mit ihr zusammengewürfelt worden war. Es war einfach ihr Sendetag gewesen – ich hatte schlicht kein Glück gehabt. Menschlich sollte diese Person unterste Schublade sein, aber der Sender sei eben mit ihrer Arbeit zufrieden. Ich empfand diese Haltung als äußerst entspannt – für meinen Geschmack ein bisschen zu entspannt. Aber ich war ja nicht für die Personalabteilung angestellt worden.

Und auch wenn ich nach dieser ersten Horrormoderation vom Sender gebeten wurde, für eine Woche *jeden Tag* drei Stunden zu moderieren, musste ich bis auf zwei, drei Male glücklicherweise nie wieder mit dieser bissigen Stute zusammenarbeiten. Ich hatte sogar das große Glück, mit Mola Adebisi zu moderieren, ein wahrer Traumkollege. Aber natürlich sind wir uns im Sender immer wieder über den Weg gelaufen, haben uns knapp gegrüßt. Vor drei oder vier Jahren dann trafen wir uns bei einem anderen

Sender für eine Quizshow wieder, an der auch andere Kollegen und Kolleginnen des Showbiz teilnahmen. Wir haben uns alle begrüßt und im Small Talk darüber ausgetauscht, was wir so machten. Da betrat auch mein Erster-Tag-bei-VIVA-Albtraum den Raum. Nachdem sie alle begrüßt hatte, war die Reihe an mir. Sie sagte mir Hallo, als hätten wir uns noch nie zuvor gesehen. Ist das nicht schon fast Comedy? Und genauso habe ich diese Situation auch für mich abgestempelt. Ich glaube heute, dass diese Person einer der unglücklichsten Menschen überhaupt ist. Im Prinzip tut sie mir fast schon leid.

Tja. Wir können nicht in die Menschen hineingucken. Schon gar nicht, wenn sie uns partout nicht lassen. Dann müssen wir auf unseren eigenen Selbstwert vertrauen und darauf, dass wir die Guten sind. Und uns, wenn irgend möglich, von solchen Personen fernhalten.

Mein unheimlicher Stalker

Ich habe diese Geschichte ganz am Anfang des Buches bereits angekündigt. Sie beginnt recht unspektakulär – eines Abends war mein Smartphone leer. Ein kleines bisschen spektakulärer wird es doch noch: Ich konnte beim besten Willen mein Ladegerät nicht finden, stellte meine ganze Wohnung (es war die in Köln, ganz in der Nähe von VIVA) auf den Kopf – nichts. Ich brauchte mein Telefon, nicht nur zum Arbeiten, ich nutzte es auch als Wecker, und der sollte am nächsten Morgen immerhin um vier Uhr klingeln. Ich war also einigermaßen in Not und wusste nicht, was ich tun sollte. Da musste ich an einen Satz denken, den wohl jede und jeder von uns schon einmal gehört hat: »die Polizei, dein Freund und Helfer«. Und das traf sich ganz vorzüglich, weil sie zu der Zeit meine direkten Nachbarn waren. Es war schon recht später Abend, aber ich fasste mir ein Herz und huschte in meinem Seidenpyjama und in Uggs (ich habe noch genau vor Augen, was ich damals anhatte) nach nebenan.

Ich platzte also in meinem Abendoutfit in die Polizeiwache – und fühlte mich mehr als fehl am Platz. Ich wurde auch entsprechend erstaunt von den Kollegen vor Ort angeschaut – und kam lieber gleich zur Sache, weil sonst niemand etwas sagte: »Ich fürchte, weswegen ich hier bin, ist überhaupt nicht eure Baustelle und sicher nicht euer Problem, und ihr habt garantiert Besseres zu tun – denn wahrscheinlich gibt es auch in Köln ein paar Gangster zu jagen –, aber ich traue mich trotzdem, euch um einen Gefallen zu bitten, weil ich immer wieder daran denken muss, was man mir als Kind gesagt hat: ›die Polizei, dein Freund und Helfer‹, und ich brauche tatsächlich Hilfe, weil ich mein Ladegerät nicht finde, mein Handy aber keinen Saft mehr hat und ich nicht weiß, wie ich ohne meinen Wecker morgen früh um vier Uhr aus den Federn kommen soll.«

Tiefes Luftholen meinerseits. Große Stille auf der anderen Seite. Dann musste ich lachen, weil mir die Situation selbst so absurd vorkam. Ein, zwei der Polizisten schmunzelten tatsächlich auch. Und was soll ich sagen? Sie liehen mir ein Ladegerät. Mission erfolgreich.

Ich brachte es am nächsten Morgen zusammen mit einer Dankeschön-Leckerei zurück. Und das war die einzige Gelegenheit, bei der ich mit dieser Polizeiwache zu tun hatte in der Zeit, die ich dort gewohnt habe. Dachte ich …

Eines Tages ragte aus meinem Briefkastenschlitz eine rote Rose heraus. Ich dachte das Offensichtliche: »O mein Gott, ich habe einen Verehrer, der mir wirklich eine Rose in den Briefkasten gesteckt hat!« Mit solch einer Art von »Romantik« kann ich überhaupt nichts anfangen, mir ist das eher unangenehm bis hin zum Fremdschämen. Ich kann dem so gar nichts abgewinnen, um den heißen Brei herumzutüdeln, anstatt offen und frei auf die Menschen zuzugehen, gerade wenn man sie offenkundig toll findet. Es war auch nur diese eine Rose und kein Brief dabei. Ich nahm sie also (das sage ich ganz leise: schmiss sie weg – wirklich, weil es mir so unangenehm war und ich nichts von einem Fremden in der Wohnung haben wollte) und dachte mir nichts weiter dabei.

Jedoch: Es ging weiter. Der heimliche Rosenkavalier versorgte mich regelmäßig mit Rosen, Rosen, Rosen. Und irgendwann, als ich einen enormen Strauß zusammengehabt hätte, war ein Brief dabei. In dem standen Dinge wie, dass ich eine so tolle Frau sei und er mich gern kennenlernen würde. Ein Name war aber nicht dabei, nichts über ihn. Ich hätte ihn also gar nicht kontaktieren können, selbst wenn ich gewollt hätte (was ich definitiv nicht wollte).

Als ich dann eines Abends nach Hause kam, war mein ganzer Briefkasten vollgestopft mit Rosen. Stellt euch das einmal bildlich vor: Um zu meiner Wohnung zu gelangen, musste man durch einen dunklen Torweg gehen und am Ende links abbiegen. An der Wand neben der Eingangstür hingen in einer Reihe die Metallbriefkästen des Wohnhauses. Und einer dieser Briefkästen – meiner! – war also voller langstieliger roter Rosen. Mir war das auf der einen Seite höchst unangenehm vor meinen Nachbarn, und auf der anderen Seite bereitete mir dieses penetrante Benehmen mittlerweile ein wirklich schlechtes Gefühl. Immerhin war da jemand, vermutlich ein Fremder, auf jeden Fall jemand, der sich mir nicht zu erkennen geben wollte, der regelmäßig meinen Briefkasten aufsuchte, wenn ich nicht da war, um mir romantische Zeichen zu hinterlassen.

Aber das war noch nicht alles. Dieses ungute Gefühl gipfelte in dem Moment, als ich vor meiner *Wohnungstür* einen Blumenstrauß fand. Vor meiner Tür! An der Tür hing kein Namensschild, und es war immerhin der zweite Stock eines Mehrfamilienhauses. Woher wusste mein heimlicher Verehrer so genau, wo ich wohnte? Spionierte er mich aus? War er womöglich immer in meiner Nähe, ohne dass ich es bemerkte? Mir liefen gleich mehrere Schauer über den Rücken. Er legte die nächsten Tage und

Wochen noch Schmuck davor, Schokolade und ganz kitschig sogar einen Teddybären. Ich schmiss alles beharrlich und mit meinem schlechten Gefühl im Nacken weg.

Und dann kam die Krönung: ein Brief, mal wieder in meinem Briefkasten, in dem er in regelrecht strengem Tonfall schrieb, es sei nun wirklich langsam an der Zeit, sich kennenzulernen, und dass ich mich endlich einmal melden solle, um ein Treffen zu vereinbaren. »Wie denn, sehr geehrter Herr Stalker?!«, dachte ich im ersten Moment. Denn immerhin kannte ich weder seinen Namen geschweige denn seine Telefonnummer. Bis zu diesem Tag. Denn dieser eine Brief war tatsächlich mit seinem vollen Namen unterschrieben. Ich bewahrte ihn auf, weil er mir Angst einflößte, ohne dass ich genau hätte sagen können, warum. Es war einfach die Art, wie der Brief formuliert war, mit dieser (Auf-)Dringlichkeit und einer gewissen Strenge.

Ein paar Tage später verließ ich meine Wohnung, um kurz etwas vom Sender zu holen, der fußläufig zu erreichen war. Ich war also vielleicht eine Viertelstunde weg gewesen, und als ich in den Torweg einbog, stieß ich plötzlich sehr hart mit jemandem zusammen, der sehr zügig in die andere Richtung unterwegs war. Er war auf jeden Fall ein ganzes Stück größer als ich, hatte kurze Haare, trug eine Jeansjacke mit hellem Innenfell. Daran erinnere ich mich noch ganz genau. Und er war wirklich extrem kräftig gebaut und muskelbepackt, das weiß ich so genau, weil ich am liebsten laut »Aua!« geschrien hätte, so wehgetan hatte mir unser Zusammenstoß. Stattdessen rutschte mir nur ein »Sorry« heraus. Und weg war er auch schon. Ich stand noch eine Weile perplex da – und dann begann es wie wild in meinem Kopf zu rattern. Was machte so ein Typ in unserem Torweg? Ausgerechnet in der Zeit, in der ich weg gewesen war? Ich hatte vor dem Rausgehen meinen Briefkasten gecheckt, es war nichts darin gewesen. Mit einer bösen Vorahnung näherte ich mich unserer Briefkastenwand – wie gesagt, ich war höchstens eine Viertelstunde weg gewesen –, und tatsächlich: Aus einem der Briefkästen ragte eine rote Rose!

Als ich später an diesem Tag zu VIVA ging, um zu arbeiten, war ich in mich gekehrt, nachdenklich und wohl sehr still. Das fiel natürlich auf. Einige meiner Kollegen und Kolleginnen sprachen mich an und fragten, ob alles in Ordnung sei. Ich lächelte meine Unsicherheit weg. Aber einer der Security-Mitarbeiter blieb hartnäckig, bis ich mich ihm irgendwann anvertraute. Ich erzählte ihm die ganze merkwürdige Geschichte von Anfang bis Ende und auch von dem Brief, den ich behalten hatte, auf dem der Name des unheimlichen Verehrers stand. Und davon, dass ich wirklich Sorge hatte, allein nach Hause zu gehen, weil dieser Mensch mir tatsächlich Angst machte, ich nicht wüsste, wozu er fähig sei. Der Security-Kollege hörte sich alles in Ruhe und mit großer Ernsthaftigkeit an und sagte dann einfach nur: »Gib mir mal den Brief, ich kümmere mich darum.« Ich weiß noch, dass in diesem Moment in Sekundenschnelle ganz wilde Fantasien durch meinen Kopf schossen, die in Richtung *Sopranos* oder *4 Blocks* gingen. Was wusste ich denn, was in Security-Sprech bedeutete »Ich kümmere mich darum«?

Tatsächlich hatte seine Firma die Möglichkeit, zu recherchieren, wer dieser Typ war, und ihn ausfindig zu machen. Und tatsächlich handelte es sich um einen Polizisten von »meiner« Polizeiwache, sogar ein recht hohes Tier. Der Anwalt der Security-Firma setzte einen Brief an ihn auf, dessen Wortlaut ich aber leider nie erfahren habe. Mein Security-Freund beruhigte mich nur mit den Worten: »Ich bin ganz sicher, dass er sich nie wieder bei dir melden wird, mach dir keine Sorgen.«

Und er hatte recht. Ja, das war das schnelle und saubere Ende meiner Gestalkt-werden-Karriere.

Bravo, Gülcan!

Ich habe bereits davon berichtet, wie es mein großer Wunsch war, erst *Bravo TV* und irgendwann die *Bravo Super Show* zu moderieren. Die Show, die zu moderieren zur damaligen Zeit im Bereich »Popkultur« als absoluter Ritterschlag galt. Als Nächstes wollte ich den goldenen Bravo Otto gewinnen, diesen in den 2000ern so berühmten und begehrten Publikumspreis. Ich habe mir diese Wünsche als ganz konkrete Ziele vorgenommen und vorgestellt und im nächsten Step alles dafür getan, um sie umzusetzen. Es hat geklappt. Ich habe alles moderiert, was ich mir gewünscht und vorgenommen hatte, und den Bravo Otto in Gold sogar zweimal gewonnen. Er war nicht mein einziger Publikumspreis, aber der Bravo Otto war schon etwas ganz, ganz Besonderes. Ich empfinde es nach wie vor als eine große Ehre, dass ich ihn mein Eigen nennen darf, und wenn ich ihn heute anschaue, erinnere ich mich voller Glück und Stolz an diese Zeiten zurück. Darum hat er bei uns zu Hause auch einen schönen Platz. Denn auch wenn heute ganz andere Zeiten sind und ich mich in eine neue Richtung (weiter-)entwickelt habe, hat dieser Abschnitt meines Lebens einen ganz besonderen Platz in meinem Herzen, und ich bin bis heute sehr dankbar dafür.

Man sieht sich immer zweimal im Leben

Mein erstes »Hottie-Shooting« für ein Männermagazin fand in Miami statt, ich glaube, es war für den »Maxim Women of the Year«-Award, den ich gewonnen hatte. Es ging in jedem Fall um ein paar sexy Fotos, die aber für diese Art Zeitschriften nie das Äußerste (also eigentlich das Innerste) zeigten. Es waren also sehr hochwertige, ästhetische Fotos, die die Models in exquisiten Locations abbildeten und von wirklich bekannten Meistern ihres Fachs geknipst wurden. Und ich also bei diesem Fotoshooting in Miami! Wie aufregend!

Als ich viel später einmal in Miami im Urlaub war und einen

dieser endlos langen Sandstrände entlangspazierte, auf denen man sich wirklich verlaufen kann, rückte auf einmal eine kleine Strandhütte in mein Blickfeld. Mehr so aus Versehen. Da fiel es mir wie Schuppen von den Augen: »Das darf doch nicht wahr sein!« Genau hier hatte mein allererstes Hottie-Fotoshooting stattgefunden! Dazu müsst ihr wissen, dass die Strände dort wirklich unglaublich lang und breit sind und alles gleich aussieht. Der Wiedererkennungswert ist also gleich null. Und dann fiel mir wieder ein, was mich bei diesem Shooting am meisten beeindruckt, was sich mir nachhaltig ins Gedächtnis eingebrannt hatte. Von wegen »Stille Wasser sind tief« und »Schlechter Humor verbindet« … Für unser Shooting war damals ein ganzes Stück Strand abgesperrt worden, und wir hatten sogar Polizeischutz bekommen. So viel Aufwand für ein gar nicht so großes deutsches Magazin! Verrückt, oder? Der Chefpolizist, sozusagen, war ein sehr ernster Mann, der während der Aufnahmen nicht einmal gelächelt hatte. Er trug seine Uniform und eine dunkle Schutzbrille über den Augen, die ganze Zeit über. Als Mittagspause war, kam er mit uns zum Essen. Und saß ausgerechnet mir genau gegenüber. Ich will nicht sagen, dass ich Angst vor ihm hatte, aber Respekt einflößend war er schon. Außerdem konnte ich ja seine Augen hinter der dunklen Brille nicht erkennen. Ich unterhielt mich aber ganz ungezwungen mit den anderen am Tisch und auch mit ihm und verzehrte dazu meine Garnelen in Knoblauchsoße, bis ich beim besten Willen keine mehr hinunterbekam. Und da schob dieser seriöse »Man in Black«-Polizeichef von Miami seine Sicherheitsbrille mit dem Zeigefinger nach oben, sah mir direkt in die Augen, ohne zu blinzeln, und fragte mich mit seiner sonoren Stimme, die sicher schon viele Verbrecher im Kreuzverhör unerbittlich gelöchert hatte: »Glücan?« Mir stockte der Atem. »Can I have your shrimps?« In diesem Moment brach ein etwas unverhältnismäßig lauter Lacher aus mir heraus. Ich fand diese Situation mit diesem Polizisten einfach so merkwürdig-

skurril-komisch, dass ich nicht anders konnte, als laut loszu-
lachen. Es war Situationskomik par excellence. Und natürlich hat
er meine restlichen Shrimps bekommen.

Die Tochter meiner Mutter

Eines Tages nahm ich meine Mutter als Begleitung mit auf ein
Event in einem Reptilienmuseum in Köln. Das war noch relativ
am Anfang meiner Fernsehkarriere. Da kam ein junger Mann
auf mich zu mit den Worten: »Hallo, Gülcan, sagt dir ›Profifuß-
ball‹ etwas?« Mal ehrlich: Das ist doch der schlechteste Spruch
des Tages, oder? Ich: »Ja, das habe ich schon mal irgendwo gehört …« Der arme Mann war als Wingman geschickt worden
von seinem Kollegen, der eben Profifußballer war, in einer Ecke
am Stehtisch stand und just in diesem Moment zu mir herüber-
winkte. Wie in einem schlechten amerikanischen Film. Ich winkte zurück. Wingman: »Er möchte dich gern kennenlernen.« Bevor ich etwas sagte, dachte ich erst einmal, wie furchtbar peinlich
und unmännlich ich es finde, wenn man es nicht selbst schafft,
jemanden anzusprechen, der einen interessiert. Und darum
musste ich mich auch irgendwie aus der unangenehmen Situation
herausarbeiten. Da ich nicht auf den Mund gefallen bin, wie ihr
wisst, ist mir das auch ganz gut gelungen, ohne auch nur ein Wort
mit dem Mann zu wechseln, der mich eigentlich hatte kennenlernen wollen.

Über die nächsten ein, zwei Stunden war ich auf dem Event
unterwegs, unterhielt mich mit Leuten, ließ hier und da ein Foto
knipsen … Bis ich irgendwann bemerkte, dass ich meine Mutter
schon eine geraume Zeit nicht mehr gesehen hatte. Ich ließ meinen Blick durch den Raum schweifen – und da sah ich sie. Ratet
mal, wo? An der Seite des Profifußballers! Der hatte sie komplett
um den Finger gewickelt. Ich ahnte schon, was mich erwartete,
und schlich darum eher, als dass ich ging, zu ihnen hinüber. »Hi,
du hast also meine Mutter kennengelernt?« Bevor er etwas er-

widern konnte, quiekte meine Mutter: »Gülcan, das ist so ein netter Mann. Und der findet dich ganz toll. Möchtest du ihm nicht eine Chance geben?« Plinker, plinker. Ich bin in Grund und Boden versunken. Oder wäre es gern. Der kleine Lurch wusste genau, wie das geht: zwei gegen eine. Noch dazu die eigene Mutter! Die nahm ich jetzt mithilfe einer fadenscheinigen Entschuldigung beiseite, um ihr zu erklären, wie wenig Lust ich auf diesen Typen hatte und wie unangemessen ich es fand, welche Mittel und Wege er wählte, um an mich heranzukommen. Und wisst ihr, was meine Mutter mir dann etwas zerknirscht beichtete? Dass er ihr meine Telefonnummer entlockt hatte! Ich: »Mama, du hast noch nie meine Nummer herausgegeben! Weil du doch auch genau weißt, dass man das nicht einfach so macht. Was hat dich denn da geritten?« Sie: »Ach, er ist so ein netter Mann! Ein echter Gentleman.« Nein, der war absolut kein Gentleman, sondern ein riesengroßer *Un*gentleman, mindestens. Denn wie hinterlistig hatte er sich benommen, um mich (gegen meinen Willen, wohlbemerkt) kennenzulernen? Auch meine Mutter hat das nach einer Weile eingesehen und die Hochzeitskataloge in ihrem Kopf erst einmal wieder zugeklappt.

Fakt blieb aber: Der Profifußballer hatte meine Nummer. Und er nutzte sie, das kann ich euch sagen. Er hat nicht lockergelassen, hat immer und immer wieder angerufen. Zwei-, dreimal habe ich sogar abgenommen, wenn ich Zeit hatte, weil er mir irgendwie auch leidtat und es meiner Meinung nach die Höflichkeit und ein gewisser Respekt gebietet, jemanden nicht so hart gegen eine Wand laufen zu lassen. Ich war so kurz angebunden wie möglich, habe nur sehr einsilbig und knapp geantwortet und das Gespräch sehr schnell wieder beendet. Für mich war dieser Mann einfach gar nicht real und existent in meinem Leben. Er war ein verrückter Typ, der unglücklicherweise an meine Nummer gekommen war. Ich habe mich sehr davor gehütet, ihm in unseren wenigen kurzen Gesprächen auch nur ein Fünkchen Hoffnung zu machen. Er aber sah in diesen zwei, drei Telefonaten offenbar bereits ein Zeichen, dass wir auf dem besten Weg zu einer Beziehung waren. Das habe ich aber erst ein wenig später erfahren … Mit dem Holzhammer mitten auf den Kopf. Als er nämlich für einige Zeit für eine OP ins Krankenhaus musste und mir davon erzählte. Ich wünschte ihm alles Gute und war, wenn ich ehrlich sein darf, vor allem froh, ein paar Tage absolute Ruhe vor ihm zu haben.

Und jetzt: Film ab für ein wirklich schlechtes Drehbuch! Drei, vier Tage später rief er mich aus dem Krankenhaus an, er hatte die OP hinter sich gebracht. Und mich dermaßen zur Schnecke gemacht: »Wie kannst du mich nur so hängen lassen? Wieso hast du mich nicht im Krankenhaus besucht? Ich hatte immerhin eine OP!« Da durchfuhr es mich wie ein Blitz: Der dachte wirklich, wir seien bereits ein Paar. Ich weiß noch, wie es mir heiß und kalt den Rücken herunterlief, als mir das ganze Ausmaß dieser Verrücktheit und Absurdität bewusst wurde. Ich sammelte mich und versucht so gefasst wie möglich zu klingen: »Jetzt hör mir mal zu. Ich weiß, dass es nicht der beste Zeitpunkt ist, dir das zu sagen, und es tut mir auch leid, dass du von der OP sicherlich noch mitgenommen bist, und ich wünsche dir alles Gute für die Genesung – aaaber: HAST DU NOCH ALLE TASSEN IM SCHRANK?« Er: »Du weißt gar nicht, was du dir entgehen lässt. Wir könnten die neuen Beckhams werden!«

OMG! Was war bloß in den gefahren, einer Frau den Hof zu machen, die ihn so abweisend behandelte? Wir hatten uns doch nur einmal flüchtig auf diesem einen Event gesehen. Und vielleicht zweimal völlig unpersönlich telefoniert. Er hat dann noch zwei-, dreimal versucht, mich anzurufen, aber ich habe nicht mehr abgenommen. Und dann verlief die Geschichte glücklicherweise im Sande. Was ich daraus gelernt habe? Einmal, dass wir nie wissen, was in den Menschen steckt. Aber etwas noch Wichtigeres, was mich sehr beruhigt hat: dass ich offenbar ganz gut auf mein Bauchgefühl und meine Menschenkenntnis vertrauen kann. Denn hatte ich nicht schon beim Spruch des Wingmans gewusst: Das konnte nichts werden.

Ohne Mikro, mit La-Ola-Welle

Eines Tages während meiner Moderation bei *The Dome,* kurz bevor ich auf die Bühne sollte, war auf einmal wie von Geisterhand mein Mikrofon verschwunden, und es gab keinen Ersatz. (Kennt ihr diese Show noch? In die riesigen Sportarenen, wo sie ausgetragen wurde, passten bestimmt 50 000 Menschen.) Da es sich aber um eine Live-on-Tape-Aufzeichnung handelte, konnten wir nicht länger warten. Also hieß es kurzerhand: »Okay, geh erst mal auf die Bühne und mach irgendwas, wir suchen in der Zeit das Mikro.« Ich sollte auf der Bühne vor rund 50 000 Leuten etwas sagen, wo der Geräuschpegel so groß war, dass man sein eigenes Wort nicht verstehen konnte? Selbst wenn man brüllte? Klar. »Das ist ja mal eine Nummer«, dachte ich nur. Aber was sollte ich machen? Das Beste draus, natürlich. Also bin ich raus auf die Bühne und habe den Menschen ganz vorn erst einmal einen Witz erzählt. Der Rest der Arena verstand natürlich kein Wort, und es wurde unruhig und laut. Ich habe dann nur den vordersten Reihen – weiter kam meine Stimme ja nicht – von der Panne berichtet und sie gebeten, einfach mitzumachen. Und dann habe ich angefangen, die Leute zu animieren, mit Klatschen und La-Ola-Wellen. Und wisst ihr was? Nachdem die ersten Reihen zögerlich angefangen hatten, wurden es mehr und mehr Menschen, die mitmachten, und am Ende hat die gesamte Halle mitgefeiert. Ja, es war wirklich wie eine riesige Party mit wahnsinnig guter Stimmung. Die Arena hat regelrecht getobt vor lauter Euphorie und guter Laune.

Man hat so seinen Fetisch

Kommen wir zur Eisenbahn-Geschichte. Ich hatte während meiner Zeit bei VIVA eine Weile sozusagen einen E-Mail-Stalker. Er schrieb täglich eine Mail an die Redaktion und bat dringend darum, dass ich mit High Heels eine Miniatureisenbahn zertreten solle. Das hat uns irgendwann so sehr genervt, dass ich entschieden habe: »Leute, ich mache das. Dann befriedigen wir eben seinen Fetisch, aber dafür haben wir anschließend Ruhe. Ich versprech's euch. Bringt morgen eine Eisenbahn mit, ich komme in High Heels.« Gesagt, getan. Und der Stalker hat sich nie wieder gemeldet.

Was will ich euch damit sagen und zeigen? Vielleicht, dass es in Ordnung ist, Dinge auch mal anders zu machen und zu entscheiden als alle anderen und zu seiner Einschätzung zu stehen – wenn man damit dann sogar noch recht hat, umso besser! Und was hätte das Schlimmste sein können, was mir hätte passieren können? Möglicherweise hätte der E-Mail-Stalker mich als Nächstes gebeten, ein Modellflugzeug zu zertrampeln …

Live und direkt

Irgendwann zog VIVA vom alten Studio im Mediapark um neben Stefan Raabs TV-Total-Studio in der Schanzenstraße. Einen der ersten Auftritte im neuen Studio hatte Ferris MC – Moderation: Gülcan. Weil alles noch so neu war, ist bei der Performance seines Songs »Was wäre wenn?« tontechnisch wohl etwas schiefgelaufen. Und Ferris? Er ist total ausgeflippt und konnte sich gar nicht mehr einkriegen. Wenn ihr Lust habt auf eine ordentliche, aber auch heftige Lachnummer, dann schaut euch das Video einmal an. Es gibt auch eine unglaublich witzige Verballhornung von »Kalkofes Mattscheibe« dazu.

Im Nachhinein kann ich darüber auch sehr herzlich lachen. Damals, in dem Moment live im Studio hingegen, habe ich Blut und Wasser geschwitzt. Ich sollte immerhin die Show moderieren, mich mit Ferris vor laufender Kamera unterhalten. Daraus wurde aber nicht so recht etwas, denn das Einzige, was Ferris imstande war, von sich zu geben, waren wenig jugendfreie Wörter. Und dabei hatte ich am Morgen noch sein Horoskop gelesen, in dem gestanden hatte, er sei ganz entspannt, ihm gehe es seelisch gut und er sei ausgeglichen. Von wegen … Ich redete mich also ein bisschen um Kopf und Kragen und versuchte vor allem auf Teufel komm raus, die Geräusche im Hintergrund zu übertönen, die Ferris von sich gab. Wie gesagt: wenig jugendfrei … Aber zum Glück wusste ich ja schon: Im kalten Wasser schwimmen kann ich gut.

Die Wundercreme gegen Falten

Jetzt möchte ich euch von einer höchst skurrilen Begegnung erzählen, die mich eines Eventabends ereilte. Und zwar traf ich dort mit einem sehr berühmten und gutaussehenden deutschen Schauspieler zusammen. Ich möchte gleich dazu sagen, dass ich keinerlei Interesse an ihm hatte. Ich war schon immer sehr wählerisch bei Männern, das hatte gar nichts mit meiner Position in der Öffentlichkeit zu tun. Erst mit fünfzehn, sechzehn Jahren bin ich »Jungs-technisch« überhaupt wach geworden, habe mich ein bisschen umgeschaut. Meinen ersten festen Freund hatte ich erst mit sechzehn oder siebzehn. Ich war wirklich eine Spätzünderin, damals schon, glaube ich, aber vor allem verglichen mit heute. Sagen wir so: Ich habe nicht alles mitgenommen, was man hätte mitnehmen können. Bei mir war schon immer entscheidend, ob es sich um ein »Der ist gutaussehend« handelte oder um ein »Wow, das ist absolut mein Typ!«.

Zurück zur Geschichte: Ich unterhielt mich also mit diesem wirklich gutaussehenden Schauspieler, der aber eben nicht »absolut mein Typ« war – aber er war absolut *sein* Typ, denn er sagte mir wortwörtlich, dass er wisse, wie schön er sei. Das sagte er mir mitten ins Gesicht, ohne rot zu werden oder mit der Wimper zu zucken. »O Mann«, dachte ich, »wie kann man denn so etwas von sich selbst sagen? Aber komm, Gülcan, eigentlich ist es doch süß, dass er sich selbst so gern leiden mag. Dann musst du es nicht.« Während ich noch so mit mir selbst im Zwiegespräch war, fuhr er mit verschwörerischer Stimme fort, er wolle mir ausnahmsweise sein Schönheitsgeheimnis verraten, er wisse ja, dass er fünf, sechs Jahre älter sei als ich (und trotzdem jünger aussah – oder was wollte er mir damit eigentlich sagen?). »Mein Geheimnis, warum ich immer noch so jugendlich und frisch im Gesicht aussehe, ist, weil ich es mit Popo-Creme eincreme.« Ja, er sagte wirklich »Popo-Creme«. »Klasse«, entgegnete ich darauf einfach nur. Ich hatte, ehrlicherweise, nicht so richtig zugehört und nahm an, es ginge um irgendeine Marke, die ich nicht kannte, oder um eine besonders fetthaltige Creme. Da fragte er noch einmal explizit nach: »Hast du mich richtig verstanden?« Ich: »Klar. Ich kenne das Label zwar nicht, aber es wird wohl gut sein.« »Nein, nein, ich schmiere mir echte Hämorrhoidensalbe ins Gesicht, die zieht alles ganz fest zusammen.« Ab da weiß ich leider nicht mehr, was ich entgegnet habe, ich hoffe, es war ein halbwegs adäquater Satz. Nur gedacht habe ich sicherlich: »Okay, Gülcan, du hast bei Männern wirklich immer ein ganz gutes Bauchgefühl. Du weißt schon, von wem du besser die Finger lassen solltest. Immerhin haben einige offenbar wirklich einen gehörigen Dachschaden.« Diese Geschichte gehört auf jeden Fall zu einer der witzigeren meines Medienleben-Repertoires, und ich wollte sie euch nicht vorenthalten.

Da steht ein Fan auf dem Flur

… hmm, nein, sogar in meinem Zimmer! Eines Tages fand ich hinter der Tür meines Hotelzimmers einen völlig aufgelösten und aufgeregten Fan. Das Mädchen konnte es gar nicht fassen, mir wirklich und leibhaftig zu begegnen. Sie bat mich hochrot und stotternd um ein Autogramm und ein Foto. Ich habe es dann auch gemacht und sie gefragt, wie sie denn um Himmels willen in dieses Zimmer gelangt sei. »Ich habe ein Zimmermädchen darum gebeten, und sie hat mir einfach die Tür aufgeschlossen«, erzählte mir das Mädchen, selbst immer noch ganz ungläubig über dieses in ihren Augen unglaubliche Glück. Es gibt so verrückte Geschichten, die gibt's gar nicht! Und was habe ich gelernt: Rechne immer mit dem Unberechenbarsten. Und bleibe professionell und gefasst.

Wer probt, kann nichts

Als der *Eurovision Song Contest* in der Türkei stattfand, durfte ich mit Stefan Raab zusammen die Moderation übernehmen. Er ist ein Topkollege, finde ich übrigens. Supercool und immer sehr, sehr professionell. Und weil ich wirklich hochgradig respektiere, wie er arbeitet und was er alles erreicht hat und mit welcher Stringenz, habe ich mir einen Satz von ihm sehr zu Herzen genommen. Ja, ich würde sogar sagen, er hat mich ein Stück weit geprägt oder doch zumindest sehr positiv bestätigt. Und das war folgender: »Wer probt, der kann nichts.« Ich habe es auch immer für sehr wichtig gehalten, authentisch zu moderieren und nicht wie ein Roboter alles auswendig, jeden Satz wie ferngesteuert vorsagen zu können und dann wie eine Elfe von der Bühne zu schweben. Ich wollte, dass die Leute sagen: »Hey, das ist unsere Gülcan!« Und ich glaube, das ist mir auch ganz gut gelungen.

Weil wir nun wegen der Liveübertragung nach Deutschland aber allein schon aufgrund der technischen Details proben *mussten,* blieb Stefan und mir gar nichts anderes übrig, als diese Moderation vorher einmal im Ganzen durchzusprechen. Und, wie gesagt, ich weiß noch wie heute, dass Stefan diese Aufgabe kommentierte mit: »Eigentlich ist das gar nicht mein Ding, denn wer probt, der kann nichts. Gülcan, merk dir das.« Das habe ich, Stefan, bis heute und weiter. Danke dafür, für die Bestätigung meines Selbstwertgefühls!

Und damit komme ich zum Schluss meiner kleinen, illustren Auswahl an Geschichten aus meinem Leben. Es ist wirklich nur ein Auszug aus meinen Jahren in der Öffentlichkeit, denn es hat in dieser Zeit wirklich viele, viele, viele Geschichten gegeben. Während ich in meinem Erinnerungskämmerlein gewühlt habe, sind mir noch so viele weitere Dinge eingefallen, aber sie alle zu erzählen, würde mir zwar unglaublich viel Spaß bereiten, aber definitiv den Rahmen dieses Buches sprengen. Die erzähle ich dann in Buch Nummer zwei.

KAPITEL 12

Die wohl emotionalste Reise
meines Lebens

Bis vor Kurzem war ich ganz sicher: Das Wichtigste in meinem Leben ist, dass meine Liebsten gesund und glücklich sind, davon abgesehen noch mein Beruf und meine berufliche Weiterentwicklung. Ich kümmere mich auch immer noch nach bestem Wissen und Gewissen darum, was auf meiner beruflichen To-do-Liste steht. Aaaaber: Seit zwei Monaten (seitdem ich Mama bin) denke ich ganz oft: Das Wichtigste ist einfach dein eigenes Kind. Und nichts fühlt sich wichtiger an, als wenn dein noch so hilfloser Schatz irgendetwas braucht und du es ihm geben kannst. Punkt. Ein Baby verändert einfach alles – deine Einstellung zum Leben, zu dem, was wichtig ist, zu dir selbst und deine Gewohnheiten und Gefühle. Und es ist einfach wunderbar.

Aber fangen wir am Anfang an. Eigentlich soll am Ende ja gefeiert werden. Und irgendwie tun wir das auch. Aber zuvor muss es erst einmal richtig doll emotional werden und uns durchrütteln. So ist es zumindest mir ergangen in den letzten fünf Jahren meines Lebens.

Ich versuche jetzt das Unmögliche: diese Jahre zusammenzufassen. Für all das, was mir in dieser Zeit passiert ist, was mich beschäftigt hat, reicht dieses Kapitel nicht aus, vielleicht nicht einmal ein ganzes Buch. Am liebsten würde ich zwei, drei damit füllen, denn so intensive Jahre habe ich in meinem Leben noch nie erlebt, die so vollgefüllt waren mit Dingen, über die ich gern sprechen, die ich euch erzählen, an denen ich euch teilhaben lassen möchte. Was sagt ihr, liebe Leserinnen und Leser, wollt ihr dieses Kapitel meines Lebens, die Reise zu meinem Wunschkind, im Ganzen von vorn bis hinten lesen und erleben? Dann schreibt mir dazu gern auf Instagram. Ich freu mich so wahnsinnig über euer Feedback, das auf diesem Weg direkt bei mir ankommt: **@guelcankamps**.

Reisen wir also fünf Jahre in die Vergangenheit. Bis hierhin stand Folgendes auf meiner Done-Liste des Lebens: die Schule vernünftig abgeschlossen, einen guten Job gefunden, der mich glücklich macht, ein gutes Verhältnis zu meiner Familie, gute, ehrliche Freunde, das Partnerschaftsglück im Leben gefunden, ein Haus mit Garten und Zitronenbäumchen, gute, stabile Gesundheit, Spaß am Leben, Reisen, um die Welt zu entdecken, leckeres und gesundes Essen und Ausgehen, Kunst, Kultur, Musik erleben, Sport und Meditation ausüben, noch einmal Studieren, einen Podcast ins Leben gerufen, Influencerin geworden … Ich habe mir viele Sachen vorgenommen, vieles habe ich mir gewünscht und egal, was, ich habe immer etwas dafür getan, mich um die Realisierung gekümmert und für meine Ziele gearbeitet. Und alles hat immer funktioniert. Manchmal ging es viel schneller als geplant, manchmal hat es etwas länger gedauert, manches ist nach einiger Zeit auch wieder im Sande verlaufen, und auch das war in Ordnung.

Und dann kam dieser Zeitpunkt, ich war dreiunddreißig Jahre alt. »Jetzt fange ich mit meinem Projekt ›Baby‹ an«, dachte ich bei mir. Denn ich fühlte mich wirklich bereit, hatte große Lust darauf und Freude daran, es mir vorzustellen, Mutter zu sein.

Mir war schon immer klar, dass ich Kinder haben wollte. Immerhin bin ich mit Geschwistern aufgewachsen und finde es das Wunderbarste auf der Welt, welche zu haben. Für mich bestand eine Familie unbewusst aus mindestens drei bis sechs Personen. Ich wollte aber nicht schon mit Anfang, Mitte und auch noch nicht mit Ende zwanzig Kinder bekommen. Nur irgendwann, wenn ich mir das eben vornehmen würde.

Und dreiunddreißig, das war die perfekte Zahl, das perfekte Alter, fand ich. Ich hatte alles zwei-, dreifach durchgecheckt, alles war da, wo es sein sollte, ich war da, wo ich sein wollte, es war alles für ein Baby bereit. Und ich spürte es einfach: Jetzt war es so weit.

Gesagt, getan. Zu der Zeit hatte ich noch keinen Gedanken daran verschwendet, wie lange es dauern kann, bis Frau schwanger wird. Ich nahm an, wenn wir jetzt anfingen, würde es ein, vielleicht zwei Monate dauern, dann wäre ich schwanger. Natürlich. Ein, zwei Monate, sogar drei zogen ins Land. »Komm, wir sind hier ja nicht bei ›Wünsch dir was‹. Das ist ganz normal«, sagte ich mir. Dann kamen Monate vier, fünf, sechs. Und mit ihnen ein mittelgroßes Fragezeichen in meinem Kopf. Bis wir bei anderthalb, zwei Jahren angekommen waren. Ich meinte immer noch: »Es ist noch immer alles im zeitlichen Rahmen. Aber so laaaangsam sollte es auch mal klappen.« Doch nichts passierte weiterhin. Zu dieser Zeit regte sich in mir der Verdacht: Könnte das hier womöglich die schwierigste Herausforderung meines Lebens werden? Yesss.

Und dann kam der Punkt, an dem ich entschied, einen Komplett-Check durchführen zu lassen. Nicht nur bei einem Arzt, sondern bei vielen. Ich ließ mich vom Gynäkologen anschauen, vom Allgemeinmediziner, auch im Krankenhaus, mit großem Blutbild und allem. Nichts. Natürlich war das auf der einen Seite beruhigend, denn so wusste ich: Bei mir ist alles in Ordnung. Auf der anderen Seite war die Nichtdiagnose auch frustrierend, denn die Frage blieb: Woran liegt es, und was kann ich tun, wenn ich nicht weiß, wo ansetzen? Bisher hatte ich immer gewusst, welche Hebel ich in Bewegung setzen musste, um dahin zu gelangen, wohin ich wollte.

Irgendwann lebte ich auch hier in einer Art Routine – und leider war ein Teil davon, jeden Monat aufs Neue enttäuscht zu sein. Der beste Tipp eines Arztes war: »Bleib locker.« Da war ich fünfunddreißig Jahre alt. Dieser Satz in dieser Phase meines Lebens war ein bisschen so, wie zu sagen: »Denk jetzt bloß nicht an einen Eisbären!« Meine Gedanken waren natürlich nur auf dieses eine

Ziel gerichtet und noch dazu in Alarmbereitschaft. Aber der Arzt hatte recht. Und so habe ich mir gesagt: »Gib dich nicht der Trauer und Enttäuschung hin, lass dich davon nicht runterziehen.« Denn ich wusste: Ich sollte meinen Körper jetzt nicht noch diesem mentalen und hormonellen Stress aussetzen, der durch negative Gedanken und Trauer und Enttäuschung entsteht. Ein Cocktail aus Stresshormonen würde sicher nicht förderlich sein auf dem Weg zu meinem Wunschkind.

Also versuchte ich, mich zusammenzureißen, weiter positiv und hoffnungsvoll zu bleiben. »Denke daran, wie viele wunderbare Geschichten es gibt von Paaren, die genauso lange auf ihr Wunschkind gewartet haben!« Wenn wir es herunterbrechen, gibt es doch eigentlich nur diese zwei Varianten: Es gibt die Menschen, die sitzen gemeinsam auf dem Sofa, und bumms ist schon das nächste Kind unterwegs. Und es gibt die, die den wahnsinnig steinigen und schwierigen Weg hin zu ihrem Wunschkind gehen müssen. Der extrem emotional aufrüttelnd und phasenweise auch sehr, sehr traurig ist. Ich gehörte eben zur zweiten Gruppe. Ich schaffe es nicht, alle Hochs und Tiefs dieser intensivsten Zeit meines Lebens in dieses Kapitel einzubringen. Wie gesagt, das bräuchte viel mehr Platz und Zeit. Ich wünsche mir, dass ich die Geschichte der Reise zu meinem Wunschkind einmal ausführlich erzählen darf. Allein schon, um alle da draußen zu motivieren und denen Hoffnung zu geben, denen es genauso geht, wie es mir ergangen ist. Ich bin mir sicher, wir würden ein Kapitel laut lachen, das nächste durchweinen, wieder lachen und immer so weiter im Wechsel.

Aber zurück zur Geschichte: Ich sagte mir also: »Okay, dann bleibe ich eben locker.« Ich habe versucht, mich bei Laune zu halten, an das große Ziel zu denken, an mein Baby, mir in allen Farben des Regenbogens vorzustellen, Mutter zu werden. Und mit aller Konzentriertheit und Überzeugung habe ich es geschafft, zufrieden zu bleiben und zuversichtlich. Links und rechts neben mir und überall um mich herum bekamen alle gefühlt ein Kind nach dem anderen. Ich schaute mit einem lächelnden Herzen darauf und freute mich für sie. Und das habe ich wirklich getan. Ich habe nur positive Gedanken und Gefühle zugelassen in dieser Zeit.

Ich löcherte Familie, Freunde, das Internet nach allen möglichen schwangerschaftsversprechenden Anwendungen. Ich trank Tees, aß bestimmte Lebensmittel, machte Übungen, achtete auf die Mondphasen, auf alles, was als schwangerschaftsfördernd galt. Ich las, dass Ananas helfen sollte. Es gibt nur drei bis maximal fünf Lebensmittel, die ich nicht mag, eigentlich esse ich alles mit viel Genuss. Ratet, was zu diesen fünf Lebensmitteln gehört: exakt, Ananas.

Im Nachhinein betrachtet, sehe ich, dass diese Zeit in meinem Leben eine sehr stressige und anstrengende gewesen ist, sowohl psychisch als auch physisch. Ich steckte mitten in einem großen Umbruch. Es waren durchweg gute und spannende und tolle Projekte, aber sie forderten eben auch viel Kraft und Energie. Ich stellte mich gerade beruflich neu auf, auch privat und familiär war einiges bei uns am Werden. Es sind einfach so viele Dinge passiert in dieser Zeit, die mich und mein Leben verändert haben. Kurzum, es war gerade auch mental eine stark herausfordernde Zeit. Und heute denke ich, dass das der Grund gewesen sein kann, warum es so lange nicht mit dem Schwangerwerden geklappt hat. Mein Körper und Kopf haben einfach entschieden: In dieser Situation können wir nicht auch noch schwanger werden, wir brauchen den Fokus im Moment woanders.

Und dann vergingen tatsächlich noch ein paar *Jahre,* während derer ich mich wie bei einem Marathon fühlte, der aber in einem Hamsterrad stattfand: Wo war der Anfang, wo das Ziel? Ich konnte es nicht mehr sehen. Ich setzte mich dann zu einer gewissen Zeit ganz bewusst und intensiv damit auseinander, was es bedeuten würde, wenn ich tatsächlich kein Kind bekommen könnte. Wie sollte es dann weitergehen? Welche Möglichkeiten gab es:

Adoption, Pflegekind, Leihmutterschaft …? Ich las mich ein und informierte mich und begriff, wie wahnsinnig kompliziert es gerade in Deutschland war, diesen Akt von Behördenseite her anzuleiern und durchzuführen. Ich wagte mich dann gedanklich auch so weit vor, zu überlegen, was wäre, wenn mein Leben kinderlos bliebe. Ich stellte mir die ehrliche Frage: Ist es denn mein Lebenssinn, ein Kind zu haben? Was ist mit meinem Leben, wie es jetzt ist? Wie stehe ich darin? Bin ich glücklich, gesund, ausgeglichen? Was brauche ich dafür? Meine Familie, meinen Partner, meine Freunde, meinen Job, meine Gesundheit. Ich hatte das alles, und alles stand unter einem guten Stern. Mir fehlte nichts. Ich brauchte keine Kirsche auf meinem Eisbecher, ich war mit meiner Wahl ausgesprochen zufrieden.

Ich konnte nach ausgiebiger Beschäftigung und tiefem In-mich-Gehen also sagen: Für mein absolutes Glücksgefühl im Leben brauchte ich nichts mehr. Wahrscheinlich hätte ich also sogar ohne Kind glücklich sein und bleiben können. Und soll ich euch etwas sagen: Als ich das plötzlich wusste, da war ich erst einmal schockiert über diese Erkenntnis. Denn das hatte ich nicht erwartet. Unbewusst war ich mein Leben lang von etwas anderem ausgegangen. Es war ungemein wichtig, dass ich mich diesen Gedanken und Gefühlen gestellt habe, denn nach der ersten großen Überraschung beruhigte mich das ungemein.

Trotzdem blieb ich dabei, mir weiter zu wünschen, schwanger zu werden. Denn ich wusste auch tief in mir drin, dass Mutter zu sein eine ganz andere Ebene von Glück bedeuten würde. Ich wünschte mir einfach, ein Kind großziehen zu dürfen. Von Anfang an mit dem Bewusstsein, dass ich dieses kleine, zarte Würmchen eigentlich fast sobald es auf der Welt sein würde, ziehen lassen müsste. Denn Kinder sind ja nicht unser Eigentum. Wir begleiten sie nur ein Stück in ihrem Leben, geben ihnen Wurzeln und gleichzeitig Flügel. Und während ich das hier denke und schreibe, könnte ich aus dem Stand anfangen zu weinen, weil es mir das Herz zusammenzieht und ich weiß, dass das die schwerste Aufgabe meines Lebens werden wird: als Mama loszulassen. Und doch war es die allerbeste Entscheidung meines Lebens, dass ich drangeblieben bin, und es war die anstrengendste Aufgabe, die ich bisher habe bewältigen müssen.

Weil ich meine Kinderwunschphase eben mit einem Marathon verglichen habe, möchte ich noch etwas hinzufügen: Mein letzter mich behandelnder Gynäkologe sagte eines Tages zu mir: »Du bist die Spitzensportlerin unter meinen Patientinnen. Du nimmst die Situation, wie sie eben ist, du lässt den Kopf nicht hängen und glaubst weiterhin an das große, bunte Ziel. Du läufst weiter darauf zu und nimmst all deine Energie und positive Kraft zusammen und hoffst, dass es irgendwann klappt.« Warum auch nicht? Immerhin hatten wir keinen medizinischen Grund gefunden, warum ich nicht schwanger wurde. Und tatsächlich war ich manchmal sogar hoffnungsvoller als mein Arzt. Und ich bin weitergelaufen, immer und immer weiter.

Und eines Tages, einfach so und aus heiterem Himmel, hat es dann geklappt. Ich weiß noch genau, wie ich auf dem Sofa lag – und ich liege eigentlich nie tagsüber einfach so auf dem Sofa und kann mich auch nicht mehr daran erinnern, warum ich es an diesem denkwürdigen Tag tat – und auf einmal spürte, wie aus der Mitte meines Bauches heraus eine Art Silvesterfeuerwerk losging, wie mich ein Hormoncocktail durchflutete, es floss bis in jede meiner noch so kleinsten Adern. Anders kann ich es nicht beschreiben, es war ein ganz merkwürdiges Gefühl, das ich noch nie gespürt hatte. Und ich wusste in diesem Moment einfach: »O mein Gott, ich bin schwanger! Das ist safe.« Es kann gut sein, dass das in euren Ohren nach Hokuspokus klingt, aber ich habe genau das damals gemerkt und gewusst. Ich habe sofort einen Termin bei meinem Frauenarzt vereinbart, damit er die Schwangerschaft bestätigen konnte. Ich platzte in das Untersuchungszimmer mit den Worten: »Ich bin schwanger! Ichweißesesistverrücktaberesatendlichgeklappt!« Er: »Jetzt warte erst einmal ab, lass uns in Ruhe nachschauen.« Ich habe die ganze Zeit während der Untersuchung gelacht, mich konnte nichts mehr von meiner Überzeugung abbringen. Und tatsächlich: »Jajaja!! Es hat tatsächlich geklappt. Wahnsinn. Herzlichen Glückwunsch, ich freue mich so für dich, Gülcan!« Mein Arzt war wirklich aus tiefstem Herzen glücklich mit mir zusammen. Immerhin hatte er mich auf meiner Reise schon eine ganze Weile begleitet. Das war ein wahnsinnig schöner Moment meines Lebens.

Und so endet also dieses letzte Kapitel, das gleichzeitig das erste eines ganz neuen Abschnitts meines Lebens ist (und wer weiß, vielleicht auch das erste eines zweiten Buches sein darf): Ich war wirklich schwanger und erwartete das schönste Geschenk auf dieser Welt.

Und niemals zuvor und vielleicht niemals wieder haben diese drei Wörter mir so viel bedeutet und gegeben wie auf dieser emotionalsten Reise meines Lebens: *Never Give Up!*

Danke, mein wunderschönes Kind, für die Liebe, die du mir jeden Tag schenkst, die Extraportion positive Energie, die du versprühst, und dass du in meinem Herzen eine Tür voller Liebe geöffnet hast, die ich vorher nicht kannte.

Danke, mein Schatz, dass du der beste Vater für unser Kind bist, den ich mir hätte wünschen können. Du bist und bleibst mein Traumpartner, und ich bin glücklich, dich als Menschen und Freund in meinem Leben zu haben.

Ich liebe euch über alles
Gülcan